DER INFARKT

1918

Johannes Sachslehner

DER INFARKT
ÖSTERREICH-UNGARN AM 28. OKTOBER 1918

Pichler Verlag

Für Kasia, Nina und Laura

Bild Seite 2: „Das Grauen“.
Federzeichnung von Alfred Kubin.
©VBK, Wien, 2005.

Foto rechts: Hoffnung auf eine glückliche Heimkehr: k. u. k. Soldaten an der Südwestfront.

Augenzeugen

Es reut uns, daß nächtlich im Bette wir ruhten
Bei diesem Verbluten der Edlen und Guten.

Es reut uns, die wir uns freuten und lachten
In der Zeit, die in Qual und Schmutz sie verbrachten.

Es quält und durchs Leben, beschmutzt uns das Leben,
daß es diesen Krieg, diesen Kaiser gegeben.

Karl Kraus, Heldengräber

… und wenn auch das Grauen manchem von ihnen in langen Kriegsjahren zur gewohnten Umgebung geworden war, und wenn sie auch unter Flüchen und Witzen ihr Lager herrichteten, so gab es doch keinen, der nicht wußte, daß er als einsamer Mensch mit einsamem Leben und einsamem Tode hier herausgestellt worden war in eine übermächtige Sinnlosigkeit, in eine Sinnlosigkeit, die sie nicht begreifen oder höchstens als Scheißkrieg bezeichnen konnten.

Hermann Broch, 1918 Huguenau oder die Sachlichkeit

Das waren Tage, wo man schlafen ging, um für einige Stunden Vergessen zu finden, sich loszulösen von einem harten Geschehen.

Friedrich Funder, Vom Gestern ins Heute

Österreich war damals am Marsch. (Phonetisch zu lesen.)
Anton Kuh, Großösterreich stirbt

Mravni kráso 28. řijna zustan s námi, zustan s námi na veky!
„Moralische Schönheit des 28. Oktobers, bleib mit uns in alle Ewigkeit!"

Rudolf Medek (1890–1940),
tschechischer General und Schriftsteller

Die einen trauerten um ein versunkenes Reich, die anderen träumten vom Aufgehen in einem neuen Reich aller Deutschen, und in der Mitte befand sich nichts.

Bruno Kreisky, Zwischen den Zeiten

Ach, nicht im Willen und im Denken lag das Geheimnis der Geschichte, sondern im abgefeimten Zusammenspiel des Lebens selbst, das ähnlich wie das menschliche Bewußtsein nichts als eine gehetzte, fiebrische Bilderflucht war, deren Gesetzmäßigkeit Gott allein enträtseln konnte.

Franz Werfel, Barbara oder Die Frömmigkeit

Auf dieser Erde schritt ich
und spürte meine Glieder nicht,
so leicht war mir.

Egon Schiele

Niemandsland zwischen den Zeiten

Man schreibt den 28. Oktober 1918: 24 dramatische Stunden, in denen der Untergang Österreich-Ungarns unumstößliche Gewissheit wird. Ein Tag, an dem der Wahnsinn einer „großen Zeit“ seinen abschließenden Höhepunkt erreicht. Während am Monte Asolone und am Monte Pertica, am Piave und am Monticano sich die letzten getreuen k. u. k. Regimenter verzweifelt der Offensive der Alliierten entgegenstemmen, im mörderischen Granathagel der feindlichen Artillerie verbluten, wird in Wien die neue Regierung eines Staates angelobt, der eigentlich gar nicht mehr existiert. Soldaten aus Böhmen und Mähren, aus Polen und Ungarn kämpfen und sterben für ein Vaterland, das nicht mehr ihres ist, für einen Kaiser, der seltsam kraftlos zusieht, wie die Dinge ihren verhängnisvollen Lauf nehmen. Während er, verstrickt in Illusionen von Gottesgnadentum und Treue zur Dynastie, noch immer auf den Abschluss eines Friedens hofft, der den Fortbestand der Monarchie ermöglicht, entgleitet ihm Schritt für Schritt die Macht. Ohnmächtig müssen er und seine Minister zusehen, wie in Prag und Krakau, in Budapest und Agram der Doppeladler in den Staub getreten, die Apokalypse des Vielvölkerstaats Wirklichkeit wird. Es ist ein denkwürdiger Feiertag für Jahrhunderte hindurch von Habsburg unterdrückte Nationen, traumatisches Erleben hingegen für jene, die das von schwarz-gelben Grenzbalken umschlossene Land als ihre Heimat ansehen.

Es sind 24 chaotische Stunden, in denen Heldenmut und feiger Verrat, Zaudern und entschlossenes Handeln, Gleichgültigkeit und selbstlose Hilfsbereitschaft aufeinander treffen und miteinander in Wechselwirkung treten, 24 lange Stunden des Hungers und der Verzweiflung, 24 dunkle Stunden, in den Tausende sterben, hingestreckt vom tödlichen Virus der Spanischen Grippe. 24 gespenstische Stunden, in denen das Gestern zu Ende geht und in ersten hellen Umrissen ein Morgen heraufdämmert: von Schrecken, aber auch von Hoffnung erfülltes Niemandsland zwischen den Zeiten, das die Konflikte der Zukunft bereits erahnen lässt. Tummelplatz für die Männer, die den Nachkrieg und die Republik bestimmen werden, die in gewaltigen Visionen schwelgen, weit reichende revolutionäre Konzepte bereithalten, gewagte Experimente angedacht haben. Ideologen und Parteidoktrinäre, Idealisten und Querdenker, Fantasten und selbst ernannte Propheten formulieren ihre Parolen für die neue Zeit. Und in einem Lazarett im pommerschen Pasewalk beschließt ein durch Giftgas zeitweilig erblindeter Gefreiter namens Adolf Hitler Politiker zu werden …

Johannes Sachslehner

Felsenfestung Monte Asolone im Monte-Grappa-Massiv, eine Schlüsselstellung der etwa 140 km langen Südwestfront, die von den Bergriesen Südtirols bis zur Mündung des Piave reicht. Seit vier Tagen tobt hier, in einer trostlosen Stein- und Felswüste 1500 Meter über dem Meer, die Schlacht. Gehalten wird dieser Frontabschnitt, der sich weiter westlich durch das tief eingeschnittene Tal der Brenta bis zum Monte Alessi und zu den Linien des VI. Korps fortsetzt, im Osten die ebenso steile Schlucht des Valle Cesilla quert und unterhalb des Monte Pertica an die Stellungen des I. Korps grenzt, vom XXVI. k. u. k. Armeekorps, kommandiert von General der Infanterie Ernst von Horsetzky. Die grauenvolle Zerrissenheit dieser wasserlosen Landschaft soll, so erzählt man sich, bereits Dante Alighieri vor Augen gehabt haben, als er in seiner *Divina Commedia* den Eingang zum Inferno beschrieb: eine kahle, lebensfeindliche, schwer zugängliche Bergwelt, erreichbar nur über einen Fußsteig, der vom kleinen Dorf Vannini, gelegen am Zusammenfluss von Brenta und Cismon, hier heraufführt. Dreizehnhundert Höhenmeter müssen die Nachschubkolonnen auf diesem bewältigen, auf Schritt und Tritt sind Pferde und Träger dem schweren Feuer des Feindes ausgesetzt, der von seinen höher gelegenen Positionen im Gipfelbereich des Monte Grappa den gesamten Weg einsehen kann und dies gnadenlos nützt – es gibt kaum eine Möglichkeit vom Weg abzuweichen. Am Osthang der engen Cesillaschlucht, die sich vom Hauptgipfel des Gebirgszugs, dem Monte Grappa (1775 m), herabzieht, hat man in halber Höhe einen Saumweg in den Fels gehauen, der zum östlichen Flügel der Stellung führt; auch hier wütet täglich die italienische Artillerie. Die Transporte aus dem Tal müssen dennoch Tag für Tag weitergehen: Allein der *Schießbedarf* des Korps für einen ein-

Nachschub für die Fronttruppen am Monte Asolone:
kurze Rast auf dem schmalen Saumweg durch die Cesillaschlucht.

zigen Kampftag beträgt 2.200 Tonnen, dazu kommen Lebensmittel, Heiz-, Bau- und Befestigungsmittel. Unter verzweifelter Anstrengung der Seilbahnabteilungen errichtete Seilbahnverbindungen sind im Geschosshagel immer wieder zerfetzt worden, ein Druckpumpenwerk im Brentatal liefert zwar Wasser, aber nie in ausreichendem Maße.

Geradezu komfortabel und hoch technisiert dagegen die Stellungen der Italiener am Monte Grappa, dem höchsten Gipfel im Süden des Massivs, dessen Flanken nach allen Seiten hin steil abfallen und so gut zu verteidigen sind: unterirdische Unterkünfte, eine beschusssichere Wasserleitung, ein Elektrizitätswerk, ein Lazarett und eine gut ausgebaute Zufahrtsstraße, die auch für Lastkraftwagen befahrbar ist. Luigi Cadorna, Oberbefehlshaber des italienischen Heeres bis zur Niederlage von Karfreit im Oktober 1917, hat die Grappa-Position bereits 1916 zur strategisch perfekt gelegenen Auffangstellung ausbauen lassen – eine Vorsichtsmaßnahme, die sich nun, nach dem Zusammenbruch der Isonzo-Front, mehr als bezahlt macht: Der Grappa-Gipfel, die letzte Barriere vor der venetianischen Tiefebene, wird für die k. u. k. Armee zur unüberwindlichen Hürde. Im November 1917 kommt hier der österreichische Vorstoß zum Stehen, der Abwehrsieg am Monte Grappa rettet die Italiener vor dem Aufrollen der gesamten Front am Piave.

Es ist eine empfindlich kühle Herbstnacht, über dem von Granaten zerwühlten Felsenmeer liegt der süßliche Geruch des Todes: Tausende sind hier in den letzten Tagen gestorben – von Kugeln und Splittern durchsiebt. Am Morgen des 24. Oktobers waren elf Divisionen der 4. italienischen Armee von General Gaetano Giardino an der Grappa-Front zum entscheidenden Angriff angetreten, am 25. stand der Feind dreimal am Monte Asolone, dreimal konnte der Gipfel im Gegenangriff wieder zurückerobert werden. Für die Überlebenden des südmährischen Infanterieregiments Nr. 99 ist es jedoch endlich ruhig geworden,

in einer Reservestellung haben die abgekämpften Soldaten Gelegenheit etwas Schlaf zu finden. Leutnant Otto Gallian verbringt dennoch eine äußerst unruhige Nacht. Immer wieder läutet das Telefon: Die Bürokraten beim Regimentskommando möchten wissen, wie viel Schuhe seine Leute brauchen, dann wie viel Decken benötigt werden, es folgen lästige Fragen nach Konserven, Mänteln, Kappen und schließlich auch nach der Zahl der notwendigen Unterhosen. Bis der junge Offizier die Geduld verliert, kurz entschlossen sein Messer aus der Tasche zieht und den Telefondraht kappt – die Freude über die so gewonnene Nachtruhe ist jedoch nur kurz: Ein diensteifriger Telefonist taucht in der Dunkelheit auf, drängt darauf, dass er endlich ans Telefon gehen müsse, dem Leutnant bleibt nichts anderes übrig, als den *Teufelsdraht* mit einem Isolierband wieder zusammenzuflicken.
Leutnant Otto Gallian, der mitten in der Nacht so rücksichtslos schikaniert wird, hat *übergenug* vom Krieg, aber will nicht aufgeben, denn er ist Soldat mit Leib und Seele und *wenn wir bis jetzt durchgehalten haben, so ist es ein Verbrechen, im letzten Augenblick auszuspannen und sich dem Feind auszuliefern. Da heißt es die Zähne zusammenbeißen und durchkämpfen, ob's einem nun gefällt oder nicht …*
Zusammen mit 15 weiteren Infanterieregimentern bilden die 99-er das k. u. k. XXVI. Korps „Asolone", kommandiert von General der Infanterie Ernst von Horsetzky. Die Zusammensetzung seiner Truppen ist ein Spiegelbild des habsburgischen Vielvölkerstaats: Neben drei von deutschsprachigen Mannschaften dominierten Regimentern zählen dazu jeweils vier ungarische und kroatische Regimenter, drei tschechische, ein ruthenisches und ein bosnisches. Die Situation des Korps „Asolone" ist kritisch: Nur durch den Einsatz des Geburtsjahrgangs 1899 und von russischen Heimkehrern kann der Stand halbwegs gehalten werden, die Kampfkraft der Mannschaften schätzt der erfahrene

Soldat allerdings nicht allzu hoch ein: Sind doch 137 Mann des Bataillons zum ersten Mal an der Front, davon haben 125 noch nicht das 20. Lebensjahr erreicht.

Die tatsächliche, erdrückende Überlegenheit der Alliierten ist den Männern um Otto Gallian in der Kampflinie am Monte Asolone unbekannt: Sie wissen nicht, dass 608 k. u. k. Bataillone und 403.100 Gewehre einer feindlichen Streitmacht von 912 Bataillonen und 670.000 Gewehren gegenüberstehen, dass von den 58 Divisionen an der Südwestfront bereits 19 nur mehr 25 bis 50 Prozent des Sollstandes aufweisen und neun durch die Malaria geschwächt sind – allein im August 1918 verliert die Isonzoarmee 33.000 Mann durch Krankheit, die *Tagesabgänge* durch Malaria, Ruhr und Grippe bei der Heeresgruppe Boroević steigen bis auf 6.800 Mann. Auch ohne Feindeinwirkung schwindet die Widerstandskraft, der *Geist der Truppe* ist nicht mehr überall der alte.

Seit dem 17. Oktober ist Otto Gallian wieder bei seinem Bataillon, die zwei Wochen davor hat er auf Fronturlaub in Wien verbracht und hier ein Wiedersehen mit seinem Bruder Karl gefeiert, der aus russischer Gefangenschaft zurückgekehrt ist und nun auf seine Wiedereinberufung wartet. In der Hauptstadt, so hat er feststellen müssen, sieht es *traurig* aus: *Endlose Streiks, eine Unzahl Deserteure. Die Zeitungen, die sich in der Zeit des Glanzes und der Siege nicht genug des Lobes tun konnten, fordern offen zur Revolution auf … Die Behörden kraftlos und schwächlich, die Verhältnisse sind ihnen längst über den Kopf gewachsen. Armes Vaterland!*

Der Leutnant erinnert sich an einen Wiener Straßenbahnschaffner, der mit Verwunderung registriert hatte, dass da jemand noch pflichtbewusst an die Front fahre, obwohl ohnehin schon bald alles aus wäre – der gute Mann ahnte nicht, dass für ihn, den Offizier mit Leib und Seele, an die Front fahren so viel wie „nach Hause“ fahren bedeutet. Nur hier, inmitten der Kameraden, fern

der *zerwühlten und zerrissenen* Heimat, fühlt er sich *frei und glücklich*, die Existenz als Soldat ist ihm zu Sinn und Inhalt des Lebens geworden.
Und während ringsumher eine Welt einstürzt, das alte Donaureich in Trümmer zerberstet, ersteht hier in den blutgetränkten Felsen der Brenta zum letzten Male altösterreichisches Soldatentum in seiner ganzen Größe, geht zum letzten Male durch die Schluchten des Grappa ein Ahnen von Nibelungentreue und Nibelungenlos …

Während sich Leutnant Otto Gallian so beim Abzählen der erforderlichen Unterhosen seine Gedanken über den Krieg macht, sitzt beim Heeresgruppenkommando in Udine der Generalstabschef der Heeresgruppe Boroević, Generalmajor Anton Ritter von Pitreich, die rechte Hand des Feldmarschalls, wie immer noch über seinem Tagebuch. Pitreich, 1870 in Wien als Sohn eines k. u. k. Feldzeugmeisters geboren, hat eine mustergültige Karriere hinter sich: Theresianische Militärakademie und Kriegsschule jeweils mit sehr gutem Erfolg absolviert, die Prüfung zum Major im Generalstab (1907) mit *sehr entsprechendem Gesamterfolg*. Sein Chef Boroević ist voll des Lobes über ihn: *Streng, gerecht, leidenschaftslos, nobel*, notiert er im „Vormerkblatt für die Qualifikationsbeschreibung", *militärisch sehr begabt, wissenschaftlich hoch gebildet, in den schwierigsten Situationen ruhig, besonnen, dabei stets initiativ.* Den Krieg hat Pitreich, der hervorragend französisch und gut ungarisch spricht, von Anbeginn mitgemacht: 1914 bei der 3. und 5. Armee in Galizien, wo er in den Oktoberkämpfen um Przemyśl erstmals im Feuer stand, später am Isonzo, dabei *immer klaren Überblick und volles Verständnis für die Lage bekundet, im kritischen Moment große Ruhe bewahrt.* Doch nun gibt sich der erfahrene und hoch dekorierte Generalstäbler, bei dem im Laufe des Tages alle Informationen von den Fronttruppen zusammenlaufen, keinen Illusionen mehr hin: „Am Abend zeigt sich, dass der feindliche

Einbruch namentlich von Papadopoli aus nicht unbedenkliche Fortschritte machen konnte. An ein Hinauswerfen des Feindes aus dem Bereich der Isonzoarmee wie auch der 6. Armee ist, bei aller Tapferkeit der noch verfügbaren treuen Truppen, wohl kaum mehr zu denken; die Zahl jener Truppen, welche nicht mehr ganz verlässlich sind, mehrt sich; wo man hinhört, werden neue Gehorsamsverweigerungen bekannt; bis in die späte Nacht hinein laufen hierüber Meldungen ein.

Nur die Gebirgsfront hatte sich auch heute wieder brav gehalten; dort ist das zersetzende Gift aus dem Tale noch nicht auf die umkämpften Höhen gelangt. So kommt es zur traurigen Erkenntnis, dass auch der militärische Widerstand hiermit erledigt ist und es jetzt nur mehr darauf ankommt, an die weiteren Konsequenzen der gänzlich verunglückten Politik zu denken. Diesbezüglich zeigt sich, dass die revolutionären Umtriebe im Hinterland immer ärger werden; Nationalräte, -ausschüsse, -garden etc. gemahnen lebhaft an die Ereignisse im Jahre 1848; wir stehen bereits mitten in der Revolution!"

Anton von Pitreich ist einer jener führenden k. u. k. Offiziere, die an der Konstruktion einer österreichischen „Dolchstoßlegende" arbeiten und schreiben, eigene militärische Versäumnisse und Unzulänglichkeiten, fehlende Vorbereitung, auch unter den zweifellos schweren Umständen, werden in diesen Aufzeichnungen verschwiegen; so hatte Generaloberst Freiherr Wenzel von Wurm, der Kommandant der Isonzoarmee, noch bis zum Abend des 26. Oktober gemeint, dass man es beim Angriff der Alliierten auf die Insel Papadopoli bloß mit einem Ablenkungsmanöver zu tun hätte – und war dann überrascht, als plötzlich wenige Stunden später massiert britische Infanterie über die Insel hinweg angriff.

Nur an der Front „frei und glücklich":
Leutnant Otto Gallian – Soldat für den Kaiser und den „Führer".

0 UHR 30 Baden bei Wien, Armeeoberkommando. Einen *bewegten Tag* hat auch Generaloberst Arthur Albert Baron Arz von Straußenburg hinter sich, seit 1. März 1917 Chef des Generalstabes für die gesamte bewaffnete Macht Österreich-Ungarns und Generalstabschef des Armeeoberkommandos. Der gebürtige Siebenbürger hat so wie Pitreich eine glänzende Karriere im Generalstabsdienst und bei verschiedenen Kommanden hinter sich, sein Vorbild und Vorgänger Conrad von Hötzendorf hatte ihm schon 1907 in einer Dienstbeschreibung nur das beste Zeugnis ausgestellt: *Hervorragend taktvoll, weltmännisch, sehr gewinnendes Auftreten, würdevolle Repräsentation, eignet sich speziell zu Ehrendiensten bei allerhöchsten und höchsten Herrschaften sowie zu repräsentativen Missionen im Ausland … ist stets im Gleichgewicht … vollendeter Kenner des gesamten Dienstbetriebs … fürsorglich für die Truppe … zum Regimentskommandanten hervorragend geeignet … besitzt in vollem Umfang alle Qualitäten sowohl als Truppenführer wie für leitende Stellen der Zentralbehörde.*

Nun jedoch scheint diese erfolgreiche Laufbahn einem düsteren Ende zuzusteuern. Aufgewühlt, schlaflos analysiert der Dirigent der k. u. k. Armeen die Lage, lässt die Ereignisse des 27. vor seinem Auge abrollen. Um 7 Uhr morgens waren die *Allerhöchsten Majestäten,* Kaiser Karl und Kaiserin Zita, mit dem Hofzug am Südbahnhof eingetroffen und hatten sich anschließend zur *Entwirrung der österreichischen Krise* sofort nach Schönbrunn fahren lassen. Arz war als Verantwortlicher für die militärische Lage als Erster beim Monarchen zum Vortrag geladen – und bei diesem Gespräch gab es die erste böse Überraschung: Er erfuhr, dass mit dem Hofzug auch Graf Mihály Károlyi nach Wien gekommen sei, der Mann, der als Kandidat der radikalen nationalen Kräfte neuer Ministerpräsident in Ungarn werden möchte. Der Generaloberst ist entsetzt, beschwört den Kaiser, Károlyi nicht zum Chef des ungarischen Kabinetts zu ernennen, er sei

das Unglück der Monarchie – noch klingen ihm die Worte des Magnaten vom 16. Oktober im Ohr: *Wenn wir nicht stürmisch die Gemeinsamkeit mit Österreich aufheben, so werden wir nicht nur den Krieg, sondern auch den Frieden verloren haben ...*
Beeindruckt vom Widerstand Arzens, der in Ungarn am liebsten eine Militärdiktatur errichten und Károlyi ins Gefängnis werfen lassen möchte, lässt Karl daraufhin den Grafen nicht nach Schönbrunn kommen und in seinem Zimmer im Hotel Bristol „verhungern", auch die geplanten Gespräche von Károlyi mit Lammasch und Andrássy finden nicht statt; gegen Mittag kann Karl seinem Generalstabschef mitteilen, dass Károlyi noch am Nachmittag wieder abreisen werde. Als Ersatz für den radikalen Grafen fasst Karl den Honvédminister Baron Szurmay ins Auge und fragt bei diesem telefonisch an, ob er sich zutraue, das Amt des Ministerpräsidenten zu übernehmen – Szurmay lehnt jedoch sofort entschieden ab; die Krise in Budapest ist damit prolongiert. Erst im Exil werden Karl und Zita erfahren, dass die Mitnahme Károlyis im Hofzug auch ihre gute Seite hatte: Radikale ungarische Eisenbahner beabsichtigten den Zug mit dem Kaiserpaar zu stoppen, verzichteten aber auf diese Aktion, als sie von der Anwesenheit des Grafen im Zug erfuhren ...
Am Nachmittag hatte dann Feldmarschall Erzherzog Joseph von der Front in Italien kommend in Wien kurz Station gemacht. Kaiser Karl hatte dies zu einem Gespräch mit dem ehemaligen Kommandanten der Heeresgruppe Tirol genutzt und Eindrücke gewonnen, die ihn alles andere als optimistisch stimmten: Auf der Hochfläche der Sieben Gemeinden bei Asiago hatten ungarische Truppen, die 27. und 38. Honvéddivision, gemeutert, weitere Meutereien würden nur mehr eine Frage der Zeit sein. Der Abschluss eines Waffenstillstandes, so Erzherzog Joseph, müsse daher sofort ins Auge gefasst werden. Karl und auch Arz stimmen dieser Ansicht zu; der Kaiser will zunächst aber eine Lösung für das ungarische Problem finden und greift nun eine Idee des

zurückgetretenen Ministerpräsidenten Dr. Sándor Wekerle auf: Er ernennt den 46-jährigen Erzherzog Joseph, den ältesten Sohn von Erzherzog Joseph Karl Ludwig, zum *homo regius*, zum „Stellvertreter des Königs", der als solcher zwischen den rivalisierenden Parteien vermitteln solle. Erzherzog Joseph erklärt sich mit dieser ehrenvollen Aufgabe einverstanden, erbittet sich jedoch zur Unterstützung eine zuverlässige Division, vor allem ein Regiment, das ihm Treue geschworen habe. Der Kaiser sagt zu, man kommt überein, dass diese Einheiten so rasch wie möglich nach Budapest verlegt werden sollen.
Erzherzog Joseph hatte sich daraufhin sofort zum Ostbahnhof bringen lassen; um 14 Uhr 30 rollte der Schnellzug nach Budapest aus der Station. Am Ende des Zugs war der Salonwagen Erzherzog Josephs angehängt worden; unter den Fahrgästen auch – Graf Mihály Károlyi, der am Vormittag vergeblich darauf gewartet hatte, beim Kaiser einen Gesprächstermin zu erhalten. Angeblich, so berichtete später etwa Prinz Ludwig Windisch-Graetz, Sektionschef im Ministerium des Äußeren, hätte Karl ihn mit Andrássy vertrösten wollen, auf ein Treffen mit seinem Landsmann und Schwiegervater im Ministerium soll wiederum der höchst aufgebrachte Károlyi keinen Wert gelegt haben – die Abneigung der beiden gräflichen Herren zueinander beruhte übrigens auf Gegenseitigkeit: Andrássy hatte sich seinerseits geweigert das Außenamt zu übernehmen, sollte sein Schwiegersohn Károlyi Ministerpräsident in Budapest werden. – „Wenn Sie Károlyi ernennen, können Sie mich genauso gut in ein Irrenhaus schicken, dort würde ich mehr am Platze sein!", war angeblich Andrássys Kommentar auf Karls Vorschlag gewesen. Nun versucht Károlyi sein Glück beim Erzherzog, der ihn im Beisein seiner Frau, Erzherzogin Augusta, im luxuriös ausgestatteten Salonwagen empfängt. Aber auch hier kommt er nicht weiter, der Erzherzog, nicht unbedingt ein Freund des ehrgeizigen Adeligen im Dienste der Revolution, lässt sich zu keinerlei konkreten

Erklärungen bewegen. *Ich fühlte instinktiv, dass, während der König Hals über Kopf dem Untergang entgegeneilte, der Erzherzog bestrebt war, für sich zu sichern, was nur möglich war.*

Erfreulicher für Károlyi, der überzeugt war, dass der Kaiser ihn hatte fallen lassen, sollte seine Ankunft in Budapest verlaufen: Tausende Menschen bereiteten ihm am Bahnhof einen stürmischen Empfang, hatte man doch fest damit gerechnet, dass er als Ministerpräsident zurückkehren würde, nun war man überzeugt, dass er Opfer eines *schmutzigen Tricks* des Königs geworden wäre. „Wenn du nicht als Ministerpräsident des Königs gekommen bist, so werden wir dich zum Ministerpräsidenten des Volkes ernennen!", meinte sein Freund Martin Lovaszi bei der Begrüßung zu ihm. Gleichzeitig demonstrierte man gegen den Erzherzog – „Diktator Erzherzog!", „Wir brauchen keinen Diktator!" und „Nieder mit dem Diktator!" lauteten die Parolen. Auch in Budapest hatte also Habsburg bereits schlechte Karten: Die Budapester Arbeiterschaft, aber auch große Teile der Mittelschichten und der Intelligenz wollen den Bruch mit der Dynastie. Sándor Wekerle, der noch immer die Geschäfte des Ministerpräsidenten führt, weigert sich jedoch noch immer das Standrecht zu verhängen, auch Erzherzog Joseph lehnt es ab, Truppen gegen die Bevölkerung einzusetzen. Polizei und zivile Behörden haben sich inzwischen dem „Nationalrat" unterstellt, der sich am 25. Oktober konstituiert hat.

Kann Arz mit der Ernennung des etwas undurchsichtigen und ungarnfreundlichen Erzherzogs Joseph zum *homo regius* noch einigermaßen leben, so ist das mit der zweiten wichtigen Personalentscheidung des Kaisers an diesem trüben Sonntag schon weniger der Fall. Als Nachfolger von Max Hussarek ernennt Karl den 65-jährigen Völkerrechtsexperten Dr. Heinrich Lammasch zum neuen Ministerpräsidenten. Der ehemalige Berater von Thronfolger Erzherzog Franz Ferdinand, geboren im niederösterreichischen Seitenstetten, ist überzeugter Pazifist, ein international angesehener Gelehrter, der jedoch Arz *nicht den Eindruck eines Mannes machte, der den schwersten Stunden des Reichs gewachsen war*. Karl aber möchte ein Zeichen setzen, einen Mann des Friedens an die Spitze jener Regierung stellen, die, wenn möglich, sein Reich und seinen Thron noch retten soll – Arz muss das akzeptieren, auch wenn er ahnt, dass von Lammasch und seinen Ministern für die Männer an der Front keine wirkliche Unterstützung mehr kommen wird. Auch vom neuen Außenminister nicht, dem Grafen Julius Andrássy, Sohn jenes ungarischen Diplomaten, der vor knapp vierzig Jahren das Bündnis der Monarchie mit dem Deutschen Reich geschlossen hat.

Was das Amt des Finanzministers betrifft, so hat sich der Kaiser für den aus Göding *(Hodonín)* in Mähren stammenden Verwaltungs- und Verfassungsrechtler Josef Redlich entschieden, der als deutschnationaler Abgeordneter am 21. Oktober auch Mitglied der Provisorischen Nationalversammlung der Republik Deutschösterreich geworden und nunmehr in einer äußerst seltsamen Doppelrolle tätig ist: Als k. u. k. Finanzminister schwört er den Eid auf Karl und verpflichtet sich, für Wohl und Wehe des versinkenden Vielvölkerstaats zu wirken, als Verfassungsexperte im Vollzugsausschuss der Provisorischen Nationalversammlung ist er angehalten an den Rahmenbedingungen für den entstehenden deutschsprachigen „Nationalstaat" zu arbeiten – Redlich wird dafür zwar von seinen eigenen Parteifreunden heftig kritisiert werden, er selbst aber sieht in diesem kunstvollen Spagat zwischen Monarchie und Republik keinen besonderen Grund zur Aufregung.

Tatsächlich *tief getroffen* wird Generalstabschef Arz von einer Nachricht, die aus Berlin eintrifft: Der Erste Generalquartier-

„Würdevolle Repräsentation": Generalstabschef Arz von Straußenburg wird von der kaiserlichen Diplomatie nicht immer am Laufenden gehalten …

Abonnementspreise mit wöchentlicher Postversendung: für Oesterreich-Ungarn: vierteljährig 4 Kronen 30 Heller, halbjährig 8 Kronen 60 Heller, ganzjährig 17 Kronen 20 Heller; für Deutschland: vierteljährig 4 M. 50 Pfg., halbjährig 9 M., ganzjährig 18 M.; für alle übrigen Länder des Weltpostvereines: vierteljährig 8 Francs, halbjährig 16 Francs, ganzjährig 32 Francs. — Einzelne Nummern 34 Heller.

Redaktion und Administration: Wien, III. Rübengasse 11 (Telephone 4199, 9767 und 9540), Stadtbureau: Wien, I. Schulerstraße 18.

Nr. 10. | Erscheint jeden Donnerstag. | Wien, 8. März 1917. | Abonnements durch jede Buchhandlung und Postanstalt. | XXXVI. Jahrg.

Der neue Generalstabschef.

General der Infanterie Arthur Arz v. Straußenburg, der zum Chef des Generalstabes der gesammten bewaffneten Macht ernannt wurde.
Nach einer photographischen Aufnahme.

Die Mutter unseres Kaisers als Pflegerin. — Erzherzog Max in Konstantinopel. — Der deutsche Sieg bei Ripont.

meister Erich Ludendorff, Kopf der Obersten Heeresleitung des mit Österreich-Ungarn verbündeten Deutschen Reiches, der Mann, der zusammen mit Hindenburg gleichsam eine uneingeschränkte Militärdiktatur errichtet hatte und den „totalen“ Krieg führen wollte, ist entlassen worden – für Arz, der die militärischen Leistungen Ludendorffs immer sehr bewundert hat, eine Katastrophe: *Es war kein Zweifel mehr, wir waren am Ende angelangt.*

Die Schwierigkeiten mit den Ungarn in Budapest und bei den *ungarländischen Truppen*, die überraschende Nachricht von der Entlassung Ludendorffs, die neue Regierung unter Lammasch und die insgesamt ungünstige Entwicklung an der Piavefront – all das aber sollte noch nicht den Gipfel des Ärgers an diesem Sonntag bedeuten: Um etwa 20 Uhr abends hatte sich plötzlich Kaiser Karl am Telefon gemeldet: „Hat Graf Andrássy mit Ihnen gesprochen?“ Erstaunt über diese seltsame Frage, verneinte der Generaloberst. „Hat er Ihnen nicht die Note gesendet?“ Wieder musste Arz verneinen, bewahrte aber Fassung und versicherte Karl, dass er sich sofort an den Minister des Äußeren wenden werde. Um 21 Uhr hat er schließlich die *fragliche Note* in Händen, liest sie einmal, dann noch einmal, gibt sie an Generalmajor Alfred von Waldstätten, den Chef der Operationsabteilung im Generalstab, weiter, dann auch an den eben beim Armeeoberkommando anwesenden Grafen Trautmannsdorf aus dem Ministerium des Äußeren. Arz, der *überzeugte Anhänger des Bündnisses und der Gemeinsamkeit mit Deutschland,* ist konsterniert, kann zunächst nicht glauben, was er da schwarz auf weiß vor sich sieht: Gespräche über den Frieden werden angeboten, „ohne das Ergebnis anderer Verhandlungen abzuwarten“. Ein Affront für das mit Österreich-Ungarn verbündete Deutsche Reich! Waldstätten und Trautmannsdorf sehen die Dinge nicht so tragisch, versuchen die Bedenken des Generalstabschefs zu zerstreuen, wobei zur Sprache kommt, dass die Note der Regie-

rung an US-Präsident Woodrow Wilson bereits abgegangen ist – ein nächster Schlag für Arz, der so erfahren muss, dass man ihn bei der Beratung und Abfassung des Textes einfach übergangen hat! Er beklagt sich bei Andrássy, der ihm jedoch kühl mitteilt, dass er es nicht für notwendig gehalten habe, die *diplomatischen Details der Durchführung* mit dem Generalstabschef zu besprechen, da er, Arz, sich bereits für Waffenstillstand und Frieden ausgesprochen habe. Außerdem habe man auch den deutschen Botschafter über den Inhalt der Note vor ihrer Absendung informiert, der Kaiser selbst habe bereits am 26. von Gödöllö aus ein Telegramm an den deutschen Kaiser Wilhelm II. geschickt, in dem er seinen *Waffenbruder* über diesen Schritt informiert habe. Arz muss die Erklärungen des Ministers akzeptieren, ahnt zu diesem Zeitpunkt jedoch noch nicht, dass ihm der wendige Diplomat in einem Punkt nicht die ganze Wahrheit gesagt hat … Auch vom Telegramm Karls an den Hohenzoller in Berlin hat Arz nicht gewusst, auch das ein Punkt, der schmerzt: Er, der verantwortlich ist für Erfolg und Misserfolg der Armeen, wird von seinem *Obersten Kriegsherrn* nicht über jeden Schritt informiert! Erst jetzt erfährt er den Wortlaut der Depesche, mit der Karl seinen Entschluss zu einem Separatfrieden angekündigt hat:
„Teuerer Freund!
Es ist meine Pflicht, Dir, so schwer es mir auch fällt, zur Kenntnis zu bringen, dass mein Volk weder imstande noch willens ist, den Krieg weiter fortzusetzen.
Ich habe nicht das Recht, mich diesem Willen zu widersetzen, da ich nicht mehr die Hoffnung auf einen guten Ausgang hege, für welchen die moralischen und technischen Vorbedingungen fehlen, und da unnützes Blutvergießen ein Verbrechen wäre, das zu begehen mir mein Gewissen verbietet.
Die Ordnung im Innern und das monarchische Prinzip sind in der ernstesten Gefahr, wenn wir dem Kampf nicht sofort ein Ende bereiten.

Selbst die innigsten bundesbrüderlichen und freundlichsten Gefühle müssen vor der Erwägung zurückstehen, dass ich den Bestand jener Staaten rette, deren Geschick mir die göttliche Vorsehung anvertraut hat.
Deshalb kündige ich Dir an, dass ich den unabänderlichen Beschluss gefasst habe, innerhalb vierundzwanzig Stunden um einen Separatfrieden und um einen sofortigen Waffenstillstand anzusuchen.
Ich kann nicht anders, mein Gewissen als Herrscher befiehlt mir also zu handeln.
In treuer Freundschaft
Karl"
Wilhelm II. hatte auf diesen „Verrat" sofort reagiert, Karl telegrafisch beschworen, nur im Einvernehmen mit der deutschen Regierung die Verhandlungen mit den USA fortzuführen – vergeblich. Karl, der sich so oft den Wünschen Berlins gebeugt hatte, der nach der Sixtus-Affäre im April 1918 in völlige Abhängigkeit von der deutschen Führung geraten war, sah nun, in der Stunde der Verzweiflung, nur mehr die Rettung der Monarchie und seines Throns als Ziel. Gemeinsam mit Andrássy tüftelt man an den Formulierungen, der Entwurf geht auch an die designierten Regierungsmitglieder Lammasch, Ignaz Seipel und Josef Redlich, die zu Mittag im Büro von Julius Meinl darüber beraten. Sonntagabend entscheidet man sich am Ballhausplatz endgültig für die Absendung der Note, die über Stockholm nach Washington befördert wird; ihr endgültiger Text, der noch während der Nacht die führenden Männer der Mittelmächte in helle Aufregung versetzen wird, lautet schließlich:
„In Beantwortung der an die österreichisch-ungarische Regierung gerichteten Note des Herrn Präsidenten Wilson vom 18. des Monats und im Sinne des Entschlusses des Herrn Präsidenten mit Österreich-Ungarn abgesondert über die Frage

des Waffenstillstands und des Friedens zu sprechen, beehrt sich die österreichisch-ungarische Regierung zu erklären, dass sie, ebenso wie den früheren Kundgebungen des Herrn Präsidenten, auch seiner in der letzten Note enthaltenen Auffassung über die Rechte der Völker Österreich-Ungarns, speziell jene der Tschechoslovaken und Jugoslaven, zustimmt.

Da sonach Österreich-Ungarn sämtliche Bedingungen angenommen hat, von welchen der Herr Präsident den Eintritt in Verhandlungen über den Waffenstillstand und den Frieden abhängig gemacht hat, steht nach Ansicht der österreichisch-ungarischen Regierung dem Beginne dieser Verhandlungen nichts mehr im Wege.

Die österreichisch-ungarische Regierung erklärt sich daher bereit, auch ohne das Ergebnis anderer Verhandlungen abzuwarten, in Verhandlungen über einen Frieden zwischen Österreich-Ungarn und den gegnerischen Staaten und über einen sofortigen Waffenstillstand an allen Fronten Österreich-Ungarns einzutreten und bittet den Herrn Präsidenten Wilson, die diesfälligen Einleitungen zu treffen."

So gut gemeint die Note an Wilson auch ist – sie wird beim Präsidenten und seinen Beratern, vor allem bei Robert Lansing, *US Secretary of State*, und bei „Colonel" Edward House, seinem Europa-Spezialisten, keinerlei Eindruck mehr machen. Die Amerikaner sind auf dieses Angebot der Österreicher längst nicht mehr angewiesen, der Vielvölkerstaat an der Donau ist für sie so oder so „erledigt", die Verbündeten, allen voran Italien, wollen den Lohn für ihre Opfer kassieren. Eine geradezu explosive Wirkung entfaltet diese Note dagegen auf die politische Lage im Inneren der Monarchie. Wieder einmal hat Kaiser Karl genau das Falsche veranlasst: Anstatt zur Entspannung beizutragen, wird die Note Andrássys den Zerfall seines Reiches schon in wenigen Stunden in verhängnisvoller Weise extrem beschleunigen ...

Während Arz von Straußenburg und die Stabsoffiziere in den Kommandozentralen noch über die fatalen Folgen der Wiener Politik für ihre Militärmaschinerie sinnieren, lassen die Alliierten nicht locker. Sie sind fest entschlossen, ihre drei am 27. erkämpften Piave-Brückenköpfe bei der Grave di Papadopoli, bei Sernaglia und bei Pederobba, wo der Fluss aus den Bergen in die Tiefebene tritt, weiter auszudehnen. Der Befehl für die 10. Armee von Lord Cavan, dem 10. *Earl of Cavan*, lautet unmissverständlich: Der Angriff wird am 28. fortgesetzt ...

Südlich des Dörfchens Fontigo hat die reißende Strömung des aufgrund der Regenfälle in den vorangegangenen Tagen noch immer Hochwasser führenden Piave die drei Brücken über den Fluss teilweise zerstört; italienische Pioniere arbeiten in tiefer Dunkelheit fieberhaft an ihrer Wiederherstellung. Für die Truppen der italienischen 8. Armee unter Generalleutnant Enrico Caviglia, die im Morgengrauen des Vortags über den Fluss gegangen sind und im überraschenden Angriff bis Sernaglia bzw. zum Soligobach vordringen konnten, ist die Verbindung lebenswichtig, da die Munition im Brückenkopf am linken Piaveufer bereits knapp wird und die Versorgung aus der Luft nicht effizient genug ist.

Knapp nach Mitternacht ist es so weit: Die Brücken sind wieder passierbar; österreichisch-ungarische Stellungsartillerie, die die Übergänge unter Beschuss nehmen könnte, ist nicht mehr vorhanden, da die Geschütze der 11. Honvédkavalleriedivision und der 12. Reitenden Schützendivision, die diesen Abschnitt verteidigten, in den Gefechten des Vortags bereits verloren gegangen sind. Dramatisch die Verluste bei den Mannschaften: Die Zahl der Toten, Vermissten und Verwundeten am 27. Oktober erreicht bei der 12. Reitenden Schützendivision 40 % des Standes, in die weiteren Kämpfe wird man nicht mehr entscheidend eingreifen können. Um die Italiener an einem weiteren Vordringen aus dem Brückenkopf Sernaglia zu hindern, hat man sich buchstäblich aufgeopfert, gewonnen hat man allerdings nur etwas Zeit – Zeit, die letztlich doch wieder vom Feind besser genützt werden kann. Nachschub und Verstärkungen rollen nun über den Piave: die italienische 60. Infanteriedivision und Teile der 66.; doch die Belastung für die notdürftig instand gesetzten Brücken ist zu groß; noch bevor es Tag wird, sind sie wieder unpassierbar, die Truppen Caviglias neuerlich abgeschnitten.

Die Chance, die sich den k. u. k. Truppen damit unverhofft bietet, kann jedoch nicht genützt werden. Generalmajor Hegedüs von der 21. Honvédkavalleriebrigade und Oberst Alois Czulik von Thurya, der mit den Reserven der 25. Infanteriedivision und hier vor allem mit dem 84. Infanterieregiment und zwei Bataillonen des 44. Infanterieregiments den Gegenangriff Richtung Sernaglia führen soll, können zwar am frühen Abend des 27. Oktober Geländegewinne erzielen, kommen in der Dunkelheit aber nicht mehr entscheidend weiter, ja, das Infanterieregiment 128 verirrt sich sogar und taucht plötzlich im Rücken der eigenen Truppen auf, die vor Sernaglia kämpfen. Nach Mitternacht befiehlt Hegedüs deshalb den Rückzug nach Pieve del Trevisan. Die abgekämpfte 12. Reitende Schützendivision geht in fester Ordnung hinter den Soligobach zurück, ihre Nachhuten halten die Linie Kote 151 südlich Soligo bis Kote 136 südlich Pieve di Soligo.

Die drei Bataillone der 84er haben sich, nachdem ihr Angriff zum Stehen gekommen ist, auf der Linie Nordrand Mosnigo–Südende Giusin–Gravette–Kote 134 südlich von Antonio eingegraben – in notdürftig ausgehobenen Schützenlöchern inmitten von dichten Obstkulturen, durchnässt vom Regen, versucht man den Scheinwerfern der Italiener zu entgehen, deren Lichtkegel immer wieder suchend über das Schlachtfeld tasten. Ohne Pause toben die Geschütze der Italiener, die schweres Sperrfeuer über die Nachschubwege der Österreicher legen, vor allem auch auf die Straße von Canale nach Posmone, die von Granaten zer-

pflügt, kaum noch passierbar ist. Zerstörte Geschütze, umgestürzte Wagen, Leichen und Pferdekadaver säumen den Weg, auf dem Verwundete zurückgebracht werden und der Nachschub versuchen muss irgendwie durchzukommen. 70 Italiener, die als Gefangene eingebracht worden sind, werden dazu angehalten die Verwundeten der 84er zurück in die Kirche von Fontane zu tragen, die als Lazarett dient – das Gotteshaus füllt sich rasch mit Blessierten, beim Schein von Taschenlampen leisten die Ärzte unermüdlich die notwendigste Erstversorgung.
Um Mitternacht, nach langen Bemühungen, steht endlich auch die Küche in der Nähe der ersten Schwarmlinie: In kleinen Gruppen kommen die Soldaten aus ihren Stellungen, um Essen zu fassen, da es unmöglich ist, den Kochkessel zu ihnen nach vorne zu schleppen. Zu essen gibt es etwas Brot und Suppe und wie überall an der Südwestfront den unvermeidlichen „Drahtverhau", staubtrockenes Dörrgemüse, das sich nur mit dem Heißhunger der Kämpfer hinunterschlingen lässt.
Bereits vor Mitternacht ist vom Kommando der 25. Infanteriedivision die Gefechtsdisposition für den 28. eingetroffen. Man ist entschlossen, dem Feind hartnäckigen Widerstand entgegenzusetzen, nüchtern und umsichtig plant man die Attacke auf die Armee Caviglias, von Selbstaufgabe oder Katastrophenstimmung keine Spur: „Morgen allgemeiner Gegenangriff. Feldmarschallleutnant Luxardo mit der 11. und 12. Kavalleriedivision, dem Infanterieregiment 128 und die 34. Infanteriedivision greifen mit dem rechten Flügel vom Westende Farra di Soligo in der Richtung auf das Westende Mosnigo an. Oberst von Czulik und die 50. Infanteriebrigade, letztere mit allen aus der Piavefront entbehrlichen Kräften, schließen sich nach Maßgabe der vorrückenden Truppe Feldmarschallleutnant Luxardo im Angriffe an. Das Bataillon Hauptmann Foschum (84. Infanterieregiment) nimmt noch nachts über Farra di Soligo Verbindung mit der Gruppe des Oberstleutnants Glaser auf. Oberst von Czulik

hat eine intensive Aufklärung nach Moriago und Sernaglia durchzuführen. Die eingeschobenen Honvédhusaren Nr. 3 (ca. 200 Mann) im Raume Casa Balbi stellen die Verbindung zwischen der Gruppe Oberst von Czulik und den entbehrlichen Angriffskräften des Oberstbrigadiers Haas her, werden diesem unterstellt. Die Artillerie ist mündlich angewiesen, den Gegenangriff zu unterstützen und wird in den Raum Posmone–Canale vorgeschoben. Die Fernkampfgruppe unterhält ein ständiges Feuer auf die feindlichen Flussübergangsstellen südlich von Fontigo.“ Der Disposition sind Grüße und Glückwünsche *Seiner Exzellenz* des Korpskommandanten *zur braven Haltung in den kritischen Stunden* des 27. angeschlossen.

Unverzüglich werden alle Maßnahmen zur Umsetzung dieser Disposition getroffen – in über vier Jahren Krieg sind die Mechanismen der Todesmaschine zur Perfektion gereift, jeder Offizier weiß, was er zu tun hat.

Es ist schon nach Mitternacht, als beim Regimentskommando der 84er ein Befehl der 25. Infanteriedivision eintrifft, der doch etwas Besorgnis auslöst: „Nachdem mit dem Eingreifen einer neuen eigenen Division aus dem Raume Refrontolo erst am Nachmittag gerechnet werden kann, muss sich die 25. Division bis dahin aus eigenen Kräften halten. Geht der Feind zurück, so folgt die Gruppe Oberst Czulik unmittelbar nach. Trifft dies nicht zu, so ist in geeigneter Gruppierung bis zum Eingreifen dieser eigenen Division auszuharren, ein Bataillon des Infanterieregiments 44 aus der Front zu ziehen und bei Fontane bereitzustellen“ – eine Anweisung, die durchklingen lässt, dass man auch den Rückschlag bei der Division bereits einkalkuliert. Oberst Czulik lässt auf diesen Befehl hin ein halbes Bataillon der 44er, die sich bei Mosnigo bereits in einer schwierigen Lage

Das Frontgebiet am Piave mit den drei Brückenköpfen der Alliierten am Morgen des 28. Oktober 1918 (strichlierte Linien).

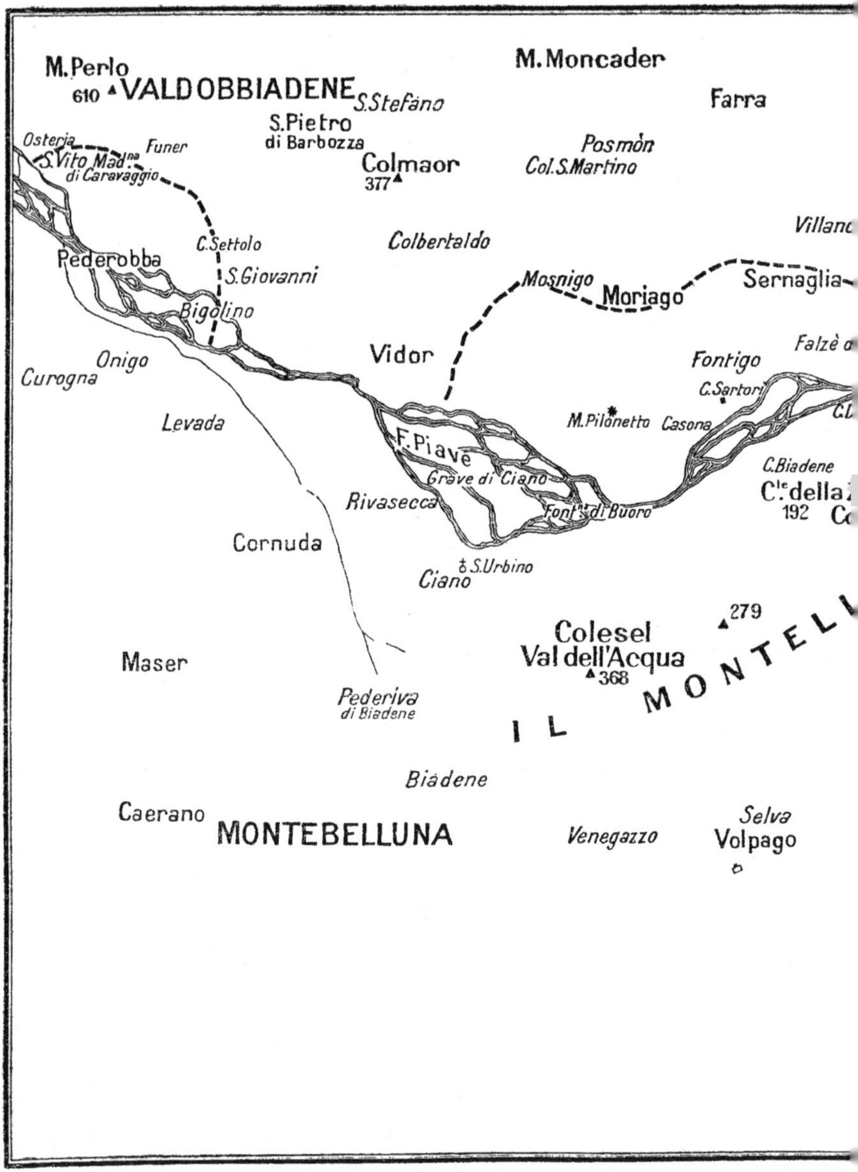

M.Perlo
610
VALDOBBIADENE
S.Stefano
M.Moncader
Farra
S.Pietro
di Barbozza
Osteria
Funer
S.Vito
Mad.na
di Caravaggio
Posmon
Colmaor
377
Col.S.Martino
Villano
C.Settolo
Colbertaldo
Pederobba
S.Giovanni
Mosnigo
Moriago
Sernaglia
Bigolino
Vidor
Falzè
Onigo
Curogna
Fontigo
C.Sartori
M.Pilonetto
Casona
Levada
F.Piave
C.Biadene
Grave di Ciano
Rivasecca
Fontna di Buoro
192
Cornuda
S.Urbino
Ciano
279
Colesel
Val dell'Acqua
368
Maser
IL MONTELLO
Pederiva
di Biadene
Biadene
Caerano
MONTEBELLUNA
Venegazzo
Selva
Volpago

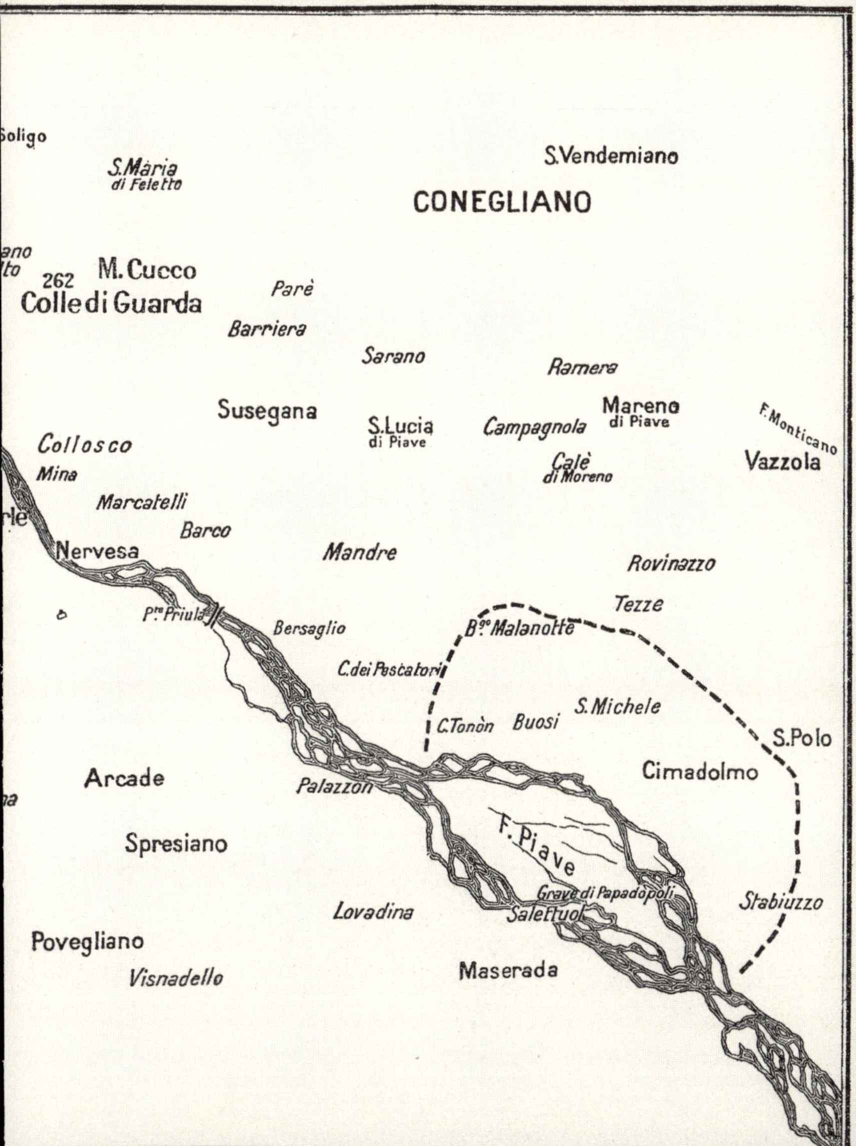

Soligo
S. Maria
di Feletto
S.Vendemiano
CONEGLIANO
ano
to
262
M. Cucco
Colle di Guarda
Parè
Barriera
Sarano
Ramera
Susegana
S.Lucia
di Piave
Campagnola
Mareno
di Piave
F. Monticano
Vazzola
Collosco
Mina
Calè
di Moreno
Marcatelli
rle
Barco
Nervesa
Mandre
Rovinazzo
Tezze
P.te Priula
Bersaglio
B.go Malanotte
C. dei Pescatori
S. Michele
C. Tonòn
Buosi
S. Polo
Arcade
Palazzon
Cimadolmo
F. Piave
Spresiano
Grave di Papadopoli
Stabiuzzo
Lovadina
Saletuol
Povegliano
Maserada
Visnadello

befinden, in eine Reservestellung zurückgehen. Das Risiko, dass die dadurch weiter geschwächte Stellung bei Mosnigo durchstoßen werden kann, nimmt man wohl oder übel in Kauf.
Von einem Angriffsbefehl, den man erbeuten konnte, weiß man auch das unmittelbare Angriffsziel Caviglias: die Höhen von Farra di Soligo. Die 25. Infanteriedivision, die ihre Stellungen noch am Ufer des Piave hat, fühlt sich dadurch an ihrer linken Flanke bedroht und beschließt vorsichtshalber gleich den Rückzug. Noch während der Nacht geht man auf die Linie Bigolino–Cobertaldo–Farra zurück Am Piave lässt man nur Feldwachen zurück, denen es in der Folge sogar gelingt, weitere Übergangsversuche der Italiener zu vereiteln.

1 UHR

Heeresgruppenkommando Udine: Am Piave, so weiß man, muss alles getan werden, um eine weitere Konsolidierung der Brückenköpfe des Feindes zu verhindern. Tatkräftige Gegenmaßnahmen sind unerlässlich. Da braucht man auch die Unterstützung der Flieger: Feldmarschall Boroević lässt in dieser „langen Nacht“ alle verfügbaren österreichisch-ungarischen Fliegerkompanien Angriffe auf die Brücke des Feindes über den Piave fliegen. Der Nachschub von frischen Truppen und Kriegsmaterial in die Brückenköpfe soll so weit wie möglich unterbunden werden. Unterstützung finden die verwegenen Piloten durch die Artillerie, die auf die Übergänge des Feindes ein heftiges Geschützfeuer unterhält. Ein Volltreffer ist zu verzeichnen: Die Brücke bei Pederobba, auf der die Stoßbataillone der 12. Armee der Alliierten über den Fluss gegangen sind, wird zerstört.
Aufgrund der drückenden Überlegenheit der alliierten Luftwaffe ist jeder Feindflug ein Todeskommando, dennoch scheuen sich die k. u. k. Feldpiloten nicht den ungleichen Kampf aufzunehmen: Oberleutnant Steiner von der Fliegerkompanie 60 vollbringt auf einem dieser wagemutigen Schlachtflüge eine

besondere Heldentat: Innerhalb der feindlichen Linien abgeschossen, rettet er seinen schwer verwundeten Piloten, Zugsführer Pawlowski, dessen Kleider brennen, durch Untertauchen in das Wasser des Piave. Dann schleppt er seinen halbtoten Kameraden zurück bis in die eigenen Stellungen. Beim gleichen Angriff auf die Piave-Brücken wird Zugsführer Fachs von der Fliegerkompanie 69 durch einen Schuss ins Gesicht, abgegeben von einem feindlichen Jagdflieger, schwer verwundet. Dennoch gelingt es ihm, das Flugzeug zusammen mit seinem Beobachter heil auf dem Flugfeld zu landen.

1 UHR 30

Prag, die Goldene Stadt, *caput regni Bohemiae*, das Lebenszentrum der Tschechen und ihre innig verehrte Hauptstadt, „jenes erträumte Wesen, jene heilige Stätte, jenes Götzenbild", wie der Dichter Vilem Mrstik in seinem Roman *Santa Lucia* schreibt, „das jeder zu erblicken sich sehnt und von dem jeder träumt, wie einst die weißhaarigen Großmütter von ihm träumten und erzählten. Prag mit dem Vyšehrader Felsen, den Königsburgen, den Palästen, den Ufern auf der Kleinseite, Prag, errichtet über Jahrhunderte, geheiligt seit Urväter Zeiten." Dieses Prag, durchflossen von der Moldau, der Herzschlagader des böhmischen Landes, ist in dieser Nacht im Oktober 1918 noch immer eine Stadt Österreich-Ungarns, überwacht von einem k. u. k. Militärkommandanten, verwaltet von einem k. u. k. Statthalter. Eine Stadt auch, in der in dieser Nacht trügerisch-gespannte Ruhe herrscht, in der die maßgeblichen Männer unter den tschechischen Patrioten auf den großen Augenblick warten …

In der Wohnung von Dr. Alois Rašín, Mitglied des tschechischen Nationalausschusses *(Národní výbor)*, in der Zítna 10 brennt noch Licht. Zusammen mit seiner Frau Karla bespricht der 51-jährige Abgeordnete die Vorbereitungen für den „Umsturz" – beide sind von innerer Erregung ergriffen und davon überzeugt, dass bereits der kommende Tag die entscheidende Wende im Ringen mit Österreich-Ungarn bringen wird. Mit Bleistift notiert Rašín erste Formulierungen für ein Gesetz, das der Nationalausschuss sofort nach der „Machtübernahme" erlassen wird.

Alois Rašín, geboren 1867 in Nechanice bei Königgrätz *(Hradec Králové)* nur ein halbes Jahr nach der Katastrophe der österreichischen Armeen gegen die Preußen in unmittelbarer Umgebung seines Heimatortes, hat allen Grund, um aufgewühlt zu sein: Sein jahrzehntelanger Kampf für die Freiheit der tschechischen Nation scheint nun einem letzten Höhepunkt zuzusteuern. Schon während des Jurastudiums an der Prager Karlsuniversität hatte er sich als radikaler Verfechter der tschechischen Unabhängigkeit hervorgetan, 1893 war er nach einem öffentlichen Auftritt als Redner das erste Mal verhaftet und im so genannten *Omladina*-Prozess zu einer Gefängnisstrafe verurteilt, im November 1895 jedoch begnadigt worden: Rašín, von tiefem Hass gegen die Österreicher verzehrt, lehnte zum Erstaunen der Gefängnisbeamten den Gnadenerweis jedoch ab – beinahe mit Gewalt musste er aus seiner Zelle geschleppt werden.

Zu Beginn des neuen Jahrhunderts hatte Rašín in Prag eine Anwaltskanzlei eröffnet, daneben aber auch Beiträge für die nationaltschechische Zeitung *Národní listy* geschrieben und sich weiterhin politisch engagiert; 1911 war er zum Abgeordneten im Reichsrat gewählt worden. Mit Beginn des Krieges hatte dann sein Aufstieg zu einem der führenden Männer des antihabsburgischen tschechischen Widerstandes begonnen, nun war er auch in Kontakt mit Tomáš Garrigue Masaryk, dem Haupt des tschechischen Exils, getreten. Insbesondere die Abwehrabteilung des Armeeoberkommandos, die vor allem negative Auswirkungen auf die Kampfkraft tschechischer Truppen befürchtete, wollte seinem Treiben jedoch nicht lange zusehen: Bereits am 12. Jän-

ner 1915 wird er verhaftet, am 6. Dezember 1915 beginnt vor einem Militärgericht in Wien die Hauptverhandlung gegen ihn und den Reichsratsabgeordneten Dr. Karel Kramář, den Führer der tschechischen Sozialdemokraten. Der Staatsanwalt wirft beiden angeklagten Tschechen Hochverrat vor; zwei weitere Mitstreiter, der Redakteur Vincenz Červinka von den *Národní listy* und der Buchhalter Joseph Zamazal, sitzen wegen „Ausspähung", d. h. Spionagetätigkeit, auf der Anklagebank.
Nach sechsmonatigen Verhandlungen, geleitet von dem berüchtigten Militärrichter Oberleutnant-Auditor Hofrat Dr. Peutlschmid, der mit großer Gründlichkeit *in alle Winkel der Tschechenfrage von ihrem Anbeginn her* hineinleuchtet, folgt das Urteil: Tod durch den Strang für alle vier Angeklagten. Die Urteilsbegründung bleibt geheim und wird nicht publiziert – Ministerpräsident Stürgkh will die Tschechen nicht „kränken", obwohl das Armeeoberkommando und Böhmens Statthalter Max Graf Coudenhove für eine Veröffentlichung sind, um jeder *Legendenbildung* entgegenzuwirken. Eine Nichtigkeitsbeschwerde beim Obersten Landwehrgerichtshof bleibt ergebnislos.
Während Rašín in der Todeszelle auf seine Hinrichtung wartet, stirbt Kaiser Franz Joseph I. – der Tod des alten Mannes bedeutet für ihn Leben. Die Todesstrafe wird im Jänner 1917 in eine 10-jährige Haftstrafe umgewandelt; am 2. Juli 1917 folgt – gegen den Rat von Generalmajor Max Ronge, dem Chef der Nachrichtenabteilung im Generalstab – die Amnestie durch Kaiser Karl, Rašín und seine drei Landsleute sind wieder freie Männer.
Die Aufenthalte in österreichischen Gefängnissen haben Alois Rašín nicht mutlos gemacht – im Gegenteil: Er ist agiler denn je, tatkräftig und kompromisslos, kümmert sich wenig um Freund und Feind und hat nur ein Ziel: Österreich-Ungarn muss untergehen!
Der Grund für die Zuversicht des Ehepaars Rašín, das schlaflos dem Morgen entgegenfiebert, sind die letzten Nachrichten, die

man am Vorabend aus Wien erhalten hat. Um 20 Uhr hatte sich Vlastimil Tusar, der Verbindungsmann des Nationalausschusses und Vertreter des Vereins der tschechischen Reichratsabgeordneten, telefonisch gemeldet und Bericht über die letzten Ereignisse erstattet: Bereits zu Mittag habe der neue Innenminister Gayer ihn, Tusar, zu einer kurzen Unterredung ins Ministerium gerufen. Der Generalstab beim Armeeoberkommando in Baden wolle mit ihm sprechen, es handle sich um die Unruhen unter den Truppen an der Front. Man wünsche sich die Unterstützung von Abgeordneten der einzelnen Nationalitäten, die zu den Soldaten sprechen sollten. Er habe aber abgelehnt – nach Baden fahre er auf keinen Fall, zu Verhandlungen in Wien sei er jedoch bereit.

Am Abend sei dann noch Generalmajor Max Ronge zu ihm ins Hotel gekommen. Man müsse, so der Chef der k. u. k. Abwehr, bei der Armee *bolschewistische Ausbrüche* befürchten, tschechische Abgeordnete sollten deshalb an die Front gehen und die tschechischen Regimenter zum Ausharren bewegen. Ronge habe die kritische Lage des österreichisch-ungarischen Heeres geschildert, die Verzweiflung der Verantwortlichen wiedergegeben.

Rašín, der nun die Stunde der Revanche für all das, was er an Verfolgung und Schikanen von Seiten der österreichischen Behörden zu erleiden hatte, gekommen sah, hatte Tusar auf diesen Bericht hin entsprechend hart und triumphierend Bescheid gegeben: „Wir können keine Abgeordneten an die Front schicken, solange nicht Österreich-Ungarn einen Waffenstillstand ohne jede Bedingung unterzeichnet!“

Dass Ronge, der Tschechenhasser, der Mann, der als fragwürdiger „militärwissenschaftlicher Sachverständiger“ während des Prozesses alles getan hatte, um ihn und Kramář an den Galgen

Wegen „Hochverrats“ von einem österreichischen Militärgericht zum Tode am Galgen verurteilt und von Kaiser Karl begnadigt: Dr. Alois Rašín, führendes Mitglied des tschechischen Nationalausschusses.

zu liefern, nun so zu Kreuze gekrochen kam, überzeugte Rašín insgeheim in der Auffassung, dass der Zusammenbruch der k. u. k. Armeen unmittelbar bevorstehen müsse. Nach außen hin blieb er jedoch gelassen und ließ Ronge durch Tusar ausrichten, dass er mit dem Nationalrat über diese Sache verhandeln werde, mit einer Antwort sei für den kommenden Morgen zu rechnen. Tusar reichte diese Antwort des Prager Abgeordneten sofort an das Wiener Sekretariat der Südslawen weiter, das seinerseits den südslawischen Nationalrat in Agram informierte.

Nach dem Gespräch mit Tusar hatte Rasín sofort mit Dr. Josef Scheiner, dem *Starosten* der tschechischen Sokolbewegung, telefoniert – man müsse sofort alle Vorbereitungen für den Umsturz treffen, bereits in wenigen Stunden könne es so weit sein. Scheiner versprach, sofort alles Notwendige zu veranlassen.

Um 23 Uhr hatte sich dann Tusar noch einmal am Telefon gemeldet, diesmal aber nichts Neues zu berichten gewusst. Rašín gab seinem Wiener Verbindungsmann zu verstehen, dass er fest mit dem „Umsturz“ für den kommenden Tag rechne …

2 UHR

An der Piavefront bei Nervesa. Die Alliierten versuchen einen neuen Brückenkopf zu bilden: Truppen des VIII. italienischen Korps gehen über den Fluss und versuchen am linken Ufer Fuß zu fassen; der 51. Honvédinfanteriedivision gelingt es jedoch im Gegenstoß den Feind zu vertreiben.

Ein Missgeschick trifft die von Lord Cavan kommandierte 10. Armee der Alliierten bei der Papadopoli-Insel: Da der Wasserstand des Piave fällt, ändert sich auch die Hauptströmung des Flusses, die nun nicht mehr senkrecht auf die lebenswichtige, über 450 Meter lange Brücke bei Salettuol trifft, sondern in einem Winkel. Der am 26. Oktober von britischen Pionieren fertig gestellte Übergang, auf dem am 27. die Stoßtruppen der 23. britischen Infanteriedivision erfolgreich über den Fluss gingen, ist zur Hälfte eine so genannte „Bockbrücke“, zur anderen eine Pontonbrücke, was nun zum Nachteil wird: Durch die veränderte Strömung werden die „Bockfüße“ unterwaschen und die „Bockschwellen“ leicht ineinander verzwängt, das Wasser beginnt die Brücke zu überströmen, schließlich reißen sich zwei Pontons aus ihrer Verankerung los – die Brücke ist damit unpassierbar für den Nachschub und die am rechten Piaveufer wartenden Reserven; mehrere verzweifelte Versuche zur Reparatur der Brücke scheitern: Ständig gestört von österreichischem Geschützfeuer, gelingt es in der Dunkelheit nicht, neue Pontons so auf die Brücke zuzusteuern, dass sie genau in die Lücken treffen. Als ein Ponton kentert und ein britischer Pionier ertrinkt, gibt man auf. Erst mit Hilfe italienischer *pontonieri* kann die Brücke wieder instand gesetzt werden. Um der dringend notwendig gewordenen Versorgung der Truppen am linken Piaveufer eine sichere Basis zu geben, entschließt man sich einen zweiten Übergang bei der Papadopoli-Insel zu errichten.

2 UHR 30

Auswärtiges Amt, Berlin. Blitzschnell, noch vor Veröffentlichung der Note Andrássys mit der Bitte um einen Separatfrieden, reagiert die deutsche Regierung auf die neue Situation: In einem Telegramm des Auswärtigen Amtes an Staatssekretär von Hintze bei der Obersten Heeresleitung wird angeregt, nunmehr verstärkt den Kontakt mit der Provisorischen Nationalversammlung „Deutschösterreichs“ zu suchen. Die Nationalversammlung solle Kundgebungen zugunsten des Waffenbündnisses mit dem Deutschen Reich veranstalten und dadurch Druck auf die Regierung Lammasch ausüben – immer klarer zeigt sich, dass Berlin bereits mit dem Entstehen eines neuen Staates an der Donau spekuliert und dieses Szenarium auch konsequent weiterdenkt: Der Gedanke eines „Anschlusses“ Deutschösterreichs an das Deutsche Reich nach Kriegsende wird als konkrete Möglichkeit ins Auge gefasst, Botschafter Graf

Botho von Wedel in Wien dazu angehalten, den deutschösterreichischen Abgeordneten diese Lösung – von der viele träumen – als „Belohnung" für ihre Loyalität in Aussicht zu stellen. Wedel, seit 1916 Vertreter des Deutschen Reichs in Wien, nimmt sich vor, noch an diesem Tag Dr. Victor Adler, den für außenpolitische Fragen zuständigen Mann im Vollzugsausschuss der Provisorischen Nationalversammlung, entsprechend zu instruieren.
Der Gedanke, dass man die deutschsprachigen „Landsleute" in Österreich-Ungarn nach dem Zusammenbruch der habsburgischen Herrschaft vielleicht schützen werden müsse, geht natürlich einher mit ersten Überlegungen, deutsche Truppen in Österreich einmarschieren zu lassen. Immerhin versucht das Auswärtige Amt sofort die notwendigen Finanzmittel bereitzustellen: Zehn Millionen Mark für *Geheimunternehmungen in Österreich-Ungarn* werden vom Finanzministerium beantragt …
Die Deutschen fühlen sich verraten und hintergangen: Über die Absicht Andrássys und Kaiser Karls, bei der Entente mit der Bitte um einen Separatfrieden einzukommen, werden Botschafter Wedel und General August von Cramon, der bevollmächtigte deutsche General beim k. u. k. Armeeoberkommando, bereits Sonntag früh von Major Fleck vom AOK aus Baden telefonisch verständigt. Fleck beruft sich auf eine Mitteilung von Generalstabsmajor Edmund Glaise von Horstenau, der als Informant den Deutschen *schon oft hervorragend gute Dienste geleistet hat.* Als *überzeugter Anhänger des Bündnisses mit Deutschland* sehe dieser nun keinen anderen Ausweg, als die deutsche Militärmission über die Pläne der österreichisch-ungarischen Führung zu informieren. Graf Wedel begibt sich auf diese Nachricht hin ins Außenministerium und verlangt Aufklärung, Andrássy beruhigt den Botschafter und legt ihm den Entwurf zur beabsichtigten Note vor – der Text scheint Wedel unbedenklich, Glaise von Horstenau, so meint er, hätte diesmal übereilt gewarnt. Was er allerdings zu diesem Zeitpunkt noch nicht weiß: Karls Außen-

minister hat ihm nur die halbe Wahrheit mitgeteilt, dem Entwurf fehlt der entscheidende letzte Satz, in dem die Wiener Regierung sich bereit erklärt, in Friedensverhandlungen einzutreten, „ohne das Ergebnis anderer Verhandlungen abzuwarten" – in den Augen der Deutschen *offener Verrat am Bündnis, ein Treubruch,* der letztlich Österreichs Untergang nicht verzögern werde.

Verwundert müssen die Deutschen feststellen, dass selbst Generalstabschef Arz nicht in die Beratungen über die Textierung der Note miteinbezogen, ja, erst am späten Abend des 27. durch einen Telefonanruf des Kaisers über deren Existenz informiert worden ist und ihren genauen Inhalt mühsam im Außenministerium erfragen musste.

Während man in Berlin bereits darüber nachdenkt, wie man aus dem Zerfall Österreich-Ungarns noch rasch Kapital für sich selbst schlagen könnte, beginnt es sich auf den dunklen Straßen der Haupt- und Residenzstadt Wien, in denen ansonsten nur der Marschtritt der allgegenwärtigen Militärpatrouillen zu hören ist, zu regen: Die ersten Menschen treffen vor Bäckereien und Brotgeschäften ein, um im Wettlauf um ein bisschen Brot eine günstige „Warteposition" zu ergattern. Ab halb drei Uhr, so hat die Wiener Polizeidirektion verfügt, ist es gestattet sich anzustellen. In Viererreihen, fest vermummt gegen die durchdringende Nachtkälte, warten die Unentwegten im fahlen Licht der Bogenlampen – wer jetzt einen Platz besetzt in der Reihe der grauen Gestalten, hat die Aussicht in über vier Stunden, etwa um 6 Uhr 45, zum ersehnten Brot zu kommen. Erfahrene „Schlangensteher" haben vorgesorgt und ihr „Feldstockerl" mitgebracht, auf dem sie im Sitzen vor sich hindösen.

Gegen 6 Uhr 15 werden sich endlich die Türen öffen. Zu viert, so wie sie angestellt sind, werden sie auch eingelassen. In einer knappen Stunde werden die Vorräte weg sein, und an der Tür wird der ominöse Zettel *Ausverkauft* erscheinen. Aber zahlreiche Menschen werden noch dastehen und haben weder Brot noch Mehl bekommen – für sie gilt es auszuharren, auf die nächste Nacht und den nächsten Morgen zu hoffen, auf die nächste Warteschlange …

Freilich gibt es auch viele Menschen in Wien, die sich ihr Brot nicht selbst „organisieren" müssen, die auch ohne „Brotkarte" kaum Mangel leiden. Der Krieg lässt nun die Gegensätze zwischen Notleidenden und Wohlhabenden immer deutlicher hervortreten, er lässt Neid und Missgunst wachsen, den Hass auf jene, denen es besser geht oder von denen man glaubt, dass es ihnen besser geht …

3 UHR Monte Pertica im Grappa-Massiv. Nach drei schlaflosen Nächten haben die Überlebenden des Kärntner Infanterieregiments Graf von Khevenhüller Nr. 7 endlich etwas Ruhe gefunden. Der Wahnsinns-Angriff zur Rückeroberung des verlorenen Gipfels, eines der am heftigsten umkämpften im Umfeld des Monte Grappa, hat am 27. Oktober in einem Blutbad geendet: 862 Mann und 35 Offiziere sind tot, nur etwa 400 haben das Gemetzel überlebt. Da im so genannten „Südlager" alle Kavernen besetzt sind, bleibt dem *letzten Häuflein getreuer Khevenhüller* nichts anderes übrig, als sich aufzuteilen und bei den Kameraden von anderen Einheiten Unterschlupf zu suchen. Ein Ausharren in ungeschützter Stellung wäre tödlich: Vor allem die eigene Artillerie ist es, die immer wieder Opfer fordert. Vergeblich bemüht sich Hauptmann Dr. Norbert Assam dies zu ändern – das Abschießen grüner Leuchtraketen hilft ebenso wenig wie das *Toben am Telephon.* Vierzehn Verwundete werden an diesem Tag zu beklagen

Schuss um Schuss auf die feindlichen Linien: österreichische Geschützstellung in einer Kaverne.

sein, am 29. jedoch 70 Tote: *Das verlustreiche Kurzfeuer der Vortage steigerte sich zeitweise geradezu zum Trommelfeuer. Mit gellendem Krachen barsten schwere, tempierte Granaten über dem Südlager, haushoch stieg die Erde empor beim Einschlagen schwerer Geschosse. Maschinengewehre gingen in Trümmer, die restlichen Infanteriegeschütze wurden zerschlagen, wachsbleich mit zerspellter Stirn lagen Tote überall umher und vermehrten die Anzahl derer, die längs des Weges zum Nordlager in langen Reihen geschlichtet lagen wie Brennholz ...*

3 UHR 50 Bes, Südtirol, Regimentskommando des 4. bosnisch-herzegowinischen Infanterieregiments. Die seit dem 23. Oktober auftretenden Gehorsamsverweigerungen bei der bosniakischen Elitetruppe in der Südtiroler Etappe lassen sich nicht mehr, wie vom Heeresgruppenkommando in Belluno gewünscht, *intensivst disziplinieren.* Die Männer mit dem Fez, deren außergewöhnliche Tapferkeit im Kampf sprichwörtlich ist, sind seit der Verlautbarung des kaiserlichen „Völkermanifests“ vom 16. Oktober wie ausgewechselt. Sie klagen darüber, dass der Kaiser sie mit dieser Erklärung an die Ungarn ausgeliefert habe, allen anderen Völkern der Monarchie sei ihr Recht geworden, nur den Bosniern nicht. Ihre Zukunft sei damit völlig ungewiss, dazu komme, dass die Unterhaltsbeiträge an ihre Familien nur schleppend ausbezahlt würden, auf ihren Höfen werde alles requiriert, was nur irgendwie verwertbar sei; ohne Männer würden die Felder verkommen. Nicht zuletzt sei auch die Verpflegung bei weitem unzureichend, ihre Uniformen zerrissen und zerfetzt. Sollten sie nun an der Front fallen, so wären ihre Familien dem sicheren Untergang geweiht.
Hauptmann Gyebic trifft beim Regimentskommando in Bes zur vereinbarten Situationsmeldung ein und berichtet, dass es weiterhin unmöglich sei, die Meuterer, die zwischen Cugnach und Carmegn versammelt seien, zur Einsicht zu bewegen. Sie

seien entschlossen nicht mehr in Stellung zu gehen und sie würden auch nicht zulassen, dass einzelne Einheiten des Regiments zum Straßenbau abgetrennt würden. In ein bis zwei Tagen, so ihre klare Forderung, möchte man in die Heimat abtransportiert werden. Oberst Leo Kuchynka, der Kommandant der Truppe, ist ratlos. Er glaubt, dass die Rebellion von langer Hand vorbereitet ist. Da die Meuterer, an ihrer Spitze das 1. Bataillon, sehr geschickt als geschlossenes Kollektiv vorgehen und sich keine Rädelsführer ausmachen lassen, ist es ihm jedoch unmöglich, gegen einzelne Personen vorzugehen. An eine Entwaffnung der Bosniaken ist nicht zu denken, es bleibt dem Obersten nichts anderes übrig, als das Heeresgruppenkommando in Belluno um Hilfe zu bitten – so genannte „Assistenztruppen" werden angefordert, womöglich auch Artillerie …

4 UHR

An der Piavefront. Ernste disziplinäre Probleme auch bei der 20. Brigade im Kampfverband der 10. Infanteriedivision. Das tschechische Infanterieregiment Nr. 21 weigert sich geschlossen zum geplanten Gegenstoß anzutreten, die dem Regiment zugeteilten „deutschen" Offiziere werden von der Mannschaft in einem Kirchhof eingeschlossen. Falls man sie nach Hause marschieren lasse, so erklären die Soldaten, würden sie weiter nichts unternehmen. Vergeblich versuchen die Kommandanten die Meuterer von ihrem Vorhaben abzubringen; schließlich lässt man das Regiment abmarschieren, *um im Rücken der schwer kämpfenden Truppen Ordnung zu halten*, wie Hauptmann Oskar Regele später erklärt. Die 10. Infanteriedivision, auf dem Papier der Generalstäbler eine kampfkräftige „Eingreifdivision", bietet ein trauriges Bild: *große Abgänge an Malaria*, schlecht verpflegte Soldaten, jedes Regiment besteht eigentlich nur mehr aus einem Bataillon, von der Artillerie ist kaum mehr als die Hälfte bespannt und bemannt, die Geschütze hat man in so genannten „Rücklaufgruppen" hinter der Front

gesammelt – ein Angriff auf die vorrückenden Alliierten ist in dieser Verfassung Utopie, was bleibt ist der Rückzug zum Monticano und weiter zum Tagliamento.
Inzwischen gehen Teile der italienischen 56. Division unter dem Kommando von General Vigliani und der italienischen 33. Division, befehligt von General Sanna, beide Einheiten zum XXIII. italienischen Korps zählend, im Bereich des XIV. Korps über den Piave und besetzen den Frontabschnitt von C. la Sega bis C. Tonon.

4 UHR 22 Bahnhof der nordwestkroatischen Grenzstadt Koprivnica an der Strecke Budapest–Zagreb. Der Personenzug aus Budapest fährt pünktlich ein. Auf dem ansonsten einsamen und nur schwach beleuchteten Bahnsteig wartet schweigend eine Schar seltsam gekleideter bärtiger Männer, die sich in kleine Gruppen geteilt hat und nun rasch in die Waggons steigt: eine mit Bajonetten bewaffnete Bande von Deserteuren, die während der Weiterfahrt des Zugs Richtung Süden in aller Ruhe mit dem Ausrauben der Fahrgäste beginnt. Das ungarische Zugpersonal ist machtlos; wer Widerstand leistet, wird von den ehemaligen Soldaten der kaiserlichen Armee brutal zusammengeschlagen; die Deserteure raffen zusammen, was sie nur kriegen können: Bargeld, Uhren, Schmuck und selbst die Kleider ihrer Opfer werden in die mitgebrachten Säcke gestopft. Alles ist exakt geplant: Erst unmittelbar vor Zagreb wird die Bande mit ihrer Beute den Zug verlassen, Verfolgung durch Militär oder Polizei hat sie nicht zu befürchten, aus Angst vor den Deserteuren ist das Bahnpersonal in den meisten Stationen bereits geflüchtet; ungehindert konnten so am Vortag auf der Strecke Zagreb–Brod an der Save 150 Waggons geplündert werden. Da die Bahnen ungarisches Staatseigentum sind, sind sie ein bevorzugtes Ziel der meist antimagyarisch eingestellten Deserteure.

Zur gleichen Zeit im Bahnknotenpunkt Našice in der slawonischen Gespanschaft Osijek-Baranja: An die 700 meuternde Soldaten vom dalmatinischen Schützenregiment Nr. 23 halten seit dem Nachmittag des 27. Oktober die Stadt besetzt, seit 18 Uhr toben in den Straßen blutige Auseinandersetzungen. Bürgermeister und Stationskommandant haben alles versucht, um es nicht zu dieser Orgie der Gewalt kommen zu lassen: Man hat die Soldaten mit einem ausgiebigen Essen bewirtet, hat ihnen ein sicheres Quartier versprochen und sogar einen eigenen Zug, der sie nach Prijedor in Bosnien bringen sollte – vergeblich, denn mit den Meuterern sind auch *Komitadschis* des so genannten „Grünen Kaders“, irreguläre Freischärler, in die Stadt gekommen, die nun an vorderster Front an den Ausschreitungen beteiligt sind: Vor allem jüdische Geschäfte, Gast- und Kaffeehäuser werden geplündert und in Brand gesteckt, die Wahrzeichen der alten Herrschaft, Bezirkshauptmannschaft, Gemeindeamt und Gutskanzlei, werden verwüstet, ein Magazin in der Stadtmitte wird ausgeraubt und niedergebrannt; aus dem Pferdespital von Našice führt man 195 Pferde fort.
Als die Feuerwehr anrückt, drohen die *Komitadschis* mit dem Einsatz von Schusswaffen. Russische Kriegsgefangene, die in Našice stationiert sind, und auch die Bevölkerung aus der Umgebung schließen sich den Plünderungen an, die sich schließlich auch gegen Privathäuser richten und bis in das Morgengrauen hinein andauern. Mit Pferdefuhrwerken wird die Beute weggebracht; schließlich zündet man auch noch das Bahnhofsgebäude an und macht damit jeden weiteren Bahnverkehr unmöglich. Und auch vor Mord und Totschlag schrecken die Plünderer nicht zurück: 20 Menschen überleben diese Nacht des Schreckens nicht …

Über den Piave: Die Pontonbrücken der Alliierten von Salletuol zur Grave di Papadopoli (oben) und von der Insel zum „österreichischen“ Ufer.

5 UHR Piavefront bei Pederobba. Französische Pioniere haben im Kampfabschnitt der 12. alliierten Armee, die von General Jean Graziani befehligt wird, die Nacht durchgearbeitet und eine der zerstörten Brücken wiederhergestellt. Das 138. Regiment kann nun über den Fluss gehen und die fünf Bataillone verstärken, die am Tag zuvor gegenüber Pederobba einen Brückenkopf freigekämpft haben. Den Franzosen folgen italienische Alpini-Einheiten über den Fluss.

Fortschritte gibt es in der Nacht auch für die 10. Armee der Alliierten bei der Grave di Papadopoli: Über die intakte Brücke bei Salettuol haben trotz heftigem österreichischem Artilleriefeuer die Como-Brigade der 56. Division und ein Regiment der Bisagno-Brigade der 33. Division das linke Ufer des Piaveerreicht.

Wie geplant setzt Punkt fünf Uhr vor der gesamten Front der 10. Armee das Sperrfeuer der italienischen und britischen Artillerie ein: Angriffsvorbereitung für die Como-Brigade. Als Zeitpunkt des Angriffs ist 9 Uhr festgelegt; Ziel ist es, die Frontlinie am linken Flügel der Armee etwa 3.000 Yards (ca. 2.800 m) weiter vorzuschieben. Jeweils nach 6 Minuten, so die exakte Disposition für die Männer an den Geschützen, müsse das Feuer 100 Meter weiter feindwärts liegen.

Inzwischen beginnt auch am rechten Flügel der Isonzoarmee wieder der Kampf. Ein Sturmbataillon der 64. Honvédinfanteriedivision erobert das Dorf Roncadelle zurück, wird dann jedoch von italienischen Truppen umfasst und kann sich nur mit knapper Not durch die feindlichen Linien zurück in die eigenen Stellungen durchschlagen.

Noch herrscht Zuversicht bei den österreichisch-ungarischen Truppenführern, noch glaubt man die Engländer und Italiener wieder über den Piave zurückdrängen zu können. Der Kommandant der 6. Armee, General der Kavallerie Alois Fürst Schönburg-Hartenstein, während der Juni-Offensive durch einen Granatsplitter am Magen verwundet und nun bereits wieder im

Einsatz, lässt neue k. u. k. Truppen heranführen: Die zweiten Stellungen am Monticano werden durch die 10. Infanteriedivision, die 26. Schützendivision und die 24. Infanteriedivision verstärkt; bei Oderzo bereitet sich die 8. Kavalleriedivision zum Gegenangriff über Ormelle vor. Reserven der 70. Honvédinfanteriedivision verstärken bei Roncadelle die 64. Honvédinfanteriedivision und versuchen neuerlich dieses Dorf und die Negrisialinie anzugreifen. Im Raum östlich von Conegliano sammeln sich, aus Sacile und Pordenone kommend, die 36. Infanteriedivision, die 43. Schützendivision und die halbe 44. Schützendivision – aus den drei Einheiten soll eine neue, schlagkräftige Stoßgruppe gebildet werden, befehligt von Feldmarschallleutnant Maximilian von Nöhring. Der Plan sieht vor, dass diese Stoßgruppe im Verein mit der 10. Infanteriedivision und den drei Eingreifdivisionen der Isonzoarmee in einem konzentrierten, massiven Gegenangriff den Brückenkopf der Alliierten westlich von Oderzo „eindrückt" und den Feind über den Piave zurückwirft. Keine schlechte Planung des Generalstabs, allerdings soll sich bald zeigen, dass man zwei Faktoren nicht ausreichend berücksichtigt hat, nämlich erstens den Faktor Zeit: Man hat auf den Vorstoß der Briten über die Insel Papadopoli hinweg etwas zu langsam reagiert, ihnen zu wenig entschiedenen Widerstand entgegengesetzt. Die britischen und in ihrem Gefolge italienischen Verbände können daher den Brückenkopf rascher ausweiten als erwartet, zugleich sammeln sich die k. u. k. Reserven in eher behäbigem Tempo – die Chancen eines erfolgreichen Gegenangriffes sinken buchstäblich mit jeder Stunde. Artillerie und Fliegertruppe sind nicht mehr in der Lage, den Nachschub über den Piave entscheidend zu stören, sodass die materialmäßige Überlegenheit des Feindes ebenfalls immer stärker zum Tragen kommt.

Zweitens hat man den Faktor Kampfkraft bzw. die Verlässlichkeit der herangeführten Reserven überschätzt: Gerade bei den

Truppen, die aus der Etappe kommen, ist die Bereitschaft zum Kampf schon gering. Niemand will im letzten Moment noch sein Leben riskieren für eine Sache, die nicht mehr die eigene zu sein scheint. Die beunruhigenden Nachrichten aus der Heimat tun ein Übriges, um die *Zersetzung* des Heeres voranzutreiben. Nicht zuletzt sieht man sich einem Feind gegenüber, der bestens gerüstet und materialmäßig weit überlegen ist. Das gilt für die Artillerie, aber auch für die Fliegertruppe und für Spezialeinheiten wie die Aufklärer.

6 UHR

Wien, Schloss Schönbrunn. Kaiser Karl, noch Herrscher über den zweitgrößten Staat Europas und mehr als 52 Millionen Menschen, steht auf. Die harte Wirklichkeit hat die Welt der Träume rasch beiseite geschoben. Wie Franz Joseph I., sein Vorgänger auf dem Thron, hält auch Karl eisern sein Tagesprogramm ein, Tag für Tag arbeitet er, gibt Audienzen und leitet Besprechungen, wühlt sich durch Aktenberge und unterschreibt gewissenhaft Schriftstücke, die ihm vorgelegt werden.

Karl, der tiefgläubig ist, weiß, dass dieser kommende Tag und die Tage danach für ihn und seine Familie, für die Dynastie und die Monarchie Schicksalstage sein werden. Die Hiobsbotschaften der letzten Tage, die immer klarer zutage tretende Aussichtslosigkeit der Lage, die endlosen Gespräche mit Vertretern aller Nationalitäten, die Konferenzen mit Militärs und Ministern haben ihn in einen seltsamen Zustand versetzt: Eine Mischung aus Widerstandsgeist und Ohnmachtsgefühl, aus betäubender Verzweiflung und Gottvertrauen treibt ihn vorwärts. Mit Rücksicht auf sein geschwächtes Herz sollte er, so haben die Ärzte empfohlen, etwas zurückstecken – Karl will jedoch daran gar nicht denken; als erster Diener seiner Länder und Völker akzeptiert er beinahe widerstandslos die ihm vorgelegten Tagesprotokolle. Er ist bereit um den Thron seiner Ahnen zu kämpfen ...

Zum Gegenangriff sei die 8. k. u. k. Kavalleriedivision befohlen, bestehend aus den Dragoner-Regimentern 2 und 14 (Windischgraetz) sowie den Ulanenregimentern 11 (Kaiser Alexander von Russland) und 12 (Graf Paar); an den Flanken würden die 24. und die 26. Schützendivision Unterstützung bieten.
Für die 2er-Dragoner, die sich in Rivarotta bei guter Verpflegung 6 Wochen lang ausgezeichnet erholt haben, ist dies zunächst kein Grund zur Panik – in bester Ordnung marschiert man über Oderzo nach Colfrancui und geht hier in Stellung: In den Weingärten beiderseits der Straße will man den Feind erwarten, das 1. Halbregiment bildet die vorderste Linie, das 2. Halbregiment die 2. Linie; die II. Maschinengewehrschwadron, befehligt von Leutnant Ernst Putz, und die Tragtiere bleiben auf der Straße; das Regimentskommando wird in der Nähe der Kirche von Colfrancui eingerichtet.
Ein klarer sonniger Herbsttag kündigt sich an, beinahe wolkenlos spannt sich der blaugraue Morgenhimmel über die Ebenen Friauls. Vom Feind noch weit und breit keine Spur, dafür sind es k. u. k. Truppen, die nach Osten zurückgehen, vor allem ungarische Einheiten passieren in kleinen Gruppen den Ort. Auffallend viele Soldaten haben die linke Hand verbunden – Selbstverstümmelung als letztes und endgültiges Argument, um in Richtung Heimat aufbrechen zu können. Zwischen den Infanterieeinheiten tauchen immer wieder einzelne Artillerieabteilungen und Trainfahrzeuge auf – die Front bröckelt auch ohne Feindeinwirkung!
Die 2er-Dragoner, vor allem Egerländer, Tschechen und Kroaten, sehen dem ruhmlosen „Abmarsch" ihrer ungarischen Kameraden mit gemischten Gefühlen zu, behalten aber eiserne Ruhe und Disziplin; sie sind bereit zu kämpfen.

6 UHR 36

Reichshaupt- und Residenzstadt Wien. Die Sonne geht auf.

6 UHR 50 Prag. Dr. Alois Rašín verlässt seine Wohnung in der Zitna, um sich wie geplant in die Redaktion der *Národní listy*, der wichtigsten Zeitung des Landes, zu begeben und hier die während der Nacht eingelangten Nachrichten zu studieren. Vor allem aber ist er neugierig auf den Text der Note von Außenminister Andrássy. Im Anschluss daran, so sein Plan, wird er sich mit Sokol-Chef Dr. Scheiner über die weiteren Schritte beraten. Der untersetzte kleine Mann mit Glatze und sorgfältig gepflegtem Spitzbart nimmt heute einen Umweg durch den Stadtpark, um sich innerlich zu sammeln – die Nachrichten von Verbindungsmann Vlastimil Tusar aus Wien haben die freudige Hoffnung auf unmittelbar bevorstehende große Ereignisse geweckt.
Am Wenzelplatz, in der Nähe des Nationalmuseums, trifft Rašín einen Bekannten, von dem er weiß, dass er Mitglied der Sokol ist. Die beiden Männer schütteln sich die Hände; flüsternd fragt der Sokol-Mann: „Geht's los?" Rašíns Antwort ist kurz: „Jawohl!" Dr. Scheiner, so erkennt er zufrieden, hat seine Männer bereits instruiert und auf ihre Wachposten rücken lassen.

7 UHR Wien, Hohe Warte. Die Zentralanstalt für Meteorologie gibt in ihrem „Internationalen telegraphischen Wetterbericht" die aktuellen Wetterwerte durch. In Wien hat es nach dem Regen der letzten Tage aufgeklart, dafür ist es deutlich kälter geworden, das Thermometer zeigt 5 Grad, es ist halb bewölkt, in Budapest hat es 6 Grad und es regnet; Prag und Krakau melden bei trübem Himmel ebenfalls 5 Grad, kaum wärmer ist es in Lemberg mit 6 Grad und bewölktem Himmel. *Unternormal* kalt ist es im Westen und Süden: Innsbruck meldet 1 Grad, Klagenfurt 2 Grad, Agram 4 Grad bei Schneeregen. Angenehme 9 Grad hat es in Triest, wo sich auch der Himmel von seiner heiteren Seite zeigt, immerhin noch 8 Grad erreicht die Quecksilbersäule in Bozen. Keine Werte sind aus Lussinpiccolo eingetroffen, im Kriegshafen Pola regnet es bei 6 Grad. Die Prognose für den kommenden Tag sieht zunehmend heiteres Wetter vor, ab und zu können bei auffrischenden nördlichen Winden unergiebige Schauer auftreten. Die Höchstwerte werden im Wiener Raum 10 Grad nicht übersteigen.

Erstmals in der Geschichte des Telefons gibt es eine Verbindung zwischen Berlin und Wien: Punkt 7 Uhr steht die Leitung; genützt werden kann sie eine Stunde lang bis 8 Uhr. Als nächste Sprechzeit ist 21 Uhr 30 bis 22 Uhr 30 festgelegt. Das Handelsministerium und das Reichspostamt in Berlin reagieren damit auf einen vielfach vorgebrachten Wunsch der österreichischen Pressevertreter.

7 UHR 15

Im Luftraum östlich des Piave. Drei Sopwith-Maschinen der Royal Air Force vom Typ Camel B.2436, befehligt von Lieutenant A. F. White von der 28. Squadron, befinden sich auf Feindflug, unter ihnen, im strahlenden Morgenlicht, die Tiefebene Venetiens. In der Nähe von Cimadolmo entdecken die RAF-Piloten eine zweisitzige feindliche Hansa-Brandenburg, die in etwa 1.000 Fuß Höhe nach Norden fliegt. White greift sofort an: Er zieht die wendige Camel, mit 1.294 Abschüssen das erfolgreichste Jagdflugzeug des Weltkriegs, steil nach unten, setzt sich in den Rücken des Österreichers, feuert eine mörderische Salve aus seiner vor dem Cockpit montierten *Twin Vickers machine gun* auf ihn und dreht dann ab, um nicht am Gegner vorbeizujagen und in den Kugelhagel des österreichischen Bordschützen zu geraten. Als Nächster attackiert Lieutenant E. J. Ffoulkes-Jones die Hansa-Brandenburg, auch sein Feuerstoß sitzt im Ziel. Lieutenant Lindsay, der dritte Sopwith-Pilot, hat dagegen keine Chance zum Schuss zu kommen, denn schon ist White wieder an der Hansa-Brandenburg und nimmt sie neuerlich unter Feuer – mit Erfolg: Stark

qualmend sackt die österreichische Maschine nach unten weg, streift eine Reihe von Baumwipfeln und kracht dann mit der Schnauze voraus auf ein Feld nördlich von Casa Danela, südlich von Visna. White umkreist die Absturzstelle des Gegners noch etwa fünfzehn Minuten lang, sieht, dass der Beobachter offensichtlich tot neben dem Flugzeugwrack liegt, ansonsten ist keine Bewegung auszumachen.
Plötzlich bemerken die drei RAF-Piloten 12 feindliche Flugzeuge, die in einer Höhe von 8.000 Fuß im Anflug auf die britische Frontlinie im Brückenkopf östlich der Grave di Papadopoli sind. Lieutenant White und seine beiden Kameraden versuchen sofort an Höhe zu gewinnen, um die Österreicher abfangen zu können. Während sie noch im Steigflug sind, geraten die feindlichen Maschinen jedoch bereits in das Abwehrfeuer der britischen Bodentruppen und drehen schließlich in Richtung Nordosten ab, zu hoch und zu schnell, um von den in einer Höhe von 5.000 Fuß fliegenden Sopwith noch erreicht werden zu können. In den Annalen der RAF werden sich White und Ffoulkes-Jones den heroischen Abschuss der Brandenburg auf ihrer *scoring list* teilen müssen …

Während am Piave das Kriegsdrama seinen Lauf nimmt, beginnt Kaiser Karl, der Oberste Kriegsherr des k. u. k. Heeres, in Schloss Schönbrunn seinen Arbeitstag. Im so genannten Gobelinsaal, den einst auch Napoleon benutzt hat, geht er mit seinem Flügeladjutanten das Programm des Tages durch, dann folgt der erste Termin – Lagebesprechung mit Generalstabschef Arz von Straußenburg. Längst zur Seite geschoben ist unter dem Druck des Krieges der *große, schwerfällige, zeremoniöse Apparat der verschiedenen Hofbehörden*, Karl legt Wert auf *Sachlichkeit und Prägnanz*, sucht die rasche Entscheidung. Floskeln, Etikette, all der steife Ballast des Hoflebens früherer Tage gelten ihm nichts. Die Stimmung am Beginn des Gesprächs ist etwas kühl. Arz hat dem Kaiser noch immer nicht ganz verziehen, dass er in der Frage von Graf Andrássys Friedensnote übergangen worden ist und nicht einmal seine Meinung dazu *vor* Absendung des Schriftstücks äußern konnte. Der Generalstabschef unterrichtet Karl über die Darstellung der politischen Lage, die das AOK in den frühen Morgenstunden den beiden Heeresgruppenkommandos und dem Flottenkommando übermittelt habe. In dieser Nachricht an die Befehlszentralen im Feld, so gesteht Arz offen ein, habe er einen Sonderwaffenstillstand eindeutig abgelehnt, da er persönlich nicht glaube, dass ein solcher Schritt von den Alliierten überhaupt angenommen werden würde. Und er betont, dass man auch die Auswirkungen der Note auf die Soldaten an der Front nur schwer einschätzen könne.

Eingehend und prägnant wie immer referiert der 61-jährige Generalstabschef, Träger des Kommandeurkreuzes des Maria-Theresien-Ordens, dann die Situation an der Front. Die Offensive der Alliierten habe noch nicht wirklich entscheidende Fortschritte gemacht, der befürchtete *völlige Zerfall* auf den ersten Angriff hin sei nicht eingetreten, bereits vier Tage wehre man sich immerhin erfolgreich. Der Kaiser klammert sich an die dünne Hoffnung, dass man sich bis zum Erreichen eines Friedensschlusses halten werde können, auch Arz schließt dies nicht ganz aus. Alles hänge von der Zuverlässigkeit der Truppen ab, und da gebe die Entwicklung der letzten Stunden doch Grund zur Besorgnis – der von Karl sanktionierte Rücktransport ungarischer Einheiten habe einen wahren Flächenbrand ausgelöst. Psychologisch verständlich, wie Arz erklärt – wer möchte schon gerne nach vorne in den Kugelhagel gehen und als Held sterben, während sich die anderen nach Hause verdrücken können?

Karl aber hofiert die Ungarn, willigt in ihre Forderungen ein, weil er hofft, dass zumindest die Krone des heiligen Stephan für die Dynastie gerettet werden kann – das ist auch die Meinung von Arz, eine Politik, wie sich bald herausstellen wird, die sich auf gefährliche Illusionen gründet – nach dem Krieg wird Karl es besser wissen und verärgert in seinen Aufzeichnungen notieren: *Der innere Friede scheiterte an der maßlos dummen Haltung herrschender Cliquen von Deutschen und Ungarn …*

Der junge Kaiser und sein Generalstabschef können an diesem kühlen Oktobermorgen aber auch nur schwer die Augen davor verschließen, dass sie beide an der explosiven Situation im Inneren, die sich nun so belastend für die Front zeigt, nicht unschuldig sind. Am Abend des 16. Oktober, nach langen Diskussionen über den endgültigen Text, hatte Karl die Veröffentlichung des so genannten „Völkermanifestes" befohlen, mit dem man ein radikales Zeichen nach außen setzen wollte, tatsächlich aber eine gewaltige Lawine im Inneren lostrat: die Umwandlung der Doppelmonarchie Österreich-Ungarn in einen Bund von Nationalstaaten. Die entscheidenden Sätze hatten gelautet:

„Österreich soll dem Willen seiner Völker gemäß zu einem Bundesstaat werden, in dem jeder Volksstamm auf seinem Siedlungsgebiete sein eigenes staatliches Gemeinwesen bildet … Diese Neugestaltung, durch die die Integrität der ‚Länder der heiligen ungarischen Krone' in keiner Weise berührt wird, soll jedem nationalen Einzelstaate seine Selbstständigkeit gewähren … Bis diese Umgestaltung auf gesetzlichem Wege vollendet ist, bleiben die bestehenden Einrichtungen zur Wahrung der allgemeinen Interessen unverändert aufrecht …

An die Völker, auf deren Selbstbestimmungsrecht das neue Reich sich gründen wird, ergeht Mein Ruf, an dem großen Werke durch Nationalräte mitzuwirken, die – gebildet aus den Reichsratsabgeordneten jeder Nation – die Interessen der Völker zueinander sowie im Verkehr mit Meiner Regierung zur Geltung bringen sollen."

Mit der Zauberformel „Selbstbestimmungsrecht für die Völker der Monarchie" hatte man gehofft, das Wohlgefallen von *policeman* (Karl Kraus) US-Präsident Wilson zu finden, wurde darin

aber bitter enttäuscht: In seiner Antwort vom 20. Oktober ließ Wilson keinen Zweifel daran, dass es für diesen Schritt Kaiser Karls bereits zu spät gewesen sei. Inzwischen habe man die Tschechoslowakei als Krieg führenden Staat und Verbündeten anerkannt, ebenso die nationalen Ansprüche der Jugoslawen. Er sehe sich daher nicht mehr in der Lage, „die bloße Autonomie dieser Völker als Grundlage für den Frieden anzuerkennen, sondern ist gezwungen, darauf zu bestehen, dass sie und nicht er Richter darüber sein sollen, welche Aktion auf seiten der österreichisch-ungarischen Regierung die Aspirationen und die Auffassung der Völker von ihren Rechten und von ihrer Bestimmung als Mitglieder der Familie der Nationen befriedigen wird …"
Während sich so das „Völkermanifest", das sich im Übrigen durch die dem multinationalen Ungarn zugestandene Klausel selbst ad absurdum führte, nach außen hin als völlig wirkungslos erwies, bewirkte es im Inneren eine verhängnisvolle Beschleunigung jener Entwicklungen, die den Zerfall Österreich-Ungarns herbeiführen: So wie das Manifest es angeregt hatte, bildeten die einzelnen Nationen sofort „Nationalräte". Diese dachten jedoch nicht im Traum daran, die Oberhoheit Habsburgs weiter anzuerkennen und ihre Schritte in einem gesetzlichen Rahmen zu halten, sondern lieferten sich nun ein wahres Wettrennen um die Verteilung der „Beute". Und bei allen – den Tschechen ebenso wie bei den Deutsch sprechenden Österreichern, bei den Polen ebenso wie bei den Ukrainern – war die Angst groß, dass man zu kurz kommen, die Konkurrenz besser abschneiden könnte. Das Konfliktpotential, das so aktiviert wurde, war unabsehbar – in Ostgalizien und den sudetendeutschen Gebieten sollte es bald zu blutigen Auseinandersetzungen kommen …

Der Agrarstaat Österreich-Ungarn ist nach über vier Jahren Krieg zu einem Reich des Hungers geworden. Besonders betroffen: die Metropole Wien. Angewiesen auf regelmäßige Lebensmittellieferungen aus Ungarn, Böhmen, Mähren und Galizien, wird die Krise des Staates für die Hauptstadt zu einer Frage von Leben oder Tod.

Wer in Wien am Wochenende zu einem kostbaren Stückchen Fleisch auch seine letzten Kartoffeln verspeist hat, muss heute ohne die gewohnte Knolle auskommen: Die „Kartoffelquote" für diese kurze Arbeitswoche – Freitag, der 1. November, ist Feiertag – sieht vor, dass man gegen Abtrennung des Abschnittes E auf der Lebensmittelkarte von Dienstag bis Donnerstag zum Preis von 72 Heller 1 kg Kartoffeln kaufen kann – mehr ist nicht möglich. Aufgrund des drohenden Lieferungsboykotts durch Böhmen und Galizien scheint selbst dies gefährdet.

Unser „tägliches Brot" gibt es nur mehr sehr eingeschränkt: Genau 1260 Gramm pro Woche sind für den *Nichtselbstversorger* vorgesehen, wer nachweislich schwer arbeitet, hat immerhin 1920 Gramm zur Disposition – sofern das Brot überhaupt erhältlich ist und man die Nerven zum stundenlangen Schlangestehen hat. Fleisch ist zu einem wahren Luxus geworden: Selbst für den *schwer arbeitenden Nichtselbstversorger* sieht die amtliche Regelung nur eine wöchentliche Ration von 125 Gramm vor; als Ergänzung dazu noch 60 Gramm Fett; minimale 40 Gramm Fett darf der „normale" Nichtselbstversorger verbrauchen – so die Theorie; tatsächlich sind seit 20. Oktober die zur Verteilung gelangenden Mengen oft noch geringer; für die Herstellung von Margarine fehlt es wiederum an Kohle.

Auch die Versorgung mit Milch ist streng rationiert: Ein Achtelliter pro Tag muss genug sein, ausgenommen sind nur stillende Mütter und Kinder bis zum vollendeten 1. Lebensjahr: Sie erhalten 1 Liter täglich, Kinder bis zum 2. Lebensjahr immerhin noch einen halben Liter, bis zum 6. Lebensjahr gibt's einen Viertelliter.

Selbst mit jedem Stäubchen Mehl muss sorgfältig umgegangen werden: Pro Person sind wöchentlich nur mehr 250 Gramm

erlaubt – im Jahre 1916 sind es noch 500 Gramm gewesen. Der Zuckerverbrauch ist mit 0,75 kg pro Monat und Nichtselbstversorger limitiert.
Infolge einer Verordnung des Ernährungsamtes sind vom Wiener Marktamt neue Äpfel- und Birnenpreise festgelegt worden: *Tischäpfel* aus Ungarn kosten nun 3 Kronen 80 Heller je Kilo, Wirtschaftsäpfel 3 Kronen 40 Heller und Mostäpfel 3 Kronen 20 Heller je Kilo; auch für böhmische Äpfel gilt ein Durchschnittspreis von 3 Kronen 80 Heller. Birnen aus Ungarn kann man für 3 Kronen 50 Heller je Kilo erstehen, böhmische Birnen kommen auf 3 Kronen 70 Heller. Wer Obst kaufen will, muss sich jedoch beeilen: Aus Ungarn sind nur 20.600 kg Äpfel angeliefert worden, dazu noch 7.560 kg Weintrauben und 635 kg Hagebutten – das Obst ist blitzschnell ausverkauft.
Etwas besser ist die Lage bei Gemüse: Am Naschmarkt sind aus Böhmen 142.350 kg, aus Ungarn immerhin 126.000 kg Weißkraut eingetroffen sowie 22.150 kg Rotkraut. Aus Galizien kommen zehn Waggons mit Kartoffeln, aus Niederösterreich werden 12.500 kg Karotten und 9.250 kg Möhren sowie 650 kg Fisolen angeliefert. 15.540 kg böhmische Speiserüben, 10.550 kg Wruken und 32.600 kg ungarische Kürbisse ergänzen das Angebot; aus Ungarn, dem bedeutendsten Gemüselieferanten der Wiener Märkte, kommen 40.890 kg Karotten, 14.975 kg gelbe Rüben, 36.750 kg Stoppelrüben, 25.670 kg Zwiebeln und 24.600 kg Knoblauch. Reich ist das Angebot an Pilzen, allein an Hallimasch verfügen die Händler über 4.580 kg.
Dramatisch dagegen ist die Versorgungslage bei Fleisch und Wurstwaren: In der Großmarkthalle Inzersdorf gelangen nur 500 kg verschiedener Würste zum Verkauf; einen Lichtblick stellen die neun Waggons mit 1.996 Schafen (29.700 kg) dar, die aus Ungarn in St. Marx eintreffen. *Per Achse* – so die Tagesstatistik – belaufen sich die Zufuhren auf 15 kg Rindfleisch und 1.381 kg Würste.

Eine erfreuliche Neuigkeit gibt es für die Mitglieder des „Reichswirtschaftsbundes der Festangestellten“: In der Zentrale im 3. Bezirk, Hohlweggasse 30, kommen am Vormittag lebende Gänse zum Verkauf; in der Kleiderverkaufsstelle in der Hohenstaufengasse 10 sind Kindermäntel und Pelzkrägen eingelangt.
Auch der „Konsumverein von Bankangestellten“ hat für seine Mitglieder wieder erfolgreich Waren organisiert: Im Verkaufslokal Schottenbastei 10 bekommt man Mahlprodukte, Kriegskaffee, Seife, Salz und Spiritus; wesentlich größer ist die Bandbreite der angebotenen Produkte im Verkaufslokal in der Rockhgasse 2 – hier, in einem kleinen Paradies von Köstlichkeiten, das an die reiche Warenwelt der Vorkriegszeit erinnert, gibt es verschiedene Mineralwässer, Essig, Zitronenessenz, „Teerumersatz“, Kognak, Senf, trockenes Suppengemüse, Suppenwürfel, Kümmel, Paprika, Streichkäse, ungarische Zwiebeln, Rosinen, Heringe, Eier, „Eßfeigen“, „1a-Brimsen“, Bier, Fleischkonserven und „nach Einlangen“ sogar Backpulver. Wer von den Bankangestellten Bundholz benötigt, kann dieses im Magazin in der Helferstorferstraße 4 erstehen, vorher allerdings ist das Bundholz in der Kanzlei des Konsumvereins, Schottenbastei 6, zu bezahlen.
Wer sich dagegen als eingeschriebenes Mitglied des „Wirtschaftsvereins der RFO“ ausweisen kann und einen Familiennamen führt, dessen Anfangsbuchstabe zwischen F und K liegt, hat heute im Verkaufslokal des Vereins in der Hofmühlgasse 14 immerhin die Möglichkeit, einige Eier zu erstehen. Und in den Verschleißmagazinen 8, 12, 15, 16 und 18 werden neben den „rayonirten Artikeln“ auch Sultaninen, Haselnüsse, Puddingpulver, Fleischkonserven, Zitronenersatz, Labsal, Schuhwichse, Schuhcreme, Lederfett, Senf und so wichtige praktische Dinge wie Waschpulver, Soda, Schmierseife und Reibbürsten feilgeboten.
Nicht zuletzt werden von der Preisprüfungsstelle Wien auch die Richtpreise für Brennholz festgelegt – angesichts der sinkenden

Temperaturen und des Kohlemangels von elementarer Bedeutung im Kampf gegen den Wucher: Für den Raummeter Scheiter und Prügel mit nicht mehr als 10 Prozent *schadhaften oder angefaulten Stellen* stehen dem Erzeuger *ab zufahrbarem Aufstellungsorte im Walde* zumindest 26 Kronen zu, für weiche Auholzscheiter von 13 Zentimetern Stärke zumindest 21 Kronen, für den Raummeter Bürdelholz zumindest 18 Kronen. Der Großhandel, das ist der Verkauf in Mengen von einem Waggon aufwärts, darf 8 Prozent, jedoch nicht mehr als 14 Kronen pro Raummeter ab Verladestation aufschlagen, der Kleinhandel 7 Heller pro Kilogramm zuzüglich der Kosten für das Schneiden und Zerkleinern des Holzes. Für *Schneiden und Grobhacken* darf der Kleinhändler pro Raummeter 10 Kronen in Rechnung stellen, für *Schneiden und Kleinhacken* 12 Kronen; erledigt er diese Arbeit mit einer Maschine, stehen ihm nur 7 Kronen pro Raummeter zerkleinerten Holzes zu.

Und es wäre nicht der k. u. k. Staat, hätte man nicht zur strengen Überwachung all der Regeln und Limits, der Beschränkungen und Begrenzungen in dieser Hungerkrise eine eigene Behörde gegründet: das Kriegswucheramt. Seine Beamten haben Tag und Nacht zu tun, sind mit Feuereifer bei der *Verfolgung der Volksausbeuter.* Und so ertappen sie einen Übeltäter nach dem anderen: etwa die Milchverschleißerin Katharina Fleischmann, wohnhaft Sonnbergplatz 6 im 19. Bezirk – ihr weist man nach, dass sie absichtlich Milch sauer werden lässt, um diese dann zur lukrativen Buttererzeugung zu verwenden. Die strenge Revision der *Überwachungsorgane* in der Milchverschleißstelle fördert denn auch sieben Kilogramm Butter und eine größere Menge Rahm zutage. Nach *Abschluss der Amtshandlung* wird Katharina Fleischmann wegen Veruntreuung und Betrug sowie Übertretung des

Hunger im Herbst: Auf den abgeernteten Feldern in der Umgebung Wiens sucht man nach Essbarem.

Lebensmittelgesetzes und Preistreiberei bei der Staatsanwaltschaft angezeigt – eine empfindliche Strafe ist ihr gewiss. Was die Verteilung der Milch durch die Molkereien selbst betrifft, so werden auch hier immer häufiger Unregelmäßigkeiten beobachtet: Selbst an eineinhalbjährige Kinder, berichtet etwa die *Reichspost*, wird die Hälfte der vorgesehenen Milchmenge in saurer Milch ausgegeben.

Einen besonderen Fund machen die fleißigen Kontrollore bei einem Bürstenbinder auf der Landstraße, der im Verdacht steht sich durch Schleichhandel ein Zubrot zu verdienen: eine lebende Milchkuh, die seit einem Tag in seiner Werkstatt eingestellt ist. Der Handwerker hat einigermaßen Erklärungsbedarf, denn zu seinem Pech ist die brave Kuh als gestohlen gemeldet, ja, auf ihre Wiederbeschaffung ist sogar eine Belohnung von 1.000,- Kronen ausgesetzt.

Ein beliebter Treffpunkt der Wiener Schleichhändler ist in den letzten Oktobertagen 1918 das Café des Hotels National in der Taborstraße im 2. Bezirk. Verfügt man über das nötige Geld, so kann man hier bei reicher Auswahl erwerben, was das Herz begehrt, zum Beispiel Schuhe und Textilien in bester Qualität oder auch Medikamente, die aus den Apotheken bereits verschwunden sind. Allerdings: Auch hier lauern die Spürhunde des Kriegswucheramtes auf Käufer und Verkäufer. Und wer frisches Obst kaufen will, muss sich des Nachts auf die Praterstraße begeben: Schlaue Händler, die es leid sind, ihre schöne Ware zum regulierten Marktpreis abgeben zu müssen, verkaufen hier in dunklen Ecken die begehrten frischen Vitamine zu wahren Rekordpreisen – immer mit dem Risiko, dass sie plötzlich einem Beamten ins Auge blicken.

Auch Privatwohnungen sind vor dem Zugriff des Kriegswucheramts nicht geschützt: In der Woche vom 21. zum 26. Oktober werden von seinen Beamten 163 Beschlagnahmungen in privaten Unterkünften vorgenommen; die Mengen, die gefunden

werden, sind zum Teil beachtlich: Einer der kontrollierten Haushalte hortet immerhin 100 kg Mehl und 40 kg Zucker – und zwölf Paar neue Damenschuhe.
Die hungernden Menschen sind der guten Ratschläge müde geworden: „Wir haben in den letzten vier Jahren so viel theoretisch gekocht, dass wir fast das praktische Kochen darüber verlernt haben, und der Mehlspeisen ohne Mehl, Fett, Ei und Zucker sind wir alle schon einigermaßen müde geworden. Sie schmecken im besten Fall nach gebratener Luft und eingebrannten Illusionen!“, hatte am 23. Juni 1918 eine Journalistin der *Arbeiter Zeitung* anlässlich einer „Ersatzmittel-Ausstellung“ im Prater sarkastisch festgestellt.

Auffallend sind im Straßenbild die vielen Männer in Uniform, Soldaten, die traurigen *Gespenster der Front.* Mit den umjubelten Helden von 1914 haben diese trostlosen *Elendsgestalten* jedoch nichts mehr zu tun. Mit ihnen, die *erdgrau, dreckgrau, grabesgrau* durch die Stadt ziehen, *in einer brenzligen Gestankhülle von getrocknetem Schlamm und Karbol,* will nun niemand mehr etwas zu tun haben. Zurückgekehrt aus dem Reich des Todes müssen sie zur Kenntnis nehmen, dass sie für das Vaterland, das sie vier Jahr hindurch unter Einsatz ihres Lebens verteidigten, nicht viel mehr als *unappetitliche Pechvögel* sind, *Bazillenträger,* denen man besser aus dem Weg geht. Sie sind auferstandene Tote, die sich in der Heimat nicht mehr zurechtfinden, ausgespuckt von der „großen Zeit“, Verlierer und Depravierte, die mit *den erstaunten Augen aufgerüttelter Schläfer* auf eine ihnen fremde Welt blicken. Wer überleben will, muss die Augen immer offen halten, muss immer bereit sein zuzuschlagen, kostbare Beute zu erhaschen: Wurst ohne Fleischkarte, Fischkonserven, Obst, ein Paket Würfelzucker – der Rucksack ist deshalb notwendiger Begleiter, wenn man in der Stadt unterwegs ist; hier wird verstaut, was man in dunklen Hausfluren eingetauscht oder zu weit überhöhten

Preisen gekauft hat. Männer und Frauen tragen ihn, Arme und Reiche, Arbeiter und Bürger, Schleichhändler und Schieber, unermüdliche Hamsterer und *geborene Abenteurer der Verproviantierung*, die *Rutengänger verbotener Genüsse* und die einfache Hausfrau, die ihre Familie versorgen muss. Diese Aufgabe erfordert Strategien: Man muss geschickt mit Brotkarten, Fettkarten, Fleischkarten, Zuckerkarten jonglieren, darf nie den Überblick über Angebote und Termine verlieren, muss immer bereit sein zu stundenlangem Schlangestehen.

7 UHR 20 Piavefront im Raum Vidor–Bigolino. Im Abschnitt des Infanterieregiments Hoch- und Deutschmeister Nr. 4 verstärkt sich der feindliche Artilleriebeschuss zum Trommelfeuer; der Feind versucht neuerlich vergeblich einen Übergang: Die Hoch- und Deutschmeister lassen vor dem eigenen Abschnitt keine Überschiffung des Piave zu, müssen aber zur Kenntnis nehmen, dass bei ihren linken (8. Honvédkavalleriedivision) und rechten Nachbarn (31. Infanteriedivision) der Feind bereits Brückenköpfe gebildet hat – allmählich drohen Umgehung und Einkesselung …

7 UHR 30 Wien, 5. Bezirk, Schönbrunner Straße. Frau Irene Kreisky hat mit Hilfe ihrer Köchin und einer Hausgehilfin, zweier böhmischer Schwestern mit den Namen Marie und Julie, das Frühstück vorbereitet. Normalerweise müssten um diese Zeit ihre beiden Söhne Paul und Bruno, 9 und 7 Jahre alt, bereits die Jausen in die Schultaschen gepackt haben und zur Volksschule in der Sonnenuhrgasse 3 aufbrechen. Heute kann man jedoch den Tag etwas gemütlicher beginnen, die Schule ist wegen der Spanischen Grippe geschlossen. Die Familie Kreisky – Vater Max ist leitender Angestellter eines großen Textilkonzerns der Monarchie – zählt zu den wohlhabenden bürgerlichen Familien Wiens, dennoch sind Frühstück und

Schuljause, Mittag- und Abendessen auch für Irene Kreisky längst zu einem Problem geworden: Gemeinsam mit Marie und Julie heißt es immer wieder Schlange stehen, um die vorgesehenen Mengen an „Ersatzbrot“ erstehen zu können. Da man zu dritt ist, kann man sich geschickt abwechseln, um an das im Vergleich zu den Köstlichkeiten von früher wenig verlockende Gebäck zu kommen: Das grünlich-gelbe Maisbrot ist hart und schwer wie Ziegelstein, Gerstenbrot hat einen unangenehm bitteren Geschmack. Zum Glück hat man noch die Verwandten in Böhmen und Mähren, die immer wieder große Brotlaibe nach Wien schicken – und nicht nur das: In die Laibe sind herrliche kleine Schinken eingebacken – eine erfreuliche Abwechslung auf dem kargen Speisezettel der Kreiskys.

Und noch einen Vorteil bringt die Verwandtschaft in der Provinz: Da man über die Familie von Mutter Irene Kreisky, einer geborenen Felix, gute Beziehungen zur Zuckerindustrie hat, ist auch jetzt noch immer genug vom begehrten Süßstoff vorhanden und so schmeckt der alltägliche Ersatz für Kaffee, der zum seltenen Luxusartikel geworden ist, zumindest süß: Meist ist dies gebrannte und gemahlene Gerste, vermischt mit etwas Feigenkaffee.

Irene Kreisky, das jüngste von sechzehn Kindern des Znaimer Konservenfabrikanten Felix, eine *unendlich gütige Frau*, hat als 25-Jährige 1909 geheiratet, eine ansehnliche Mitgift ist Garant dafür, dass die Familie auch in dieser Zeit der allgemeinen Not keine wirklichen materiellen Sorgen hat. In wenigen Tagen, so hofft sie, wird ihr Mann aus dem Krieg zurückkommen und sie wieder bei der Erziehung der Kinder unterstützen. Ihr Nesthäkchen ist Paul, der ältere Sohn, der kurz nach der Geburt an Kinderlähmung erkrankte und dadurch in seiner Entwicklung etwas behindert war; Bruno, der Siebenjährige, ist dagegen ein mehr als aufgeweckter Lausbub, den *der Krieg rasch reif werden* lässt. Mit fünf und sechs Jahren muss er am Gürtel mitansehen,

wie schwer verwundete, verstümmelte Soldaten, Opfer der Isonzoschlachten, vom Südbahnhof in das Lazarett Mollardgasse gebracht werden, mit sieben treibt er sich, ohne dass seine Mutter es weiß, mit seinen Freunden in den Elendsvierteln der Vorstädte herum, angeführt von einem skrupellosen Halbwüchsigen, der die Buben immer wieder zu kleinen Diebstählen anstiftet – ein begehrtes Objekt etwa sind Türklinken aus Messing, die sie für ihn abmontieren.
Bruno, der Junge aus wohlhabender Familie, der mit vierzehn Jahren erstmals an einer Demonstration teilnehmen wird, lernt die Wirklichkeit zu sehen und kritische Fragen zu stellen: *Grenzenlose Angst* vor dem Krieg erfasst ihn, schon früh erfährt er, was es heißt, arm zu sein, keine Arbeit und nichts zum Essen zu haben. Sein Lebensinhalt wird es sein dagegen anzukämpfen …
Und er muss erleben, dass die jüdischen Familien Kreisky und Felix, angesehene, erfolgreiche, kultivierte Menschen, denen die österreichisch-ungarische Monarchie eine gemeinsame und sichere Heimat war, in den tödlichen Sog des Holocaust geraten: Alle Brüder von Irene Kreisky sterben in den Vernichtungslagern der Nazis, auch einige Schwestern, viele Cousins und Cousinen, viele Angehörige der Familie Kreisky: *von den mir Nahestehenden wurden so viele umgebracht, dass Zahlen mich nicht mehr interessieren … ich habe nicht mehr die Kraft, diese Statistik des Grauens zu vervollständigen …*

Wer Zeit und Muße hat, liest eine der Morgenzeitungen, überfliegt die floskelhaften Meldungen der deutschen Heeresleitung und des österreichischen Armeeoberkommandos, an die man längst nicht mehr so richtig glaubt, widmet sich dann der erdrückenden Fülle an politischen Meldungen und den Hinweisen zur Ernährungslage. Nur mehr wenig Platz ist geblieben für Kultur und Sportnachrichten. Letztere sind nicht sehr umfangreich, aber man liest sie trotzdem gerne, erzählen sie doch von friedlichem Wettstreit und der allgegenwärtigen Lust am Spiel, von Siegen und Niederlagen, denen kein Blut anhaftet. Trotz der schlechten Platzverhältnisse, so erfährt man, verursacht durch lange andauernden Regen, haben die für Sonntag angesetzten Spiele zur Wiener Meisterschaft stattgefunden, einzig der Wackerplatz präsentierte sich in derart schlechter Verfassung, dass Schiedsrichter Amberger das Treffen Wacker–Sportklub absagen musste. Rudolfshügel schlägt den F.A.C. nach hartem Kampf auf tiefem Boden mit 1:0, das entscheidende Tor erzielt Beck in der 17. Minute der zweiten Halbzeit. Pech für die Floridsdorfer: Gleich zu Beginn des Spiels vergeben sie einen Elfmeter, dann trifft Hagen nur die Stange. Im zweiten Spiel trennen sich die Hertha und der W.A.C. 2:2; beide Tore für die Gastgeber erzielt Fischer, für die Pratermannschaft scort zweimal Jan. Fast „Übermenschliches", so die Kritiker, leistet Hertha-Tormann Ostricek, der gleich zwei Elfmeter hält.

Obwohl kein Meisterschaftssieg zu bejubeln ist, haben auch die Anhänger Rapids Grund für zufriedene Mienen. Die Hütteldorfer gewinnen auf der Pfarrwiese in einem *Herausforderungswettspiel* über zweimal 30 Minuten gegen den Erzrivalen Amateure überlegen mit 3:0. Gleich zu Beginn bringt Josef „Pepi" Uridil Rapid in Front, die beiden anderen Tore steuert Wieser bei, ein vierter Treffer, diesmal wieder von Uridil, wird wegen Abseits nicht gegeben. Die Grünen, bei denen die Internationalen Kuthan und Ferdinand Swatosch noch auf Urlaub sind, brillieren *im Verhältnis zur elenden Bodenbeschaffenheit durch sehr schnelles Kombinationsspiel. Der Tormann Nemes hatte nur einige Male einzugreifen, erwies sich in diesen Fällen aber als sehr tüchtig. In der Verteidigung war neben Dittrich, der vollkommen befriedigte, der alte Jech tätig, der ebenfalls seiner Aufgabe gerecht werden konnte. „Sepp" beherrschte gestern souverän das Spielfeld. Er arbeitete unermüdlich und warf seine Stürmerkette immer wieder nach vorne. Die Flügelhalfs Rupetz und Putzen-*

doppler waren ebenfalls recht gut. Der Sturm betrieb zweckentsprechendes Spiel. Das Innentrio Wieser – Krcal – Uridil war vorzüglich. Ebenso die Flügelstürmer Stach und Wondrak. Trotz des schlechten Wetters ist das von Schiedsrichter Schmied geleitete Spiel sehr gut besucht.
In einem weiteren Freundschaftsspiel schlägt der W.A.F. aus Hütteldorf die Schwechater Germania klar mit 8:0; in der Meisterschaft der „II. Spielabteilung" siegt Vienna gegen Donaustadt mit 3:0 und Slovan fertigt die Admira mit 9:1 ab; in einem Spiel zum Niederösterreichischen Cup hat die Hakoah keine Mühe, um gegen den Baumgartner Sportklub mit 7:2 die Oberhand zu behalten. Blamiert hat sich Simmering bei einem Gastspiel in Galizien – die ersatzgeschwächten Wiener kassieren in Krakau gegen die *gegenwärtig sehr spielstarke* Cracovia am Samstag eine 1:9-Schlappe und lassen dieser am Sonntag noch ein 1:8-Debakel folgen; Schuld daran, so die Zeitungsmeldungen, soll das *vollständige Versagen* des Simmeringer Torhüters gewesen sein.

Ein bisschen Ablenkung vom tristen Alltag hatten allenfalls am Vortag die schmalen – meist nur eine Seite – umfassenden Sonntagsbeilagen der Zeitungen geboten. Die Leser der *Reichspost* hatten sich hier etwa an einem Gedicht von einem gewissen *Richard Seiß-Inquart* (sic!) erfreuen dürfen – *Das war des Tages reichste Spende* hieß das kühn gereimte Poem, wie der Untertitel verkündete, ein Auszug aus den *Spielmannsliedern* des jungen Dichters, von dem man sonst weiter nichts Biografisches erfuhr. Die Vision vom Frieden stand da im Mittelpunkt:

Und ausgetilgt war Schuld und Fehle,
Und Friede rings, wohin ich sah,
Und betend fühlte meine Seele:
Ein Engel Gottes war mir nah …

Der um neun Jahre jüngere Bruder des Poeten, Arthur Seyß-Inquart, ist da aus anderem Holz geschnitzt: Für *hervorragenden Mut und Unerschrockenheit im Kampfe* ist der Kaiserjäger im Februar 1918 zum Oberleutnant ernannt worden, bereits im Jänner 1918 hat er die große silberne Tapferkeitsmedaille mit dem Truppenkreuz verliehen bekommen. Seit 1. Oktober absolviert er nun einen zwölfwöchigen Studienurlaub, arbeitet als Konzipient im Landesgericht für Strafsachen, bald wird er als Mitglied des Geheimbunds „Deutsche Gemeinschaft" zum Kampf gegen *Bolschewismus, Freimaurer und Juden* antreten.
Die beiden Seyß-Inquarts, Söhne eines Gymnasialdirektors, stammen aus dem mährischen Stannern *(Stonařov)* bei Iglau; im Unterschied zu Richard, der Theologie studiert und sich dem Priesteramt zugewendet hat, ist Arthur Jurist – und deutschnationaler Antisemit, eine Kombination, die ihm in der Ersten Republik noch eine steile Karriere ermöglichen wird. Richard Seyß-Inquart, der die Kinder des Kaiserpaares als Seelsorger betreut, wird nach einer Aufsehen erregenden Affäre das Priesteramt aufgeben, heiraten und als Leiter der Bundesanstalt für Erziehungsbedürftige in Kaiser-Ebersdorf tätig sein. Er stirbt 1941, sein Bruder wird zu einem der Hauptakteure des Massenmords an den Juden …

7 UHR 50

Wien, Nordbahnhof. Der Nachtschnellzug aus Berlin fährt ein, unter den Fahrgästen im Schlafwagen auch Dr. Karl Renner, Mitglied der Provisorischen Nationalversammlung der Republik Deutschösterreich, eines Staates also, der zwar als Absicht, aber noch nicht real besteht. Als Vertreter der Sozialdemokratischen Partei hat er an einer Delegation des Deutsch-Österreichischen Wirtschaftsbundes teilgenommen, die in der deutschen Hauptstadt um Lebensmittelhilfe gebeten hat. Renner ist in großer Eile, ein Teil der Delegierten ist in Berlin verblieben, für ihn hat es jedoch angesichts der politischen Entwicklung nur eines gegeben: zurück nach Wien! Ein hektischer Arbeitstag wartet hier auf ihn: eine weitere Sitzung des 20-köpfigen Vollzugsausschusses der am 21. Oktober konstituierten Provisorischen Nationalversammlung. Vor allem Renner, so wird sich zeigen, ist jedoch für diesen Tag gut gerüstet ...

Die schwierige Mission in Berlin ist einigermaßen erfolgreich verlaufen, die deutschen Verbündeten haben tatsächlich Unterstützung in der Ernährungsfrage versprochen – als Soforthilfe sind 10.000 Tonnen Getreide zugesagt worden, weiters hat man die Anlieferung von ca. 20.000 Tonnen rumänischen und ukrainischen Getreides auf Donauschleppkähnen in Aussicht gestellt. Karl Renner, knapp 48-jährig und einer der agilsten Funktionäre unter den provisorischen Nationalräten, hat dabei die deutschen Gastgeber nicht wenig in Verwunderung versetzt: Als bei einem Frühstück der österreichisch-ungarische Botschafter in Berlin, Gottfried Prinz zu Hohenlohe-Schillingsfürst, eine Rede auf die Habsburgermonarchie hält und deren Bedeutung für Mitteleuropa hervorhebt, antwortet Renner, der als Redner für den christlichsozialen Abgeordneten Jodok Fink einspringt, ebenfalls mit einem Lob auf das Reich des Doppeladlers und betont ausdrücklich, dass dieser Staat bestehen bleiben müsse. Zweifellos etwas verblüffend für einen Sozialdemokraten, der mit Fleiß und Präzision an den Rahmenentwürfen für ein neues demokratisches Staatswesen arbeitet: Schon während der Hinfahrt ist Renner unermüdlich mit dessen zukünftiger Organisation beschäftigt – wie er einem Mitreisenden, dem Leiter des k. k. Amtes für Volksernährung, Hans Loewenfeld-Russ, darlegt, hat er für die bevorstehende Sitzung des Vollzugsausschusses bereits einen genauen Plan ausgearbeitet, der sich mit der heiklen Frage beschäftigt, wie die Verwaltung von Deutschböhmen, Deutschmähren und Schlesien im neuen österreichischen Staat aussehen könnte. *Eine neue Epoche breche an –*

man werde mit neuen Ideen und neuen Methoden regieren und verwalten müssen ...

Renners Berliner Plädoyer für die Monarchie kommt nicht von ungefähr. Er hat, obwohl Sozialdemokrat, den Krieg Österreich-Ungarns unter bestimmten Voraussetzungen immer für gerechtfertigt angesehen und wird dafür von Friedrich Adler prompt als *Sozialimperialist* und *Lueger der Sozialdemokratie* abgestempelt; in seinen Büchern entwickelt er Modelle zur Rettung des Vielvölkerstaats. Und er spielt mit dem Gedanken, selbst Ministerpräsident zu werden. 1916 zu einem der Direktoren des neu gegründeten Ernährungsamtes ernannt, glaubt er an seine Chance unter dem Doppeladler reüssieren zu können – bis, ja, bis es zu einer denkwürdigen Audienz bei Kaiser Karl kommt. Renner will Eindruck machen und bringt sein neues Buch *Österreichs Erneuerung* mit, das er bei dieser Gelegenheit dem Monarchen überreichen will. Als er das Gespräch geschickt auf die Nationalitätenfrage lenkt und das Buch vorzeigt, erntet er vom Kaiser nur einen erstaunten Blick und die Frage: „Bücher haben Sie auch geschrieben?" Vernichtender hätte sich Karl sein Urteil nicht sprechen können – in den Augen Renners, der in seiner Eitelkeit schwer getroffen ist, hat der junge Habsburger damit seine absolute Unfähigkeit als Herrscher demonstriert. *Ich glaube, der Mann liest nicht einmal die Zeitung. So ein Pemstel!,* soll Renner nach der Audienz seiner Sekretärin Amalia Strauss-Ferneböck gegenüber geäußert haben. Als er später auch noch erfährt, dass ihn Karl für einen Freimaurer gehalten und deshalb sogar Angst vor ihm gehabt habe, ist der Kaiser für ihn endgültig erledigt ...

8 UHR

Am oberen Piave: Eine österreichische Granate zerstört die von französischen Pionieren in der Nacht fertig gestellte Brücke. Munition und Verpflegung für die Truppen im Brückenkopf müssen wieder in Booten über den Fluss gebracht werden.

Auch neuerliche Versuche am rechten Flügel der 8. alliierten Armee, den Piave bei Nervesa und Ponte di Priula mit Brücken zu überwinden, scheitern. Das VIII. italienische Korps muss untätig am rechten Ufer verbleiben.

Der Tod, am Piave allgegenwärtig, hält in diesen Minuten auch Einzug im Haus Wattmanngasse 6 in Wien-Hietzing, dem Atelier des Malers Egon Schiele. Hilflos muss der junge Künstler zusehen, wie seine Frau Edith stirbt. Wie ihr rasselnder, stoßweiser Atem allmählich schwächer wird und plötzlich ganz erlischt, wie ihr Körper sich in unheimlicher Starre verkrampft. Edith Schiele, geborene Harms, 25 Jahre alt und im 6. Monat schwanger, eine junge Frau in der Blüte ihres Lebens, ist tot, gestorben an der Infektion mit einem heimtückischen Grippevirus, dem Erreger der Spanischen Grippe. Am 19. Oktober hatte sie die ersten Symptome der Krankheit verspürt: dumpfen Kopfschmerz, brennende Augen, Frösteln, bleierne Müdigkeit; bald darauf stieg das Fieber unaufhörlich bis über 40 Grad und dann kam die Lungenentzündung – das Todesurteil. Die Lungenflügel sogen sich allmählich voll mit einer dünnen, blutigen Flüssigkeit, Stunde für Stunde wurde der Sauerstoff knapper, bis die aufgeschwemmte Lunge völlig kollabierte …
Am Vorabend, in einem der letzten Momente bei vollem Bewusstsein, hat sie auf einem Zettel mit schwindender Kraft ihre Abschiedsworte notiert: *27. Oktober 1918. ich habe ich Dich unendlich liebe und liebe Dich immer mehr grenzenlos und maßlos Deine Edith.*
Zweimal hat Egon Schiele seine sterbende Frau an diesem Abend noch gezeichnet – es sind die letzten Zeichnungen seines Lebens, denn auch er ist schwer krank, infiziert mit demselben tödlichen Virus. Auch für ihn, den nach dem Verlust Ediths völlig Verzweifelten, wird es kein Entrinnen mehr geben: Nichts kann den Fortschritt der Krankheit aufhalten. Seine Schwiegermutter lässt

ihn noch aus dem Atelier zu sich nach Hause bringen, doch hier kann ihm niemand mehr helfen – er stirbt in den frühen Morgenstunden des 31. Oktober; Adele Harms, die Schwägerin, vernimmt sein Vermächtnis: „30. X. 1918 – 23 Uhr. – Der Krieg ist aus – und ich muss geh'n. – Meine Gemälde sollen in allen Museen der Welt gezeigt werden! – Meine Zeichnungen zwischen Euch – und meinen Leuten geteilt werden."
Edith und Egon Schiele müssen sterben, weil die Medizin über kein Medikament verfügt, mit dem man das heftige Fieber senken könnte, es keine effiziente Möglichkeit gibt, den bakteriellen Infekt der Lunge im Gefolge des Influenzavirus zu bekämpfen. Sie sind Opfer *der* großen Katastrophe im Herbst des Jahres 1918: Mit ihnen sterben täglich Hunderte und Tausende von Menschen in Österreich-Ungarn – allein in Wien weist die Statistik für die Woche vom 13. zum 19. Oktober 908 Opfer der Influenza aus; 560 Tote sind nach Lungen- und „Lungenrippenfellentzündung" zu beklagen, von diesen befanden sich 147 Personen im Alter zwischen 20 und 30 Jahren.
Von durchschnittlich 700 Toten pro Woche steigt die Gesamtzahl der Todesfälle in diesem Zeitraum nun auf über 2.600 an, die Sterberate schnellt von durchschnittlich 17 auf 39,4 Promille. Vom 1. September bis zum 28. Oktober sind insgesamt etwa 180.000 Menschen in Wien von einer Infektion mit dem Grippevirus betroffen. Um das Risiko von neuen Ansteckungen zu verringern, hat der für Wien zuständige niederösterreichische Landessanitätsrat eine Sperre aller Schulen in Wien verfügt, gesperrt sind auch alle Theater der Stadt, untersagt sind Konzerte und Kinematographenvorstellungen sowie der Betrieb von Tanz- und Theaterschulen – ausgenommen von diesem Verbot sind Gast- und Kaffeehäuser. Sie dürfen ihre Gäste auch weiterhin mit Darbietungen von Musikkapellen und Volksliedsängern unterhalten.

Zur Bekämpfung der Grippe werden die seltsamsten Ideen geboren: In Linz, das von der Epidemie ebenfalls stark betroffen ist, hat die Tramway- und Elektrizitätsgesellschaft mit Zustimmung ihres konsultierenden Arztes Dr. Hellauer damit begonnen, an ihre Angestellten zum günstigen Preis von 16 Heller pro Portion Lindenblütentee mit Rum auszuschenken – ein Angebot, das von der rund 400 Personen umfassenden Belegschaft gerne genützt wird und tatsächlich helfen soll: Die Krankenstände bei den Linzer Tramwayfahrern bleiben gering!
Weltweit wird die Epidemie über 20 Millionen Tote fordern – mehr als der Krieg und jede andere Seuche des 20. Jahrhunderts. Die Ärzte sind ratlos, zahlreiche Studien bringen kaum Aufschlüsse über die Natur des Erregers – man steht vor einem Rätsel. Erst die moderne medizinische Forschung wird etwas Licht in das Geheimnis der *Spanish Flu* bringen können und anhand von konservierten Gewebeproben den genetischen Abdruck des Grippevirus von 1918 aufspüren. Unbeantwortet bleibt die Frage, warum es so eine mörderische Wirkung entfaltete, vor allem bei Menschen im Alter zwischen 20 und 40 Jahren …

Für die Gesunden beginnt nun auch in Büros und Ämtern der Arbeitstag. Pünktlich um 8 Uhr betritt der 28-jährige Fronturlauber Dr. Adolf Schärf, geboren im südmährischen Nikolsburg *(Mikulov)*, vor wenigen Tagen noch Rechtspraktikant am Bezirksgericht Rudolfsheim, sein neues Büro im ersten Stock des Parlaments. Er geht zum Fenster, öffnet die Flügel, blickt hinaus auf den Schmerlingplatz, atmet die hereinströmende frische Herbstluft ein. Es ist sein vierter Arbeitstag als Sekretär von Karl Seitz, einem der drei gleichberechtigten Präsidenten der Provisorischen Nationalversammlung der real noch nicht existierenden Republik Deutschösterreich, und er ahnt, dass auch dieser erste Tag der neuen Woche lange, sehr lange dauern wird – vorbei die Zeit, in der er die Nachmittage zu Hause in der Auhofstraße bei seiner schwangeren Frau Hilda und der kleinen Tochter Martha verbringen konnte. Schärf hat den Posten durch Vermittlung des Abgeordneten Otto Glöckel bekommen, mit dem er privat gut bekannt ist und der ihn am 25. direkt aus dem Verhandlungssaal des Bezirksgerichts ins Parlament rufen ließ. *Die Monarchie sei im Zusammenbruch. Es gelte nun, aus den Trümmern des alten Staates etwas Neues aufzubauen. Karl Seitz habe dabei eine große Rolle zu spielen, er sei aber so überlastet, dass man ihm zur Erleichterung seiner Arbeit einen Sekretär beigeben müsse, ob ihm das gefalle?* Schärf, der die blutigen Schlachten von 1917 am Isonzo in der vordersten Linie miterlebt und sich zuletzt im Sommer 1918 noch in sengender Hitze bei einem Maschinengewehr-Offizierskurs in Trebinje in der Herzegowina abgequält hat, sagt ja – er will bei dieser *großen Sache* dabei sein, auch Hilda ist unbedingt dafür, obwohl sie ihren Mann tagelang kaum zu sehen bekommt: Seitz ist ein fanatischer Arbeiter, der Parteisitzungen erst nach 20 Uhr beginnen lässt und meist auch am Sonntag im Büro zu finden ist. Von seinen Leuten verlangt er absolute Selbstständigkeit, und so sind auch die *Obliegenheiten* des neuen Sekretärs vorläufig nur äußerst vage umrissen: Er müsse sich selbst *einen Wirkungskreis suchen*, erklärt Seitz lapidar seinem neuen Mitarbeiter, der für diese Aufgabe vom kaiserlichen Justizminister freigestellt worden ist. Und das tut Adolf Schärf mit Erfolg, bald schaut er den *Männern am Webstuhl der Geschichte* nicht nur zu, sondern darf ihnen manchmal auch *Material zu ihrer Arbeit* reichen. Er wird Sekretär der Parlamentsfraktion der sozialdemokratischen Abgeordneten – eine Funktion, die bis zum Ausbruch des Krieges Otto Bauer innegehabt hat – und nimmt als solcher auch an den Sitzungen des Parteivorstandes teil; bald wird er auch noch mit der Leitung des Sekretariats der sozialdemokratischen Landtagsabgeordneten von Niederösterreich betraut werden. Adolf Schärf, der jeden Radikalismus ablehnt, empfindet sein neues Leben, das mit dem Untergang des alten Reichs beginnt, als *großes Glück,* er zählt zu jenen jungen hungrigen Männern, die sich mit der Katastrophe nicht lange aufhalten werden …

8 UHR 20 Im Luftraum östlich des Piave. Neuerlich ein erfolgreicher Luftkampf der Royal Air Force: Lieutenant Paget von der 66. Squadron schießt zwei österreichische Maschinen in Brand, die sich jedoch auf das Flugfeld von Godega di Sant'Urbano retten können.

8 UHR 30 Prag, Redaktion der Zeitung *Národní politika.* Im Büro von Chefredakteur Václav Beneš-Šumavský läutet das Telefon. Am anderen Ende der Leitung Dr. Ladislav Pech, der Leiter des Prager Ernährungsamtes. Soeben seien, so berichtet Pech, die Prager Banken telefonisch aus Wien darüber unterrichtet worden, dass Österreich-Ungarn Präsident Wilson den Sonderfrieden angeboten habe. Das *gedemütigte Wien* habe in der übermittelten Note auch die wichtigste Bedingung erfüllt, die Errichtung eines selbstständigen tschechoslowakischen Staates. Beneš-Šumavský, der diese Nachricht schon sehnsüchtig seit Tagen erwartet hat, ist außer sich vor Freude. *Slava!* jubelt er und „Gewonnen!", die freudige Nachricht wird sofort allen Kollegen in der Redaktion mitgeteilt. Nun will man es aber aus erster Hand wissen: Der Chefredakteur bittet um eine Verbindung mit seinem Wiener Korrespondenten Alois Cesany – die Enttäuschung ist groß, als sich herausstellt, dass die Leitung nach Wien ausschließlich für amtliche Gespräche reserviert ist: Die Nerven liegen blank, Beneš-Šumavský, tschechischer Patriot bis in die Haarspitzen, zittert geradezu vor Ungeduld – handelt es sich bei dieser Nachricht um ein Gerücht oder nicht? Man telefoniert mit verschiedenen Prager Banken und sogar mit dem Prager k. u. k. Pressebüro – alles vergeblich. Niemand weiß etwas – oder will es nicht sagen …

An der Front am Monticano erhält indes das k. k. Landsturm-Infanterieregiment Nr. 2 aus Linz, das in Cimetta eine kurze Kampfpause genießen durfte, Befehl zum Gegenangriff, es soll die vorrückenden Briten wieder über den Fluss zurückwerfen. Die Attacke dieser Elitetruppe, befehligt von Oberstleutnant Artur Hallada, ist erfolgreich, doch der Feind lässt nun nicht mehr locker, geht seinerseits unter dem Einsatz von starkem Artilleriefeuer wieder vor und durchstößt die Frontlinie des Regiments, das sich erst in Copo di Mezzo wieder sammeln kann. Die von Boroević geplante große Gegenoffensive ist unmöglich geworden, da in den Nachbarabschnitten immer mehr Truppenteile den Kampf verweigern, unter ihnen auch eine tschechische Schützendivision. Der „Zweier-Landsturm" muss sich hinter die Livenza nach San Cassiano di Livenza zurückziehen – man ist praktisch kampfunfähig: Tagelang hat es nichts zu essen gegeben, der folternde Hunger und die schlaflosen Nächte zehren an den Kräften; die schweren Verluste lassen die Sinnlosigkeit dieses Kriegs im grellsten Licht erscheinen.
In zweieinhalb Wochen, am frühen Morgen des 15. November 1918, wird man wieder zuhause in Linz sein, eintreffen auf jenem Bahnhof, von dem man 1914 unter dem Jubel der Menge ins Feld gefahren ist. Ein *zerschlagener, müder Rest*, unbedankt *für die heldenhafte Verteidigung der eigenen Heimat, ja förmlich verachtet*: 15 Offiziere, 615 Mann, 29 Pferde und 7 Fahrküchen kehren heim aus dem *großen Sterben* …

9 UHR

An der Piavefront bei der Papadopoli-Insel. Nach vierstündigem Trommelfeuer setzen die Como-Brigade und die Bisagno-Brigade im Brückenkopf Salettuol zum Angriff auf die Linien der 6. k. u. k. Armee an. Die britischen Geschütze schießen bewegliches Sperrfeuer – eine Form der Artillerieunterstützung, die man an der Südwestfront bisher nicht gekannt hat. Die Soldaten der 7. Infanteriedivision

wehren sich verbissen, können jedoch das Durchstoßen der Italiener in nordöstlicher Richtung nicht verhindern. Die k. u. k. Führung reagiert auf die neue Lage: Der 1 km westlich von Ormelle stehende Nordflügel der 64. Honvédinfanteriedivision wird „zurückgebogen“, die 8. Kavalleriedivision erhält Befehl, im Raum westlich von Oderzo vorzurücken, um hier die Lücke zum XVI. Korps zu schließen und den feindlichen Einbruch bis zum Eintreffen der im Anmarsch befindlichen 24. Infanteriedivision zu stoppen.
Zur gleichen Zeit beim Heeresgruppenkommando in Udine: Feldmarschall von Boroević gibt sich keinen Illusionen mehr hin und meldet dem Armeeoberkommando in Baden: „Armeen stehen den fünften Tag im schwierigsten Kampf und ist nicht anzunehmen, dass der Feind seine Angriffe einstellt. Die Widerstandskraft unserer Truppen erlahmt auffallend, umso mehr, als die Zahl der mit Berufung auf Manifest, Unabhängigkeit Polens, Ungarns, des tschechoslovakischen, dann südslavischen Staates den Gehorsam verweigernden Verbände in bedenklichem Maße zunimmt und die Mittel fehlen, dieselben zum Gehorsam zu zwingen. Es ist von höchster Wichtigkeit, sich über das Weitere sofort klar zu werden und entscheidende politische Wendung herbeizuführen, wenn nicht Anarchie und damit Katastrophe für Monarchie und Armee mit unabsehbaren Folgen eintreten soll.“
Vor genau einem Jahr, am 28. Oktober 1917, hatten k. u. k. Truppen die friulanische Hauptstadt besetzt, nun galt es die Räumung vorzubereiten.

Zur gleichen Zeit im wolkenverhangenen Agram: Bei leichtem Schneeregen lässt Oberstleutnant Kucak, Kommandant des kroatischen Ersatzbataillons des Honvédinfanterieregiments 25, Offiziere und Mannschaften im Kasernenhof antreten und setzt zu einer großen Rede an: Der Augenblick sei gekommen, in dem es gelte, *dem Vaterlande und dem Nationalrate als einzigem gesetz-*

lichem Lenker der nationalen Politik und des nationalen Geschicke den Treueid zu leisten. Die – zu diesem Zeitpunkt noch hochverräterischen – Worte Kucaks lösen bei den Soldaten Begeisterung aus, das ganze Ersatzbataillon legt den Treueid auf das kommende Vaterland Kroatien ab; nach dem Ablegen des Eides intoniert die Regimentsmusik die kroatische Nationalhymne, die Soldaten singen begeistert mit.
Der Militärkommandant von Agram, General der Infanterie Lukas Snjaric, *ein sehr tüchtiger, schneidiger Soldat, guter Führer,* und der Honvéd-Distriktskommandant FML Michael Mihaljevic unternehmen nichts – beide fühlen sich zwar noch durch ihren Eid an den König gebunden, dem militärischen Machtverfall der Monarchie entgegenzutreten haben sie jedoch nicht mehr die Kraft und wohl auch nicht mehr den Willen …
Auch beim Heeresgruppenkommando von Feldmarschall Kövess in Belgrad spitzt sich die Lage zu: Da Belgrad als Standort für die Kommandozentrale der Heeresgruppe bereits zu exponiert erscheint, befiehlt Kövess die Verlegung seines Hauptquartiers nach Ujvidek. Der Feldmarschall, seit knapp drei Wochen Befehlshaber der neu geschaffenen Heeresgruppe, kann seinem eigentlichen Auftrag, eine neue stabile Front am Balkan aufzubauen, in keiner Weise nachkommen, mit Mühe gelingt es ihm für einen geordneten Rückzug der Truppen zu sorgen. Kövess unterstellt sind das Armee-Gruppenkommando in Albanien mit Generaloberst Pflanzer-Baltin, der Kommandierende General in Sarajevo Generaloberst Freiherr von Sarkotic, die Militärgouvernements in Serbien und Montenegro sowie die 11. deutsche Armee.

9 UHR 05

Prag, die Goldene Stadt. Ein sonniger Herbsttag kündigt sich an, der dichte Nebel vom frühen Morgen lichtet sich jetzt allmählich. Die zwei Tage zuvor, am 26. Oktober, im Wirtschaftsrat des Nationalausschusses beschlossene „Übernahme“ der Kriegsgetreideverkehrsanstalt läuft an. Ausgewählt worden für diese Aktion sind Antonín Švehla und Dr. František Soukup. Zu Fuß gehen die beiden Abgeordneten über den Wenzelsplatz zu dem Gebäude. Ohne sich lange mit Formalitäten aufzuhalten, lassen sie sofort den Direktor der Anstalt, Statthaltereirat Schwarz, zu sich rufen. Ab sofort, so teilen sie dem verblüfften Beamten in resolutem Ton mit, werde die Verwaltung der Kriegsgetreideverkehrsanstalt vom Nationalausschuss übernommen, der damit auch die Sorge für die Verpflegung der Bevölkerung in seine Hände nähme. Dazu sei es notwendig, die gesamte Belegschaft des Hauses zusammenzurufen – Direktor Schwarz, der nicht recht begriffen hat, worum es den beiden Herren wirklich geht, lässt tatsächlich sein Personal kommen. Nicht weniger als 54 Mitarbeiter drängen sich bald vor Švehla und Soukup, Ersterer ergreift das Wort: Die Verwaltung der Anstalt würde von der ehemaligen österreichisch-ungarischen Monarchie auf den tschechoslowakischen Staat übergehen, den er, Švehla, in diesem Augenblick vertrete. Die Beamten der ehemaligen österreichisch-ungarischen Regierung würden ihre Posten behalten können, sofern sie bereit wären, in den Dienst des neuen Staates überzutreten. Ihrer Verpflichtungen gegenüber der Monarchie würden sie damit entbunden sein, er selbst werde ihnen nun den Eid auf den neuen tschechoslowakischen Staat abnehmen.

Antonín Švehla spricht eine rasch improvisierte Eidesformel vor, die ans Gehorchen gewohnten Beamten der Kriegsgetreideverkehrsanstalt sprechen sie ihm geschlossen nach – niemand scheint an der Rechtmäßigkeit dieses bizarren Vorgehens zweifeln zu wollen. Eine „Verwaltungskommission“ ist inzwischen eingetroffen, bestehend aus weiteren Abgeordneten des Nationalausschusses und zusammengesetzt nach dem Schlüssel der dort vertretenen Parteien. Sie soll die Arbeit des Hauses ab nun überwachen.

9 UHR 10

Baden, Armeeoberkommando. Mit einer Depesche voller Versprechungen an das Flottenkommando bzw. die Festungsbesatzung in Pola versucht das österreichische Hauptquartier den bereits arg in Bedrängnis kommenden Offizieren auf den Schiffen den Rücken zu stärken und die Matrosen zu beruhigen: „Im Allerhöchsten Auftrage seiner Majestät ist Mannschaft mitzuteilen, dass wir unmittelbar vor Waffenstillstand und Friedensverhandlungen stehen und dass seine Majestät daher erwartet, dass seine brave, stets kampfbereite Festungsbesatzung und Kriegsmarine auch diese kurze Spanne Zeit treu und verlässlich ausharren werde. Sobald die Feindseligkeiten eingestellt sind, werden noch vor der Demobilisierung weitestgehende Beurlaubungen stattfinden."

Flottenkommandant Vizeadmiral Miklos von Horthy, noch immer bestens motiviert, Fregattenkapitän Emerich Graf Thun-Hohenstein, Hafenkommandant Cicoli und andere hohe Offiziere lassen sich seit 8 Uhr morgens im Hafen von Schiff zu Schiff fahren und appellieren an die Besatzungen Ruhe zu bewahren. Was den ersehnten Urlaub betreffe, so erklärt Horthy den verblüfften Matrosen, müsse man sich jedoch noch in Geduld üben, denn: „Ihr wollt jetzt alle auf Urlaub fahren, da muss ja in den Städten Hungersnot ausbrechen, wenn auf einmal Leute ohne Verpflegung daherkommen. Übrigens war ich während meiner Dienstzeit als Flottenkommandant nur einmal auf Urlaub und da habe ich meine Tochter begraben müssen!" – Worte, die eine persönliche Note ins Spiel bringen sollen, die aber auf die Matrosen keinen Eindruck mehr machen. Nach Jahren des harten Dienstes auf Schiffen, die, bedroht von Minen und feindlichen U-Booten, meist untätig in den Häfen lagen, nach stumpfsinnigem Kommis und grauem Alltag gibt es für sie nur mehr ein Thema: Wann können sie endlich Pola verlassen und nach Hause fahren?

Zu einem Eklat kommt es auf der SMS VIRIBUS UNITIS, dem stolzen Flottenflaggschiff der k. u. k. Kriegsmarine: Hier hat sich ein Matrosenrat konstituiert, der die Mannschaft bereits so fest im Griff hat, dass diese ihren Offizieren den Gehorsam verweigert. Für Korvettenkapitän Alexander Milosevic, den Gesamtdetailoffizier der VIRIBUS UNITIS, eine Katastrophe. Aus Verzweiflung über die *Unmöglichkeit* dieser Situation und um *ein Zeichen zu setzen* begibt er sich in seine Kabine und schreibt einen Abschiedsbrief. Dann setzt er seinen Revolver an die Schläfe und zieht den Abzug durch …

9 UHR 15

Schloss Schönbrunn. Die *üblichen Vorträge* sind vorbei, das Kaiserpaar ist bereit zur Abfahrt in die Hofburg, wo die Vereidigung der neuen Minister auf dem Programm steht. Aus Angst vor dem Unmut der Bevölkerung verzichtet man bei diesen Fahrten durch die Stadt auf den großen Pomp früherer Zeiten.

Vor allem Kaiserin Zita, Prinzessin aus dem Hause Bourbon-Parma, genießt nicht ungeteilte Sympathien. In großdeutsch-völkisch denkenden Kreisen begegnet man ihr in diesen Tagen nur mehr mit Misstrauen, abfällig spricht man von „der Parma", eine Wortwahl, in der unausgesprochen Hass und Abneigung mitschwingen, der Vorwurf des Fremden, „Nichtdeutschen", ein hässlicher Unterton von Verrat und Verschwörung gegen die *Waffenbrüderschaft* des Deutschen Reiches mit Österreich-Ungarn. Überliefert ist ein Ausspruch des Langenzersdorfer Bürgermeisters und christlichsozialen Landtagsabgeordneten Dr. Leopold Barsch, der noch 1925 öffentlich erklären wird: *Die italienische Bestie am Kaiserhof hat überall herumgeredet und alles zu unseren Ungunsten gewendet.* Barsch, Jahrgang 1888, promo-

Konfrontiert mit dem Vorwurf des „Nichtdeutschen" durch großdeutsch-völkische Kreise: Kaiserin Zita, Prinzessin aus dem Hause Bourbon-Parma.

vierter Jurist und aus einer Weinhauerfamilie stammend, hat drei Jahre in Sibirien in russischer Kriegsgefangenschaft verbracht und ist nach seiner Rückkehr auf Kaiser Karl vereidigt und nach Italien an die Front geschickt worden – gerade rechtzeitig, um noch die letzte Offensive Österreich-Ungarns am Piave im Juni 1918 mitmachen zu können. Nach Leopold Barsch, der es im Ständestaat bis zum Landeshauptmannstellvertreter bringen sollte, ist heute in Langenzersdorf eine Straße benannt.
Angeblich, so der Vorwurf deutscher Militärs, habe Zita den Kaiser dazu bewogen, in der Angriffsplanung für die Juni-Offensive 1918 auf den Einsatz von Giftgas zu verzichten, in Wirklichkeit sind von der k. u. k. Artillerie sehr wohl Gasgranaten verschossen worden – die Italiener entzogen sich durch Räumung der vordersten Linien allerdings geschickt deren Wirkung.
Nach der Sixtusaffäre im Frühjahr 1918 ist es vor allem der deutsche Botschafter in Wien, Graf Botho von Wedel, der eifrig vor den *Einflüssen der Parma-Braganca-Familie* auf Kaiser Karl warnt. *Den hohen Frauen welscher Abkunft* – gemeint sind Zita und ihre Mutter, Erzherzogin Maria Theresia – sei *welsches Wesen sympathisch und behaglich, deutsches Wesen ist ihnen fremd und schwer verständlich,* schreibt er am 25. April 1918 an Wilhelm II. Der *gutherzige* Karl, so Wedel in einem weiteren Brief vom 7. Mai 1918 an Wilhelm II., bedürfe deshalb „ernster Ermahnungen", er handle unüberlegt und leichtsinnig, Bemerkungen, die Wilhelm mit der höhnischen Randnotiz „Und lügt! Ja!" quittiert.
Unterstützung bei seinen Angriffen gegen Karl und Zita findet Graf Wedel vor allem bei einem seiner Mitarbeiter: der „grauen Eminenz" der Deutschen Botschaft in Wien, dem Botschaftssekretär Baron Hilmar von dem Bussche-Haddenhausen, der pikanterweise ein alter Bekannter des Grafen Czernin ist – gemeinsam haben sie die Interessen ihrer Länder in Bukarest vertreten. Für die Kaiserin ist diese Konstellation eindeutig: Czernin wird, so ihre Überzeugung, von diesen Vertretern der

„Ludendorff-Clique" gesteuert, wobei sie auch Querverbindungen zur k. u. k. Armee sieht. So zählt ihrer Ansicht nach Feldmarschallleutnant Alfred Krauß zu jenen Leuten, die sich von den deutschen Militärs gängeln ließen – nicht ganz zu Unrecht, denn Krauß, nun Kommandant der österreichischen Einheiten in der Ostukraine, ist nicht nur ein nüchterner Ingenieur des Krieges, er ist zudem fasziniert von der Kompromisslosigkeit, mit der seine deutschen Kollegen die Todesmaschine in Gang halten. Der große Sieg in der Durchbruchsschlacht von Flitsch-Tolmein im Oktober 1917, der Italien an den Rand der Niederlage bringt, wird möglich, weil Krauß mit dem „Stil" der Deutschen hervorragend zurechtkommt und er vor allem ein Bewunderer Ludendorffs ist: In ihm wird der österreichische General nach dem verlorenen Krieg einen jener *Ritter zur Rechten* erblicken, von denen er das Heil erwartet: *Dieser Typus der Führer musste hart sein, unbeugsam, gewalttätig scheinen, er musste das Volk fortreißen, aufpeitschen, wenn nötig zu all diesem Willen zwingen, denn nur die höchste Anspannung der Volkskraft konnte zur größten Leistung, zum Siege über die Welt führen.*
Alfred Krauß wird in seinem Buch *Die Ursachen unserer Niederlage* zwar keine Namen nennen – die Kritik am Führungsstil Kaiser Karls ist jedoch unüberhörbar: *Der andere Typus des Führers, der „Ritter zur Linken", war der weiche, nachgiebige, Blutopfer scheuende ... diese Mischung ergab zusammen die dem deutschen Volksgeist eigentlich fremde, nur durch rassenfremde Elemente hineingebrachte Abneigung gegen Kampf und Sieg, die sich lieber knechtisch beugt ...*
Jetzt, während der Fahrt Richtung Stadt, haben Karl und Zita jedoch andere Sorgen als die Verirrungen ihrer Generäle – die Gedanken gelten den Kindern in Gödöllö. Jede neue Nachricht

„Waffenstillstand!" – das Signal zur Erhebung am Schwarzen Brett der „Národní politika".

aus Ungarn wird von ihnen mit Spannung erwartet, längst sind sie sich nicht mehr sicher, ob es tatsächlich richtig gewesen ist, diese so ungeschützt zurückzulassen ...

9 UHR 30

Prag. Inzwischen wölbt sich ein wunderbarer wolkenloser Himmel über die böhmische Metropole, ein leichter Nordwestwind hat die letzten Nebelschwaden aufgelöst, die Strahlen der Herbstsonne spenden angenehme Wärme. Die Abgeordneten Švehla und Soukup treffen in der Kriegsgetreideverkehrsanstalt eben die letzten Dispositionen, als das Telefon läutet. Am Apparat ist Alois Rašín, er meldet sich aus der Redaktion der *Národní listy*. Er habe nun, so teilt er seinen Freunden jubelnd mit, den Text der diplomatischen Note, die Graf Andrássy am Vortag an Präsident Wilson gesandt hat, Wort für Wort vor sich liegen. Tatsächlich, da ist, wenn auch etwas verklausuliert, davon die Rede, dass die „Tschechoslovaken" ihr Recht auf Selbstbestimmung wahrnehmen dürfen. Laut liest er den entscheidenden ersten Satz vor: „In Beantwortung der Note des Herrn Präsidenten Wilson vom 18. Mai des Monats an die österreichisch-ungarische Regierung und im Sinne der Entscheidung des Herrn Präsidenten, mit Österreich-Ungarn getrennt über die Frage des Waffenstillstands und des Friedens zu verhandeln, beehrt sich die österreichisch-ungarische Regierung zu erklären, dass sie ebenso wie mit den früheren Kundgebungen des Herrn Präsidenten, auch mit seiner in der letzten Note enthaltenen Ansicht über die Rechte der österreichisch-ungarischen Völker, namentlich über die Rechte der Tschechoslovaken und Südslaven übereinstimmt" – kein Zweifel: Wien scheint am Ende, *die Tore des österreichischen Kerkers sind aus den Angeln gehoben*, das ist die Kapitulation Karls und das gibt ihrem Handeln die erwünschte Legitimität! Der Trugschluss, dem die Männer in Prag erliegen, ist nur: Das Recht auf nationale Selbstbestimmung einräumen heißt für Karl und seine Minister nicht,

dass sie die Tschechen und Südslawen tatsächlich aus der Herrschaft des Kaisers entlassen wollen. In diesem Augenblick des Freiheitsrausches denkt jedoch niemand daran, dass Andrássys Note auch anders zu lesen und zu interpretieren ist. Jetzt gilt es für Rašín und seine Kameraden, nur rasch zu handeln, auch im Sinne der Männer, die eben in der Schweiz das Geschick der Nation verhandeln.
Erste Aufgabe ist es, allen Landsleuten den Text der Note zur Kenntnis zu bringen. Rašín veranlasst, dass die Redaktion der *Národní listy* und zahlreiche andere Zeitungen Andrássys Botschaft an Wilson affichieren.
Endlich, nach langem fieberhaftem Warten, hat man auch in der Redaktion der *Národní politika* Gewissheit erlangt: Das k. u. k. Pressebüro bestätigt telefonisch die Andrássy-Note. Unter dem lauten Jubel der Kollegen liest Beneš-Šumavszký die Nachricht vor, dann eilt er sofort zu Emil Geistlich, dem Druckereileiter der Zeitung, und bittet diesen ein Plakat zu dieser Nachricht vorzubereiten und am Schwarzen Brett auszuhängen. Geistlich, dem die Freude über die Botschaft aus Wien ins Gesicht geschrieben steht, lässt sich nicht lange bitten und entwirft zusammen mit seinem Mitarbeiter Arnost Bricht ein ebenso simples wie eindrucksvolles Papier – in großen Lettern, in den Farben der böhmischen Trikolore, prangt da nur ein einziges Wort, das Zauberwort „Waffenstillstand!". Befestigt auf einer Holztafel wird das Plakat unverzüglich ausgehängt; das eine einsame Wort entfaltet sofort eine ungeahnte, ja, geradezu wunderbare Wirkung …

9 UHR 55

An der Piavefront, östlich der Grave di Papadopoli. Der rechte Flügel des k. u. k. XVI. Korps hält dem Druck der angreifenden Engländer nicht mehr stand. Die 201. Landsturminfanteriebrigade muss sich von Tezze nach Vazzola zurückziehen, schließlich geht auch die erschöpfte 29. Infanteriedivision von der Piavesella, einem kleinen Neben-

flüsschen des Monticano, nach Nordosten zurück. Schlimm ist, dass dieses Zurückgehen stellenweise eher einer panikartigen Flucht gleicht; einzelne abgeschnittene Einheiten der 29. Infanteriedivision verteidigen sich dagegen mit dem Mute der Verzweiflung gegen den übermächtigen Feind. Immer verheerender beginnt sich nun auch die Überlegenheit der alliierten Fliegertruppen auszuwirken: Feindliche Flugzeuge greifen unbehindert im Tiefflug an, beschießen die k. u. k. Infanterietruppen mit Maschinengewehren oder werfen Bomben auf die Sammelplätze der Reserven und die Nachschubkolonnen.
Als neue Auffangstellung für die 29. Infanteriedivision ist der Monticano vorgesehen; gleichzeitig erhält auch die 51. Honvédinfanteriedivision den Befehl ihre alten Stellungen am Piave aufzugeben und auf die Linie Marcatelli–St.Lucia zurückzugehen; die entstandene Lücke zwischen dem XXIV. und dem XVI. Korps wird durch die 10. Infanteriedivision geschlossen.
Beim XVI. Korps wird inzwischen die Lage immer schwieriger, die Engländer verstärken ihre Angriffsbemühungen. Zumindest den Monticano will Feldmarschallleutnant Berndt um jeden Preis halten, um so dem geplanten Gegenangriff der sich bei Conegliano formierenden Stoßgruppe unter Nöhring den Weg über das Flüsschen offen zu halten. Alle Anstrengungen sind jedoch vergeblich, das XVI. Korps kann die Schlacht nördlich des Monticano nicht mehr zum Stehen bringen.
Während so die Frontlinie unaufhaltsam nach Osten wandert, trifft George Macaulay Trevelyan, Chef des britischen Roten Kreuzes am Piave und später angesehener Historiker an der Universität Cambridge, in der eroberten Ortschaft San Paolo, etwa drei Kilometer östlich des Flusses, ein. Die italienischen Truppen der 10. Armee, so hat er den Eindruck, sind in bester Stimmung, obwohl sie vergeblich auf die Feldküche warten und Hunger leiden. Überall sind noch die Spuren der Schlacht zu sehen; die Rohre der erbeuteten österreichischen Geschütze sehen drohend

die Hauptstraße hinunter. Trevelyan und seine Leute haben Mühe mit der vorwärts stürmenden 23. Division Schritt zu halten, seinem Glücksgefühl tut dies jedoch keinen Abbruch. Der 42-jährige Gelehrte, der die bittere Niederlage von Flitsch-Tolmein 1917 miterlebt hat, durchlebt den Sieg wie einen Rausch: *Es waren wunderbare und glückliche Tage, diese Tage der großen Befreiung, als die Barbaren einmal mehr von jenem Boden flohen, der durch die Jahrhunderte von der lateinischen Rasse geheiligt worden ist. Nur wir, die wir ein Jahr zuvor die gleichen Straßen in solch großer Verzweiflung passiert hatten, konnten dieses Gefühl ganz auskosten …*

10 UHR

In der Altstadt von Prag. Der Grünzeughändler František Kopecký, wohnhaft in der Havelskastraße, seit drei Monaten zum zweiten Mal verheiratet, hat sich vorgenommen, das schöne Wetter zu nützen und hinaus aufs Land zu fahren, um frische neue Ware einzukaufen. Er verabschiedet sich von seiner jungen Frau, die den Marktstand betreuen wird, und geht wie immer, ausgerüstet mit seinem praktischen Wanderstab, in Richtung Franz-Josefs-Bahnhof, über den Wenzelsplatz hinauf zum Nationalmuseum, als ihm plötzlich vor dem Gebäude der Zeitung *Národní politika* eine ungewöhnlich erregte Menschenmenge auffällt. Die Ursache dafür erkennt er schnell: Dort, wo sonst das k. u. k. Armeeoberkommando seine Meldungen über die Lage an der Front auszuhängen pflegt, prangt eine große Plakattafel mit nur einem Wort – ein einziges Wort in den leuchtenden Farben der tschechischen Trikolore, das alle magisch in seinen Bann zieht. Er tritt näher und liest: *Příměří!* steht da – „Waffenstillstand"! Während František Kopecký noch wie elektrisiert auf dieses Wort starrt, taucht ein Angestellter der Zeitung auf und hängt nun auch eine amtliche Meldung aus: Graf Andrássy, der Außenminister Österreich-Ungarns, habe am Abend des Vortags der Entente ein Waffenstillstandsangebot

unterbreitet, heißt es da und dann folgt der Text, in dem tatsächlich vom Recht auf Selbstbestimmung für die Tschechen die Rede ist. Der Grünzeughändler vergisst in diesem Augenblick sein Gemüse, er weiß, was das bedeutet: Friede – und Friede heißt Freiheit! Freiheit für die tschechische Nation, der ersehnte Tag, der letzte von Habsburgs Herrschaft ist gekommen …
Ohne sich weiter Rechenschaft über sein Tun abzulegen, schreit Kopecký diesen einen Gedanken hinaus in die Morgenluft: *Wir sind frei!*, dann noch einmal, lauter: *Wir sind frei!* Immer mehr Passanten bleiben stehen, bilden einen Kreis um den Grünzeughändler, der sich in diesen Minuten vom biederen Kaufmann zum aufpeitschenden Volkstribun wandelt. „Wir sind frei, Brüder, lasst uns die Slawische Linde bekränzen!" Er winkt mit seinem Hut, hebt seinen Wanderstab wie ein Dirigent den Taktstock – und schon sammeln sich hinter ihm die Menschen zum Demonstrationszug. Fähnchen in den böhmischen Landesfarben weiß-rot werden ihnen gereicht, die Slawische Linde vor dem „Goldenen Haus" ist im Nu geschmückt, dann zieht man weiter – trotz der Bedenken und Ängste, die von Übervorsichtigen, wie etwa dem bekannten Journalisten Prokop Vavrinek, Redakteur der *Národni politika,* vorgebracht werden: Noch gäbe es keine Freiheit, das Militär würde Prag zerstören, es würde Opfer geben.
František Kopecký antwortet diesen Zauderern auf seine Weise: Er nimmt den Hut ab, stimmt die Hymne *Kde domov muj?* von Jozef Kajetán Tyl an, hebt seinen Wanderstock – und weiter zieht die Prozession der Patrioten …
Die Nachricht von der Tafel mit dem Zauberwort verbreitet sich inzwischen wie der Blitz bis in die entlegensten Straßen Prags; überall heißt es: „Geht zur *Národní politika*! Der Krieg ist aus, Österreich ist zerschlagen, wir sind frei, wir haben unseren Staat, unsere Republik! Heil Masaryk! Es lebe Wilson!"

Zur gleichen Zeit im Militärkommando Prag, dem Zentrum der k. u. k. Macht in der Hauptstadt Böhmens: Hier agieren jene Männer, die an diesem Morgen noch die Macht in Prag ausüben, noch über Leben und Tod entscheiden können. Der sozialdemokratische tschechische Abgeordnete Dr. Leo Winter, Vertrauensmann des Nationalausschusses, ist eingetroffen. Es beginnen die bereits am 26. Oktober vereinbarten Verhandlungen zwischen Winter und der Intendanz des Militärkommandos. Beide Seiten sind heute besonders kooperativ, jeder benötigt den anderen: Die eine Seite hat Brot, die andere die Gewehre. Auf der Tagesordnung steht vor allem die dramatische Ernährungslage der Besatzung. Da die Garnison nur mehr über Verpflegung für zwei Tage verfügt, beschließt man immerhin enger zusammenzuarbeiten. Der Vorsitzende des nationalen tschechischen Ernährungsrates, der Abgeordnete Dr. Viskovsky, und die Intendanz sollen sich in Zukunft direkt über Notmaßnahmen verständigen. Nachdem Winter seinen Kollegen Viskovsky telefonisch über diese Entscheidung informiert hat, begibt er sich zu Feldmarschallleutnant Eduard Zanantoni, dem Stellvertreter des Militärkommandanten, um auch diesem das Ergebnis des Gesprächs mitzuteilen. Dass Winter nur mit dem zweitwichtigsten Mann im Militärkommando spricht und nicht mit Paul Kestřanek, dem Militärkommandanten, selbst, hat eine Vorgeschichte: Zanantoni ist der Mann, auf den der Nationalausschuss seine Hoffnungen setzt. Er soll durch Winter in intensiven Gesprächen „weich geklopft" und so weit gebracht werden, dass er eine verbindliche Erklärung abgibt – des Inhalts, dass die Truppen der Garnison – vor allem Ungarn, Rumänen und Deutsche – vom Waffengebrauch gegen die Prager Bevölkerung im Falle von Unruhen absehen würden. Mit einer derartigen Erklärung in der Hand hätte man jede Bewegungsfreiheit …

Warum meint man dies gerade beim zweiten Mann erreichen zu können? Feldmarschallleutnant Eduard Zanantoni, geboren

1862 im ungarischen Miskolc, studierte an der Technischen Militärakademie und wandte sich später ganz der Artillerie zu, ehe er in den Generalstab wechselte. Zu Beginn des Kriegs kommandierte er in Serbien die 29. Feldartillerie-Brigade, dann rückte er an die Spitze der nordböhmischen 21. Infanteriedivision und zeichnete sich bei der Wiedereroberung Lembergs aus. Wenige Tage nach seinem ruhmreichen Einzug in die Hauptstadt Ostgaliziens musste er seinen Posten als Divisionskommandant verlassen – Ursache dafür war ein Streit mit dem Korpskommandanten gewesen.

Zanantoni, der den Mief der Schreibstuben verabscheut, würde zwar ein abwechslungsreiches Frontkommando dem Posten in Prag vorziehen, nimmt aber auch diese ihm zugeteilte Aufgabe sehr ernst. Regelmäßig lässt er sich über die Situation der Prager Arbeiterschaft informieren, achtet besonders darauf, dass die Verpflegung mit Lebensmitteln und Kohle gewährleistet ist. *Von hungrigen Arbeitern könne weder Zufriedenheit gefordert werden noch normale Arbeitsleistung,* soll er in einer Offiziersversammlung erklärt haben. Selbst seine erklärten Gegner, die Männer im Nationalausschuss, bringen diesem Amtsverständnis großen Respekt entgegen und sie entschließen sich eben deshalb, Zanantoni intensiver zu „bearbeiten" – sie meinen, von jemandem, der derart Mitgefühl und Verständnis zeige, müsse diese Erklärung möglich sein. Bei einem ersten Gespräch mit dem Feldmarschallleutnant am 26. Oktober hat Leo Winter, der zuvor von Antonín Švehla genau über die einzuschlagende Gesprächsstrategie instruiert worden war, das Terrain sondiert. Wie von Švehla vorausgesehen, bleibt Zanantoni auch kaum eine andere Möglichkeit, als das Lockmittel der Hilfe in der Ernährungsfrage zu akzeptieren. Dazu kommt, dass er Soldat ist und kein Politiker. Wie genau die Situation nach dem kaiserlichen Manifest politisch zu interpretieren ist, wie weit man sich dem Nationalausschuss annähern darf, ist letztlich eine Frage, die von der

Regierung in Wien exakt zu beantworten wäre – und diese lässt ihn und seinen Chef Paul Kestřanek einfach im Stich: Es gibt keine Antworten aus Wien. So konzentriert man sich auf die konkrete Aufgabe, die man sich gestellt hat und die nicht falsch sein kann: Ruhe und Ordnung in Prag zu bewahren.
Zanantoni weiß sich hier mit dem Militärkommandanten auf einer Linie. Paul Kestřanek, 1856 in Prag geboren, hat vor dem Krieg das Leben in den Garnisonstädten der Monarchie kennen gelernt: Komorn, Tyrnau, Karlstadt, Troppau, Lemberg, Zara und Raab sind seine Welt gewesen. Als Kommandant der 12. Infanteriedivision zog er 1914 gegen die Armeen des Zaren, kämpfte in den Schlachten bei Lublin und Iwangorod und beim erfolgreichen Durchbruch von Gorlice. Der Mann von kleiner, untersetzter Statur mit vollem Schnurrbart und entschlossenem Blick hat auch einige für einen k. u. k. Offizier eher ungewöhnliche Züge: Er liest die *Fackel* von Karl Kraus und ist, obwohl er sich als „Deutscher" fühlt, in gewissem Maße tschechophil: Seine Söhne hat er Borivoj und Zdenko getauft und er ist ein gütiger Mensch, zu gütig, wie kritische Kollegen meinen, und dies sei seine Schwäche. Außerdem sei er zu vertrauensselig, glaube nur allzu gern die Dinge, die man ihm vorgaukle.
Leo Winter hat also keine schlechten Karten. Zanantoni nimmt die Ergebnisse des Gesprächs mit der Intendanz denn auch mit Kopfnicken zur Kenntnis. Als Winter noch zu einigen Details Stellung nehmen will, stürzt plötzlich der Adjutant des Generals herein: Auf den Straßen sammle sich das Volk, es komme zu Übergriffen gegen Offiziere, denen man die Rosetten von den Kappen reiße! Das trifft Zanantoni, den alten Soldaten, ins Herz. Er fährt empört hoch, befiehlt sofort Truppen zur Bereitschaft auf die Straße – Dr. Winter schaltet sich ein, bittet wiederum um Verzicht auf Waffengewalt, den Verlust von ein paar Rosetten könne man doch nicht mit Pulver und Blei beantworten. Er selbst werde sofort mit dem Nationalausschuss sprechen, man

werde von tschechischer Seite gewiss alles tun, um Übergriffe zu verhindern. Über alle Maßnahmen des Nationalausschusses werde man den Herrn General informieren, wenn nur die Truppen in ihren Kasernen blieben …

Während sich mit Dr. Leo Winter und FML Zanantoni die Vertreter der alten und der neuen Ordnung in einer ersten Kraftprobe des Tages gegenüberstehen, trifft im Repräsentationshaus *(Obecni dum)* das Präsidium des jüdischen Nationalrats ein. Präsident Dr. Ludwig Singer, Karl Fischl und Dr. Max Brod, Vizepräsident und angesehener Schriftsteller, überreichen dem Vorstand des *Národní výbor* eine umfangreiche Denkschrift über die Lage und die Forderungen der jüdischen Nationalität in Böhmen und Mähren. Auch für die jüdisch-nationalen, zionistischen Organisationen, aus denen sich am 22. Oktober der jüdische Nationalrat konstituiert hat, ist das *Völkermanifest* Kaiser Karls auslösendes Moment zum Aufbruch gewesen: Entschlossene Männer wie Brod, der Freund Kafkas, wollen nun nichts der Gnade oder Ungnade der Tschechen überlassen, als *young angry men* drängen sie auf die aktive Sicherung ihrer nationalen Rechte. Empfangen werden die Herren im Sitzungssaal des National ausschusses mit *sympathischer Wärme*, anwesend sind Antonín Švehla, Vizepräsident des *Národní výbor*, und Dr. Soukup, beide knapp zuvor aus der Kriegsgetreideverkehrsanstalt zurückgekehrt, weiters Stříbrný und Professor Dr. Otakar Srdínko, ein Parteifreund Švehlas und angesehener Histologe, später tschechischer Unterrichtsminister. In seiner Ansprache beglückwünscht Präsident Singer den *Národní výbor* zur unmittelbar bevorstehenden Erreichung seines Ziels, der staatlichen Unabhängigkeit der Tschechoslowakei, dann betont er, dass *das national bewusste Judentum stets für die unterdrückten Völker in Österreich mitgekämpft habe.* Anschließend nennt er die konkreten Forderungen der jüdischen Nationalität an die neue Staatsführung und übergibt das vorbereitete Memorandum. Die drei wichtigsten Postulate: „Anerkennung der jüdischen Nationalität und Freiheit des Bekenntnisses zu dieser. Es soll kein Zwang auf die Juden ausgeübt werden, die sich als Angehörige des tschechischen oder deutschen Volkes betrachten. 2. Volle staatsbürgerliche Gleichberechtigung. 3. Kulturelle Autonomie. Eine Sonderstellung der Juden in jeder anderen Beziehung, insbesondere auf politischem und wirtschaftlichem Gebiet, muss vollkommen ausgeschlossen sein." In einem weiteren Punkt des Memorandums wird auch auf die antisemitische Hetze eingegangen, die immer weiter um sich greife und gegen die man Maßnahmen ergreifen müsse.

Der Agrarier Švehla, dessen Parteizeitungen diese Hetze in den nächsten Monaten besonders forcieren werden, gibt sich in seiner Antwortrede betont freundlich und entgegenkommend. Er weiß, dass man den Juden verpflichtet ist, Masaryk hat in den USA versprochen, sich für die tatkräftige Unterstützung nach dem Umsturz zu revanchieren – und er wird dieses Wort auch halten: 1920 wird die jüdische Nationalität in der Tschechoslowakei gesetzlich anerkannt werden …

Ein *Communiqué* des jüdischen Nationalrats wird noch vereinbart und vom Nationalausschuss approbiert, dann verlässt die jüdische Delegation den Sitzungssaal, vor dem Gebäude drängen sich bereits die Menschen, in den Händen die Extraausgaben der Zeitungen mit dem Text der Note Andrássys an Wilson.

Die Schlüsselsätze des *Communiqués* spiegeln die versöhnliche Stimmung des Treffens wider: „Wir können schon heute nach dem offiziellen Empfang unserer Deputation im *Národní výbor* mit Bestimmtheit darauf rechnen, dass wir als wichtiger weltpolitischer Faktor unsere Forderung nach kultureller Selbstverwaltung unbeschadet aller sonstigen bürgerlichen Gleichberechtigung erfüllt sehen werden. Darum ist für die Juden des tschechoslowakischen Staates die Stunde der Entscheidung gekommen, die nur einmal schlägt und nicht ungenützt verstreichen darf."

An der Piavefront bei Sernaglia bricht die Hölle los. Ein Volltreffer der italienischen Artillerie zerstört die Kirche von Fontane, das Notlazarett des 84. Infanterieregiments. Eine Stunde lang haben die Geschütze der Italiener ihr Feuer auf das Gotteshaus konzentriert, in dem sie wohl einen Artilleriebeobachter vermuteten und dahinter versteckt eine k. u. k. Batterie. Wie durch ein Wunder ist den Verwundeten und dem Sanitätspersonal in der Kirche, die den Granathagel hilflos über sich ergehen lassen mussten, wenig passiert.
Oberst von Czulik und seine Männer vom 84. Infanterieregiment haben inzwischen die befohlenen Aufklärungspatrouillen durchgeführt. In Sernaglia und Moriago hatte man jeweils den Ortsrand erreicht, dann zwang das starke Feuer des Gegners wieder zum Rückzug. Immerhin: Man hat keine Verluste erlitten und erkannt, dass die Farra di Soligo von den Italienern noch nicht besetzt ist. Von der verschwundenen Gruppe des Oberstleutnants Glaser hat man jedoch weiterhin keine Spur …

Als die Granate der Italiener das Kirchendach durchschlägt, explodiert und das Gotteshaus von Fontane in Schutt und Asche legt, sitzt der 28-jährige Schriftsteller Franz Werfel, Sohn eines reichen Prager Handschuhfabrikanten, in der Wiener Wohnung seines berühmten Kollegen Hermann Bahr. Der *hymnische Jüngling*, erfüllt von revolutionärem Elan, ist gekommen, weil er das Bedürfnis hat sich auszusprechen. Er will die Meinung jenes Mannes über seine Ansichten hören, der wie kein anderer als Prophet der Moderne gilt, als Vermittler und Kritiker, der dem Zeitgeist mit feinem Sensorium auf der Spur ist. Werfel, der mit Hilfe von Gina Kranz im Juli 1918 sein Zimmer im Hotel Bristol gegen eine Wohnung in der Boltzmanngasse im 9. Bezirk tauschen konnte, hat dramatische Tage hinter sich: Seine Geliebte Alma Mahler-Gropius, von ihm im 7. Monat schwanger, erleidet nach einer leidenschaftlichen Liebesnacht in der Villa

Mahler in Breitenstein eine schwere Blutung und muss nach Wien ins Sanatorium Löw überstellt werden, wo sie einen Jungen zur Welt bringt. Walter Gropius, der Ehemann Almas, hat von deren Untreue zunächst nichts geahnt, ein Telefongespräch seiner Frau mit Werfel, das er zufällig mithört, bringt ihn dann allerdings auf die richtige Spur – er nimmt es gefasst, appelliert an seinen Nebenbuhler sogar der *göttlichen Frau* nun gemeinsam beizustehen.

Für den knapp doppelt so alten Bahr ist das Gespräch mit seinem jungen Gast, dessen Redeschwall er aufmerksam verfolgt, Anlass sich an seine eigene Jugend zu erinnern, die ihm nun gleichsam in Werfel als *Doppelgänger* erscheint. Er akzeptiert aus dieser Erfahrung heraus, dass Werfel gegen alle bürgerlichen Konventionen anstürmt, gegen den *Leierkasten* der Gegenwart auftritt und *am liebsten alle Form zerbrechen möchte.* Und er versteht, dass Werfel, die Galeonsfigur der *neuen Jugend*, mit dieser die *Nummer Eins* werden will, denn, so notiert er später für sich im Tagebuch, *es ist vielleicht notwendig zur Erfüllung unserer tiefsten Sehnsucht: nach dem* einen *umfassenden Menschen* zu suchen, *an dem sich die gesunkene Menschheit wieder aufrichten könnte.*

Man kommt auf das neue Werk eines jungen Pazifisten und Philosophen zu sprechen, das durch seinen apokalyptischen Grundton, durch sein raunendes Verweisen auf eine grundsätzlich offene Zukunft, das „Noch-nicht des Künftigen“ zum Lieblingsbuch der Intellektuellen in diesem düsteren Herbst geworden ist: Ernst Blochs *Geist der Utopie.* Angeregt von der Forderung Blochs, marxistische Ökonomie und Gesellschaftslehre seien mit metaphysisch-religiöser Perspektive zu verbinden, geht die Unterhaltung der beiden bald *bis ans Unsagbare heran, wo Worte zuletzt nur noch Schattenspiel sind. Es bleibt uns schließlich nichts davon in der Hand als die Forderung einer realisierbaren Utopie, mit absolut gleich starkem Ton auf beiden Worten, auf dem Adjektiv wie auf dem Substantiv …*

Hermann Bahr, in diesen Tagen als erster Dramaturg am Hofburgtheater beschäftigt, verwickelt in eine Fehde mit seinem alten Freund Hugo von Hofmannsthal, hat noch am 21. Oktober, ganz unter dem Eindruck des „Völkermanifests" Kaiser Karls, von einem *neuen Österreich* geträumt, von einem *einzigen starken Friedensbund freier Völker,* der seine *uralte Sehnsucht nach einem westöstlichen Barock* erfüllt hätte. Doch bald folgt Ernüchterung – zwei Tage später tröstet er sich mit Horaz über die *Weltuntergangsstimmung der ganzen Zeit* hinweg ... *Si fractus illabatur orbis, der Geist bleibt.* Und am 3. November wird er notieren: *Dies alles ist Fatum, ist geschichtliche Notwendigkeit, ist wie von Ewigkeit her beschlossen. Denkt man dann aber zurück, von Woche zu Woche, Jahr um Jahr, so wendet der überlegene Verstand ein, all dies Unabwendbare hätte von uns abgewendet werden können und es ist erst dadurch allein notwendig geworden, dass in diesen ganzen letzten Jahren niemals das Notwendige geschah oder, noch genauer ausgedrückt: dass in allen diesen Jahren das Notwendige stets um eine Woche zu spät geschah. Und auch auf die furchtbare Frage nach der Schuld muss man eigentlich antworten: die tragische Schuld war nur, dass alle meinten, für Recht, für Pflicht, für notwendig Erkanntes lasse sich vertagen. Dies hatte zur Folge, dass wir schließlich alle miteinander selbst vertagt worden sind. Morgen ist auch noch ein Tag, sagten wir gern, so lange, bis auf einmal kein Morgen mehr war ...*

Zur selben Stunde ist in der Wiener Hofburg die kaiserliche Leibgarde angetreten. Der Kaiser ist eingetroffen, in den Alexander-Appartements beginnt die feierliche Vereidigung der neuen kaiserlichen Regierung. Nach dem gemeinsamen Ablegen des Eides werden die neuen Minister in der Regierung einzeln vom Monarchen in Privataudienz empfangen. Es sind dies Justizminister Dr. Paul von Vittorelli, Unterrichtsminister Dr. Richard Edler von Hampe, Landesverteidigungsminister Dr. Friedrich

Freiherr Lehne von Lehnsheim, Dr. Ignaz Seipel, der Minister für soziale Fürsorge, und Finanzminister Dr. Josef Redlich.

Gegenüber Ignaz Seipel, dem Sohn eines Wiener Fiakers, der Karriere als Moraltheologe und bei den Christlichsozialen gemacht hat, betont der Kaiser, dass er der erste Geistliche sei, der in Österreich Minister werde. Seipel hat sich für sein Gespräch mit dem Monarchen gut vorbereitet und ein handschriftliches Konzept zurechtgelegt, in dem er betont, dass seine Ernennung mit dem Kirchenfürsten Österreichs, Kardinal Piffl, abgestimmt sei: „Selbstverständlich habe ich sofort, als mir der Ministerpräsident die Absicht Sr. Majestät meine Ernennung zum Minister vorzuschlagen ankündigte, davon Sr. Eminenz dem Herrn Kardinal Mitteilung gemacht. Dabei wurden von beiden Seiten alle Bedenken, die der Annahme der Berufung entgegenzustehen schienen, gründlichst erörtert. Ich vergewisserte mich, dass Seine Eminenz meinen Eintritt ins Kabinett wenigstens nicht positiv missbilligte."

Josef Redlich, der neue Finanzminister, Freimaurer jüdischer Herkunft und wohlhabender Großgrundbesitzer, der auch als *Sprechminister* und *politischer Leiter* des Kabinetts fungieren soll, bleibt eine knappe Dreiviertelstunde beim Kaiser. Im Beisein von Oberstkämmerer Graf Berchtold und Kriegsminister Stöger-Steiner spricht Karl *über alles Mögliche*, wie Redlich später seinem Tagebuch anvertraut, nur nicht über die Finanzen, über deren *Hoffnungslosigkeit* er *sogar zu lächeln sich anschickte.* Karl, der *schlecht aussieht, bleich, kleines Gesicht,* rechtfertigt sich: Er betont, dass er den Krieg *nie* erklärt hätte, er sei damals nur ein *kleiner Offizier* gewesen. 1917 wäre es richtig gewesen *Schluss zu machen*; der Widerstand der Deutschen habe dies jedoch unmöglich gemacht, die *mussten erst erfahren, dass ihre Kraft nicht ausreiche.* Josef Redlich, Professor für Verfassungs- und Verwaltungsrecht an der Universität Wien und seit 1907 als Abgeordneter der Deutschen Fortschrittspartei bzw. des Deutschen

Nationalverbands im Reichsrat, ist ein scharfer Beobachter: Ihn irritiert sofort die Art und Weise, wie der Kaiser an die Dinge herangeht: *Der junge Herr spricht leicht, aber man hat nicht das Gefühl, dass die großen Dinge ihn wirklich anders berührten als das tägliche Leben. Keine Nuancen im Sehen und Beurteilen der Vorgänge: Regentenlos!* Prompt ertappt sich der gelehrte Verfassungsrechtler während des Gesprächs immer wieder bei einem verräterischen Gedanken: *Hier liegt eine politische Betriebsform vor, die nicht mehr recht geht.*

Der Kaiser kommt auf Wilson zu sprechen, bezeichnet den amerikanischen Präsidenten als „Mormonen", Redlich sieht sich zu dem korrigierenden Hinweis veranlasst, dass der Mann, den man gestern Abend um Frieden gebeten hat, Methodist sei. Von der Außenpolitik wechselt Karl zur Innenpolitik, kritisiert insbesondere auch die Politik der Deutschnationalen; Leute wie die Abgeordneten Pantz, Teufel oder Hummer seien für ihn nur *närrische Radikale.* Das Läuten des Telefons unterbricht schließlich die Unterhaltung – Redlich fühlt sich *leer und müde.* Zur stummen Anwesenheit des Grafen Berchtold, jenes Mannes, der am 28. Juli 1914 mit der Kriegserklärung an Serbien den Auftakt zur Katastrophe setzte und nun als machtloser Hofbeamter Augenzeuge des Untergangs wird, fällt ihm nichts mehr ein …

Grandseigneur Berchtold wird sich nach den Gesprächen mit den Ministern, deren stummer Zeuge er geworden ist, zu seinem alten Freund Kajetan Mérey von Kapos-Mere begeben, im glorreichen Sommer 1914 k. u. k. Botschafter in Rom, um mit ihm die Redaktion des geplanten „Österreichisch-ungarischen Rotbuches" zu besprechen. Der erfahrene ungarische Diplomat lässt – wenig überrasachend – an Lammasch kein gutes Haar, nennt ihn *Kalfakter, masslos eitel & Germanophobe.* Ferner habe er während des Krieges *in unsympathischer Weise* immer mit den Westmächten kokettiert. Berchtold erfährt nun auch, dass Mérey es gewesen sein soll, der die *Antwortrede* seines Landsmanns

Andrássy an Wilson *stylisiert* hat – so sei der Ausdruck „Sonderfriede“ *(különbéke)* erst auf Wunsch Wedels und der Deutschösterreicher gestrichen worden.

Zur gleichen Zeit in der Prager Redaktion der Wochenzeitung *Česka demokracie.* Chefredakteur Jan Hajšman sitzt eben über einem Artikel, als sein Kollege Karel Nový, Mitarbeiter der sozialistischen Jugend-Wochenzeitung *Majak* („Der Leuchtturm“), ins Zimmer stürzt und nach Atem ringend die Nachricht dieses Morgens verkündet: „Weißt du, dass Österreich alle Bedingungen akzeptiert?“ – „Es kapituliert? Sucht um einen Sonderfrieden an?“ – „Die Nachricht ist eben eingetroffen, wird von der *Politika* ausgehängt!“ – „Prag erhebt sich!“
Jan Hajšman will es, so seine Darstellung, zunächst nicht glauben, dass der Tag der Freiheit gekommen sein soll. Geboren 1882 in Netonice im Bezirk Pilsen, ist der Journalist seit Jahren Mitglied der antiösterreichischen tschechischen Widerstandsbewegung und für gewöhnlich bestens über alles informiert. Die elektrisierende Nachricht treibt beide Kollegen sofort auf die Straße, mitten hinein in den Trubel am Wenzelsplatz, dem alles zustrebt.
Wie oft hat man in den geheimen Zirkeln und Widerstandsgruppen über diesen Augenblick gesprochen, diesen einen Moment herbeigesehnt und herbeigehofft! Hajšman spürt, wie sein Herz schwer schlägt, spürt, wie große, tiefe Freude ihn umfängt. Vor Erregung droht es ihm dunkel vor den Augen zu werden; in den Ohren hat er nur die Schreie der Menschen: *Friede! Es lebe Wilson! Es lebe Masaryk! Es lebe die Tschechoslowakische Republik!*
Hajšman und Nový haben ein Ziel – sie wollen mit den Männern des Nationalausschusses sprechen, erreichen das Repräsentationshaus, stürzen in Richtung Sitzungssaal. Jan Hajšman reißt die Tür zu diesem auf – verwundert starren den Eindringlingen die Abgeordneten Dr. Rašín und Švehla entgegen, hinter ihnen her-

vorblickend Dr. Soukup und Jiří Stříbrný. Alois Rašín fasst sich als Erster: „Was ist los? Was ist passiert?“, fragt er. „Das Volk ist auf den Straßen! Es singt, bringt Hochrufe auf Masaryk und Wilson aus!“, stößt Hajšman hervor. Die „starken Vier“ des Nationalausschusses stehen wie versteinert, brauchen einige Sekunden, um die Nachricht Hajšmans zu verarbeiten. Langsam fasst man sich. Dr. Soukup und Stříbrný wollen die Abgeordneten verständigen, Švehla steht weiterhin in Gedanken versunken, blickt auf Hajšman, dann durch das Fenster hinunter auf die Straße. Alois Rašín wendet sich zu Hajšman um und spricht wie im Schlaf, wie zu sich selbst: „Was ist mit dem Militär?“
Hajšman antwortet, dass er nicht wisse, was mit dem Militär los sei, dass er aber mit Richard Bienert einen Vertrauensmann bei der Polizei habe, man solle doch ihn holen lassen …
– Die Geschichte, wie sie hier von Hajšman Jahre später erzählt wird, rückt seine Verdienste in einer Weise in den Vordergrund, die mit der Wirklichkeit wohl nicht mehr ganz übereinstimmt – Rašín und Kollegen waren mit den Ereignissen längst vertraut. Als Chronist des 28. Oktober hat sich Hajšman, der die Jahre 1939 bis 1945 im KZ Buchenwald verbringen wird, dennoch verdient gemacht; er stirbt 1962 ...

Woher kommen Feindschaft und Ablehnung der tschechischen Patrioten? Eine Episode, die bezeichnend ist für das Verhältnis der Tschechen zum k. u. k. Heer, zeigt, wie tief die Gräben des Hasses und der Verachtung schon gezogen sind:
Conegliano, die Prosecco-Stadt am Flüsschen Monticano, war während der Juni-Offensive 1918 Gefechtsstand des k. u. k. XXIV. Korps. Der Piave war von den Stoßtruppen der 6. Armee überschritten worden, hier östlich des Flusses sammelte man

Während der Hinrichtung wird bereits das Grab geschaufelt: „Verurteilte“. Radierung von Oskar Laske.

Verurteilte

Tausende von Kriegsgefangenen, die von der Front zurückgebracht wurden. Für fünfzehn dieser Kriegsgefangenen bedeutete dies neuerlich Lebensgefahr – waren diese fünfzehn doch ehemalige Kameraden, tschechische Legionäre, Soldaten, die in italienische Gefangenschaft geraten waren und sich dann bereit erklärt hatten, gegen Österreich-Ungarn zu kämpfen. Prompt wurden sie nun von ihren italienischen Mitgefangenen denunziert, ein Verrat, der praktisch schon das Ende aller Hoffnungen bedeutete: Die fünfzehn tschechischen Legionäre wurden separiert und sofort vor ein Feldgericht gestellt, das unter der Leitung eines ungarischen Majors stand. Das Todesurteil wegen Desertion für alle fünfzehn Angeklagten war die logische Konsequenz. Dass die Tschechoslowakei inzwischen als eigene, auf Seiten der Alliierten kämpfende Macht anerkannt worden war, interessierte das Militärgericht nicht, den verbohrten Richtern kam diese Tatsache wahrscheinlich gar nicht in den Sinn …

Zunächst wollte man die fünfzehn Tschechen hängen, dann entschied man sich für eine Exekution durch Erschießen. Auf dem Exerzierplatz der Kaserne Viktor Emanuels II. vollstreckte man am Abend des 16. Juni die Urteile. Offiziere, Soldaten und Vertreter der Stadt Conegliano hatten sich zu diesem Schauspiel des Grauens versammelt; als Exekutionskommando war eine ungarische Einheit angetreten. Eine Eskorte führte die verurteilten Legionäre, die Hände mit Draht auf den Rücken gefesselt, auf den Platz. Man nahm ihnen die Fesseln ab und befahl ihnen jeweils zu zweit niederzuknien, dann krachten die Schüsse des Pelotons.

Ein ungarischer Feldwebel, der Slowakisch sprach, so wird berichtet, habe die Verurteilten noch gefragt, wofür sie denn eigentlich gekämpft hätten. Da hatten die unglücklichen Tschechen auf ihre rot-weißen Kragenaufschläge, die Farben ihrer böhmischen Heimat, gedeutet und erwidert, dass sie *za svobodu vlasti*, „für die Freiheit des Vaterlandes“, ihr Leben geben würden.

Die Leichen der vier zuletzt Hingerichteten lud man auf einen kleinen Wagen und führte sie zur Viale Monticella, der Straße vor der Kaserne. Dort hängte man die Toten an ihren Hosengürteln an den ersten vier Platanen in der Straße auf, an die Brust heftete man ihnen Tafeln mit der Aufschrift: *Zrádci vlasti, Čechoslováci!* – „Vaterlandsverräter, Tschechoslowaken!"
Insgesamt wurden an der Front in Italien 46 in österreichisch-ungarische Kriegsgefangenschaft geratene tschechische Legionäre hingerichtet. Schauplätze der Exekutionen waren Oderzo, San Stino di Livenza, Piavon, Davanzo und der Colle di Guarda – notdürftig sanktionierte Rachemorde, letzte Verbrechen des k. u. k. Heeres in diesem Krieg …

Während in der Wiener Hofburg Kaiser Karl die Hände seiner neuen Minister schüttelt und mit ihnen über Maßnahmen zur Rettung des Reiches spricht, kann der rechte Flügel des k. u. k. XVI. Korps dem Druck der angreifenden Briten nicht mehr standhalten, die 201. Landsturmbrigade muss die Ortschaft Tezze räumen und auf Vazzola zurückgehen. Auch die 29. Infanteriedivision, abgekämpft und mit schweren Verlusten, muss kurz darauf von der Piavesella in Richtung Nordosten zum Monticanobach zurückweichen. Während einzelne abgeschnittene Gruppen dem Feind noch einen verzweifelten Kampf liefern, fluten andere Einheiten in panischer Eile zurück.
Ebenfalls von der *Rückwärtsbewegung* erfasst: die 51. Honvédinfanteriedivision, die bis dahin *standhaft* alle Übergangsversuche des italienischen VIII. Korps abgewehrt hat und nun aus ihren alten Stellungen am Piave auf die Linie Marcatelli–St. Lucia zurückgehen muss. Die zwischen dem XXIV. Korps und dem XVI. Korps entstandene Lücke im Raum Campagnola–Mareno wird von der 10. Infanteriedivision geschlossen.
Wenig erfreulich auch die Entwicklung am oberen Piave. Die französische 23. Division erobert San Vito, italienische Einheiten

nehmen Valdobbiadene; die verteidigende Budapester 31. Infanteriedivision muss sich nach Norden zurückziehen. Zielstrebig gehen die Franzosen weiter Richtung Monte Perlo vor, der vom Honvédinfanterieregiment Nr. 17 und vom bosnisch-herzegowinischen Infanterieregiment Nr. 3 verteidigt wird.

Das Armeeoberkommando in Baden gibt die Tagesmeldung der 11. Armee, Heeresgruppe Feldmarschall Kövess, bekannt: „Der Rückmarsch wird fortgesetzt. Im Raume südlich und südwestlich Topola griff der Gegner unsere Nachhuten an. An der übrigen Front keine Fühlung mit dem Feinde. Die Truppen gelangen heute mit den Teten in die Linie Kalanjevci–Vencani–Vk. Mladenovac–Ml. Krsna–Dubravica. Marsch der auf Kalanjevci zurückgehenden Truppen wurde wegen Zerstörung der Brücken durch Banden aufgehalten, Teile befinden sich noch bei Rudnik. Bei Dubravica beginnt heute der Übergang über die Donau. Infolge starken Regens sind Wege grundlos.
Das auf Prijepolje vorgerückte Detachement bleibt südlich und östlich Bistrica stehen. Nördlich Rogacica an der Drina wurde Gvozdac von einem Gnd. Det. besetzt."

In Graz eröffnet Bürgermeister Adolf Fizia zur gleichen Stunde die Sitzung des Gemeinderates. In seiner einleitenden Rede begrüßt Fizia, von Beruf Apotheker und führendes Mitglied der deutschnationalen Vereinigung „Südmark", die Konstituierung eines *deutschen Nationalrates* in Wien, diese sei die *einzige legitime Körperschaft*, die *die politische Führung der Deutschen des ehemaligen Staates Österreich* so rasch als möglich in die Hand nehmen solle. Er spricht die Erwartung aus, dass es dem Nationalrat gelingen werde, den *neuen deutschen Ostmarkstaat* auf neue Grundlagen zu stellen und zu einem „Reich" zu entwickeln, das im *engsten Anschluss an das Deutsche Reich* die *schweren Erschütterungen dieses unheilvollen Krieges* überwinden werde. Der

Gemeinderat beschließt eine Eingabe an den *Deutschen Nationalrat*, in der darauf hingewiesen wird, dass in der Verwaltung der *Ostmark* unbedingt ein strenger Sparkurs einzuhalten sei. *Hohe und höhere Würdenträger* der Monarchie sollen daher nur in dem Maße in die neue Administration übernommen werden, in dem sie zum Aufbau des neuen Staates unbedingt notwendig seien.
Der glühende Deutschnationale Adolf Fizia hat bereits bewiesen, dass er dem Kollaps der Monarchie nicht untätig zusehen will: Auf seine Initiative hin hat sich am 20. Oktober 1918 im Grazer Hotel Erzherzog Johann ein „Wohlfahrtsausschuss" gebildet, in dem maßgebliche Personen aus der steirischen Industrie sowie der Arbeiter- und Bauernschaft vertreten sind. Die Parole des 24-köpfigen Gremiums, das nach dem Rücktritt des letzten k. u. k. Statthalters Manfred Graf Clary-Aldringen am 26. Oktober die gesamte Verwaltung der Steiermark übernimmt: *Wir wollen nicht hilflos zu Grunde gehen!* Als „Landesverweser" bestimmen nun zwei „Wirtschaftskommissäre", der sozialdemokratische Rechtsanwalt Dr. Arnold Eisler und der deutschfreiheitliche Industrielle Dr. Viktor Wutte, Direktor der Graz-Köflacher Kohle, die Geschicke der „Grünen Mark".
Am 26. Oktober hat Fizia im überfüllten Grazer Stephaniensaal den „dritten deutschen Volkstag" eröffnet und zum Untergang Österreich-Ungarns gemeint: *Heute sind wohl alle zur Erkenntnis gekommen, dass das alte Österreich nicht mehr besteht, weil es nicht deutsch sein und durfte; der bisherige Staat ist in seine Bestandteile zerfallen. Ich will nicht untersuchen, ob das ein Glück oder ein Unglück bedeutet, ich meine nur, fest steht, dass das alte Reich im neugeordneten Europa keinen Platz mehr hat, dass seine welthistorische Sendung erfüllt ist und dass unser neue Aufgaben von noch nicht übersehbarer Tragweite harren. Jedenfalls aber ist die Bildung eines deutschen Staates, die Zusammenfassung aller deutschen Stämme des ehemaligen Österreich zu einem volkisch geschlossenen Einheitsstaat für uns ein Vorteil, weil sie uns endlich zum Herrn im*

T A G E S M E L D U N G.

ITALIENISCHER KRIEGSSCHAUPLATZ.

Heeresgruppe FM. v. BOROEVIC:

Zwischen Brenta und Piave fanden auch gestern die schweren Kämpfe ihre Fortsetzung. In den Morgenstunden brachte ein einheitlicher Angriff den Mt. Pertica wieder ganz in eigenen Besitz. Tagsüber wurden fünf starke ital. Angriffe gegen diese heißumstrittene Höhe abgewehrt, ein sechster drängte schließlich unsere Verteidiger etwas auf den Nordhang des Pertica zurück.

Die Gegenangriffsgruppe des Obst Gf. Zedtwitz entriss dem Feind die in den letzten Tagen schwer erkämpften Höhen südl. der Fontana Secca wieder vollständig und hielt die zurückgewonnen Stellungen gegen alle weitern fdl. Anstürme.

Auch an den übrigen Frontteilen wurde den ganzen Tag heftig gekämpft, so namentlich am Mt. Asolone, nordöstl. des Pertica, am Mt. Spinucchia und südwestl. Alano. Alle heftigen, wiederholten Anstürme des Gegners brachten ihm keinerlei Erfolge. Der Feind erlitt schwere Verluste, einige Hundert Gefangene blieben in unseren Händen.

An der Piavefront hat nachts zum 27. der Großangriff gegen die ganze 6. Armee und gegen den Nordflügel der Isonzoarmee eingesetzt. Unter der Wirkung mächtigster Artill wurde der Flußübergang eingeleitet.

Südwestl. Valdobbiadene vermochten sich nur schwächere franz Abteilungen am Ostufer festzusetzen, ein weiteres Vorgehen des Feindes wurde verhindert.

Uebergangsversuche bei Bigolino und Vidor scheiterten in unserem Abwehrfeuer.

Zwischen Bosco (östl. Vidor) und Falze gelang es noch nachts den Italienern mit beträchtlichen Kräften den Fluß zu übersetzen und unsere Truppen nach heftigem Kampf zurückzudrücken. Die zum Gegenangriff eingesetzten Verbände drängten den eingebrochenen Gegner stellenweise zurück und kämpften abend in der Linie Moriago, Sernaglia und nördl. Falze.

Wiederholte Uebergangsversuche am Nordostfuß des Montello scheiterten sämtlich im Feuer der dort kämpfenden Honveddionen.

Die vom Feind in der Nacht geschaffenen Uebergänge wurden von unseren Batterien in kurzer Zeit zerschossen.

Am Nordflügel der Isa erfolgte gestern früh, nach kurzem Trommelfeuer auf die ganze Front der 7. ID, der Angriff der auf der Insel Papadopoli stehenden englischen Dion. Unsere Truppen haben diesem Anprall nicht Stand gehalten und der Feind konnte bis gegen mittag die Linie der Strasse S. Polo, Tezze erreichen. Gegenangriffe haben nur stellenweise etwas Raum gewinnen können, abends wurde in der Linie C. dei Pescatori (2 km abwärts der Suseganabrücken), C. la Sega, nördl. Tezze, nördl. S. Polo, 1 km westl Ormelle, Ostrand Roncadelle, C. Beroletto am Piavedamm gekämpft.

Weiter flußabwärts ist die Dammstellung in unserem Besitz.

Wetter: klar.

Heeresgruppe in Tirol:

An der Tiroler Südfront stellenweise Patr. Kämpfe. Auf der Hochfläche lebhaftes Artillfeuer, das gegen abend abflaute. Schwächere fdl. Abtlgen die gegen Abschnitt Asiago, Sisemol und nördl. des Mt. di val Bella vorgingen, wurden abgewiesen.

Wetter: schön, bei 11. Armee dunstig.

B a d e n, am 28. Oktober 1918. 10 Uhr 30 vorm.

eigenen Hause macht und uns Gelegenheit gibt, unsere Sehnsucht, die wir jahrzehntelang gehegt, uns endlich frei und offen zu unseren deutschen Brüdern zu bekennen, zu erfüllen – markige Worte, die dem lauschenden *Ostmarkvolk* offenbar ganz aus der Seele gesprochen sind und mit *stürmischen Heilrufen* quittiert werden ...

10 UHR 15

Wien, Parlament. Im so genannten „Roten Kabinett", dem Treffpunkt der tschechischen Reichsratsabgeordneten, wartet Vlastimil Tusar ungeduldig auf Nachrichten aus Prag – wird sich Rašíns Voraussage bestätigen? Doch vorerst erscheint nur Vize-Admiral Franz Holub, Chef der Marinesektion im Kriegsministerium, zu Besuch, in großer Galauniform mit allen Orden an der Brust. So wie Max Ronge am Vortag bittet auch er um Hilfe für Pola, man müsse dringend tschechische Abgeordnete in den Kriegshafen schicken, um eine Revolte zu verhindern. Wie mit Alois Rašín abgestimmt, antwortet ihm Tusar, dass dafür der Abschluss eines Waffenstillstands ohne jede Bedingung Voraussetzung wäre. Holub beschließt daraufhin mit dem Armeeoberkommando in Baden Rücksprache zu halten und dann noch einmal zu kommen.

10 UHR 30

Baden, Armeeoberkommando. Die Tagesmeldung für die Ostarmee wird verlautbart: „In den Kreisen Mariupol und Alexandrowsk greift das Bandenwesen stark um sich. Die Banden sind gut organisiert und bewaffnet (auch Maschinengewehre), reichlich mit Munition versorgt, nicht ungeschickt geführt und finden bei der Bevölkerung beste Unterstützung, so dass sie sich auf Fuhrwerken rasch verschieben können."

Verbindliche Sprachregelung für die Presse:
der vom Armeeoberkommando in Baden herausgegebene „Tagesbericht".

Der Armee- und Flottenbefehl Kaiser Karls wird ausgegeben. Markige Worte, mit denen der Monarch die abgekämpften Männer an der Front zu einer letzten Anstrengung aufrütteln will, Begriffe voll Pathos, die jedoch angesichts der immerwährenden Drohung des Todes im Schützengraben längst ihre Kraft verloren haben:

„Soldaten! Der Tag, der euch Heimkehr und Frieden bringen soll, rückt näher! Die Pflichten, die ihr bis zu jenem Augenblick noch zu erfüllen habt, sind besonders schwer; eure soldatischen Tugenden, eure Einsicht und euer Opfermut bestimmen heute mehr denn je die Zukunft aller Völker der Monarchie ohne Ausnahme und Unterschied.

Eure in ungezählten Schlachten erprobte Manneszucht, eure Treue und der eiserne Gehorsam, der euch zu unvergleichlichen Ruhmestaten befähigte, bleiben unveränderlich der Fels, an dem alle Angriffe und Brandungen zerschellen müssen. Die Zeit ist erfüllt von ernsten Wirrnissen. Diese dürfen an Heer und Flotte nicht heran.

Klar und einfach wie der Eid, den ihr vor dem Allmächtigen abgelegt habt, sind, Soldaten, eure Pflichten. Daran gibt's kein Rütteln und kein Deuteln.

In der Wehrmacht fanden seit jeher alle Völker der Monarchie gleichermaßen ihre Heimat; daher vermochte sie so Großes zu vollbringen. Wie sie in den Krieg trat, so wird sie über die Fährnisse der Gegenwart hinwegschreiten, ruhig und zielbewusst, ehrenhaft und treu, zum Heile aller Völker!

Gottes Segen mit euch!"

Zur gleichen Zeit beginnt im Niederösterreichischen Landhaus in der Herrengasse die Sitzung des Vollzugsausschusses der Provisorischen Nationalversammlung. Die 20 Männer, die zusammen mit den 3 Präsidenten, dem Deutschnationalen Dr. Franz Dinghofer, dem Sozialdemokraten Karl Seitz und dem Christlichsozialen Jodok Fink über den zukünftigen Staat Deutschösterreich beraten, sind die christlichsozialen Abgeordneten Dr. Josef von Baechlé, Johann Nepomuk Hauser, Wilhelm Miklas, Dr. Aemilian Schoepfer, Michael Schoiswohl und Josef Stöckler; die Sozialdemokraten werden vertreten von Simon Abram, Dr. Victor Adler, Dr. Karl Renner und Josef Seliger; die stärkste Fraktion stellen die deutschnationalen Parteien, sie wird gebildet von Dr. Robert Freißler, Josef Mayer, Dr. Julius Ofner, Rafael Pacher, Dr. Otto Steinwender, Dr. Julius Sylvester, dem Deutschradikalen Oskar Teufel, Dr. Karl Urban, Dr. Viktor Waldner und dem alten Schönerer-Gefolgsmann Karl Hermann Wolf.

Die Aufregung im Saal ist groß – vor allem die deutschnationalen Abgeordneten können sich über den „Verrat" des Grafen Andrássy nicht beruhigen. Erst allmählich kann man zur Tagesordnung übergehen, und einmal mehr zeigt sich Karl Renner als der Mann der Stunde.

Er kommt seinem großen Ziel, an der Spitze dieses neuen Staates stehen zu können, ein entscheidendes Stück näher ... denn wieder vertrauen die Abgeordneten in einer wichtigen Frage auf seine Schnelligkeit und Tatkraft. Der neue Auftrag des Vollzugsausschusses für ihn lautet: Ausarbeitung des Organisationsstatuts für die Republik Deutschösterreich. Damit hat sich der Vollzugsausschuss bereits in Abhängigkeit von Renner begeben; der Mann aus Mähren mit dem unbändigen Arbeitseifer ist unentbehrlich geworden. Das gewünschte Organisationsstatut, so kommt man noch überein, soll von Renner in der Sitzung des 30. Oktober vorgelegt werden. Gegen Mittag wird die Sitzung abgebrochen, man vereinbart ihre Fortsetzung um 15 Uhr.

10 UHR 45

Piavefront im Abschnitt Segusino. Die Kämpfe um den Monte Vianar und den Monte Perlo erreichen ihren Höhepunkt, Valdobbiadene scheint bereits endgültig verloren. Das Kommando des XV. Korps dirigiert letzte

Reserven auf den linken Flügel: die aus Feltre eingetroffene 119. Infanteriebrigade, bestehend aus vier schwachen Bataillonen. Am rechten Flügel, wo die 31. Infanteriedivision immer weiter zurückgedrängt wird, besteht Gefahr, dass der Anschluss zu den benachbarten Einheiten verloren geht. In einer Meldung an das Heeresgruppenkommando betont das Korpskommando, dass es aufgrund fehlender Reserven nicht mehr in der Lage sei, die drohende Lücke zu schließen.

10 UHR 50

Prag. Mit František Kopecký an der Spitze wälzt sich der große Demonstrationszug durch die Straßen der Altstadt. Plötzlich stellen sich Kopecký und seinem Gefolge sechs Polizisten in den Weg. „Stehen bleiben!", lautet der barsche Befehl, doch der Mann vom Gemüsemarkt, der seine Verwandlung zum Revolutionär in vollen Zügen genießt, lässt sich nicht mehr einschüchtern: „Stehen bleiben gibt's nicht! Aus dem Weg! Heute sind wir die Herren, ihr habt uns lang genug gequält, seht lieber zu, dass euch nichts passiert!" Die verblüfften Ordnungshüter weichen prompt zurück, der Zug erreicht den Graben, wieder lässt man seine Helden hochleben: „Es lebe Masaryk!" „Es lebe Wilson!" „Es lebe Kramář!"
Unablässig wächst die Menschenmenge. Vor dem Gebäude der „Union"-Bank taucht Dr. Isidor Zahradník, Mitglied des *Národní výbor*, auf – „Herr Abgeordneter, wir sind frei!", ruft ihm Kopecký zu und auf die Frage Zahradníks, wohin der Zug sich wenden würde, antwortet er: „Zum Altstädter Ring!" Der Abgeordnete bringt eine Bitte vor: Man möge dann doch zum Denkmal des heiligen Wenzel am Wenzelsplatz ziehen – Kopecký sagt ihm dies zu. Als man das Repräsentationshaus am Altstädter Ring erreicht, warten dort schon die Abgeordneten Švehla, Stříbrný und Soukup. Jiří Stříbrný eilt zu dem noch immer an der Spitze marschierenden Kopecký und fragt ihn, was das für ein Aufmarsch sei. Der Gemüsehändler antwortet ihm dasselbe wie

Zahradník und fügt noch hinzu: „Bis gleich auf der Kleinseite, meine Herren Abgeordneten!" – Der Gedanke an eine Übernahme der Verwaltungsgeschäfte durch den *Národní výbor* ist damit ausgesprochen.

Der gewaltig angeschwollene Zug teilt sich nun: Eine Gruppe zieht zum Hus-Denkmal am Altstädter Ring, die andere mit Kopecký als Frontmann wie geplant zum Denkmal des heiligen Wenzel, wo Zahradník zu einer großen Ansprache ansetzt und Kopecký jedes seiner Worte verschlingt: Der 54-jährige Prämonstratensermönch, Doktor der Theologie und Mitglied der Böhmischen Akademie der Wissenschaften, der 1917 aus Protest sein Reichstagsmandat niedergelegt hat und am 14. November 1918 zum Eisenbahnminister ernannt werden wird, erinnert an die *Märtyrer* von 1621 und deren Vermächtnis, den Kampf gegen die Herrschaft Habsburgs und für die Unabhängigkeit des tschechischen Volkes fortzusetzen. Nun habe man das große nationale Ziel erreicht: *Wovon unsere Großväter bloß träumen konnten, das wird am heutigen Tag zur Wirklichkeit und verkörpert sich zur Tat: Dies ist der Sinn des heutigen Tages ... Für immer brechen wir die Fesseln, in denen uns die treubrüchigen, fremden, unmoralischen Habsburger gemartert haben! Frei sind wir! ...* Jubel brandet über den Platz, minutenlang währt der Beifallssturm, dann erklärt Zahradník prophetisch: *Niemand wird uns die Freiheit nehmen, höchstens wir entsagen ihr selbst ...* Im Freudentaumel werden Zeichen der Verbrüderung und des Zusammenhaltens gesetzt: Die Vertreter der verschiedenen politischen Parteien umarmen und küssen einander, Zwist und Streit des Alltags sind in diesem Augenblick vergessen ...

11 UHR

Kriegshafen Pola. Die deutsche Seekriegsleitung zieht die Konsequenzen aus der unsicheren Lage bei der Flotte des Verbündeten: Die U-Boot-Station in Pola bekommt den Befehl, innerhalb von 24 Stunden den österreichi-

schen Kriegshafen zu räumen. Zwei U-Boote vor der Hafeneinfahrt, die Havarien aufweisen, werden gesprengt: U 47 und UB 48; die U-Boote U 33, UB 128 und UC 20 laufen von Pola via Dänemark-Straße und Kattegat nach Kiel aus. Die Mannschaften der k. u. k. Schiffe beobachten das Zusammenpacken ihrer deutschen *Waffenbrüder* mit gemischten Gefühlen ... kaum haben diese ihre Baracken verlassen, macht sich die einheimische Bevölkerung ans Plündern, man sucht nach Kleidern und Resten von Lebensmitteln.
Auf der Werft San Marco in Triest, der Austriawerft, wird das deutsche U-Boot UC 54 gesprengt.

11 UHR 15

Krakau. Ein kalter, trüber Herbsttag in der alten polnischen Königsstadt. Die viel gerühmten Türme der Hauptstadt Westgaliziens verstecken sich im Grau des Nebels, zu Füßen des altehrwürdigen Königsschlosses, des Wawel, fließt träge die Weichsel.
Der 28-jährige Leutnant außer Dienst von der 3. Ersatzkompanie des k. k. Landwehrinfanterieregiments Stryi Nr. 33, Siegfried Weyr, in Friedenszeiten wohnhaft in Wien XIX, Döblinger Hauptstraße 40, hat wie immer die angefallenen *Vormerkblätter für die Qualifikationsbeschreibung,* das bescheidene Arbeitspensum für den Vormittag, aufgearbeitet. Seine Stimmung ist dennoch trostlos – überall Anzeichen für den Zusammenbruch Österreich-Ungarns: Das Auto der Krakauer Statthalterei, so hat er bemerkt, ist bereits mit dem weißen polnischen Adler geschmückt, Einjährigenfreiwillige und Gymnasiasten tragen diesen schon ungeniert auf ihren Kappen, nach Böhmen beurlaubte Soldaten rücken einfach nicht mehr ein.
Gebrochenes Herz hat er bereits am 14. Oktober in seinem Tagebuch notiert, *Götterdämmerung?* am Abend zuvor. Siegfried Weyr, Jahrgang 1890, geboren in Groß-Mosty *(Velyki Mosty),* heute Ukraine, Journalist und Autor, *ein ehrenhafter Charakter,*

heiter, für Untergebene fürsorglich und wohlwollend, wie sein vorgesetzter Offizier in der Qualifikationsbeschreibung festhält, durchlebt den Untergang der Monarchie als düsteren Albtraum, ein *unbeschreibliches Gefühl* ist in ihm, Schmerz und Schwäche. In seiner Verzweiflung trägt er, der laut Einschätzung *für selbständige Verwendung nicht geeignete* Subalternoffizier, der als *untauglich zum Truppendienst in der Landwehr* „klassifiziert" worden ist, sich sogar mit dem Gedanken in die deutsche Armee einzutreten. Drei Tage später wird er nach einer gewaltsamen Auseinandersetzung mit einem polnischen Korporal Hals über Kopf nach Wien abreisen, seine Frau Hella nach einigen letzten unvergesslichen Küssen auf dem Bahnsteig zurücklassen – das Wiedersehen in Wien wird auf sich warten lassen …

Offenen Auges, seltsam kraftlos und apathisch sieht das Krakauer Militärkommando dieser herannahenden „Götterdämmerung" entgegen. Feldzeugmeister Siegmund Graf Benigni in Müldenberg, Jahrgang 1855, seit Mai Chef im Gebäude in der Stradomskastraße, ein Mann, der sich bei den Kämpfen in den Karpaten 1915 ausgezeichnet und bis März 1918 das VIII. Korps befehligt hat, steht nun ohnmächtig einem „Feind" gegenüber, der sich nicht fassen lässt. Auch Drohungen und strenge Befehle helfen da wenig – deutlich ist zu spüren, dass der passive Widerstand gegen die österreichische Verwaltung wächst. So verzögert etwa das Bahnhofspersonal die Abfertigung von Zügen mit Lebensmitteln und Kriegsmaterial Richtung Wien, obwohl es ausdrückliche Weisung hat, dies so schnell wie möglich durchzuführen. Das Manifest Kaiser Karls vom 16. Oktober entzieht auch ihm den Boden; am 27. setzen die polnischen Reichsratsabgeordneten den bereits erwarteten politischen Schritt – sie versammeln sich im Saal des Krakauer Stadtrats und fassen folgende wichtige Beschlüsse: „Die polnischen Abgeordneten zum österreichischen Reichsrat legen fest, dass jene polnischen Gebiete, die bis jetzt Teil der österreichischen Monarchie waren, zum polnischen Staat

gehören. Für diese Gebiete konstituiert sich eine ‚Liquidierungskommission' *(Komisja Likwidacyjna),* bestehend aus 33 Mitgliedern (entsprechend dem Parteienschlüssel). Sitz der Kommission ist Lemberg.
Die Kommission übernimmt alle Tätigkeiten, zur Erledigung dringender Aufgaben wird sie mit Fachkräften zusammenarbeiten. Die Kommission anerkennt keine von Seiten der österreichischen Regierung ausgesprochenen Maßnahmen und keinen von der österreichischen Regierung unternommenen Schritt in Richtung Frieden, da nur die polnische Regierung der polnische Vertreter nach außen ist. Polnische Einheiten und polnische Soldaten müssen nach Polen zurückkehren, Truppen anderer Nationalität müssen das Land verlassen."
Und beschlossene Sache ist es, so erfährt man im Militärkommando, dass die Männer an der Spitze der Kommission bereits am 29. im Krakauer Magistrat ihre „Regierung" antreten werden: Wincenty Witos, Vorsitzender der Bauernpartei „Piast" und Abgeordneter aus dem Kreis Tarnów, Ignacy Daszyński, Sozialdemokrat und Abgeordneter der Stadt Krakau, Graf Aleksander Skarbek, Nationaldemokrat und Abgeordneter aus dem Kreis Sambor, Dr. Tadeusz Tertil, Nationaldemokrat und Abgeordneter der Stadt Tarnów, Vorsitzender des Polenklubs im Reichsrat, sowie Józef Londzin, Abgeordneter des Fürstentums Teschen *(Cieszyn)* und Mitglied der „Volkspartei".
Graf Benigni sind die Hände gebunden, ebenso seinen Kollegen vom Festungskommando und vom Platzkommando – noch verfügen sie über die militärische Macht, aber um auch das zu ändern, treffen die polnischen Patrioten im Geheimen bereits ihre Vorbereitungen …

11 UHR 30 Prag. Die „starken Vier" treffen sich im Repräsentationshaus zur Lagebesprechung. Neben Dr, Alois Rašín sind dies die Abgeordneten Antonín Švehla, Jiří

Stříbrný und František Soukup. Mitten in die Gespräche hinein platzen immer wieder Meldungen von den Ereignissen auf der Straße. Die vier Männer handeln sofort: Telefonisch bitten sie Dr. Richard Bienert, den Vertrauensmann des Nationalausschusses in der Polizeidirektion, zu sich, nach einer knappen Erörterung der Lage befiehlt man ihm für Ordnung zu sorgen, keine einzige Fensterscheibe dürfe eingeschlagen werden. Von Bienert erfährt man auch, dass sich der Prager Polizeidirektor nicht in der Hauptstadt, sondern in Ostrau befindet und Statthalter Max Graf von Coudenhove nach Wien gereist sei – nach kurzer Beratung beschließen die vier Abgeordneten dennoch in die Statthalterei zu fahren, nicht ohne jedoch erstmals ihre neu gewonnene Macht zu demonstrieren: Richard Bienert wird von ihnen zum neuen Chef der Prager Polizei ernannt – ein Augenzeuge wird später berichten, Tränen in den Augen des pflichtbewussten Polizeimannes gesehen zu haben.

Der glühende Patriot Dr. Richard Bienert, der von diesem Tage an die Geschicke der Prager Polizei leiten wird, ist seit 1906 Polizist und hat sich während des Kriegs dem tschechischen Untergrund angeschlossen. Das Schicksal wird für ihn noch seltsame Wege bereithalten: Nach Okkupation der Tschechoslowakei durch Hitlerdeutschland im März 1939 von der Gestapo verhaftet, wird er auf Initiative von Präsident Emil Hácha wieder freigelassen. 1942 betraut man ihn mit dem Posten des Innenministers, im Jänner 1945 wird er zum letzten Regierungschef des „Protektorats Böhmen und Mähren" ernannt. Die Nazis trauen *Vater Bienert*, wie er von der Prager Bevölkerung liebevoll genannt wird, allerdings nicht recht über den Weg, in Geheimdienstberichten wird er wiederholt als zu lasch kritisiert. Am 5. Mai 1945, als Bienert eben auf dem Weg zur Prager Rundfunkstation ist, um das Ende des Protektorats zu verkünden, wird er von Aufständischen verhaftet und nach Kriegsende angeklagt. Während des Prozesses setzen sich zahlreiche Landsleute für ihn ein und schildern vor Gericht seine Hilfsaktionen. Richard Bienert wird deshalb nur zu einer dreijährigen Haftstrafe verurteilt; er stirbt im Februar 1949 im Alter von 67 Jahren.

11 UHR 40

Heeresgruppenkommando Belluno. In einer Drahtnachricht an das Heeresgruppenkommando Feldmarschall Boroević und an den Chef des Luftfahrtwesens im AOK bedankt man sich für die erfolgreichen Einsätze der Flieger im Brentamassiv: „Die Flieger der 10., 11. und 6. Armee haben in spontanen aufopferungsfreudigen Leistungen unsre braven Truppen im schweren Ringen um den Monte Pertica erfolgreich unterstützt und dem Feinde wirksam Abbruch getan. Das Gruppenkommando zollt den schneidigen Fliegerangriffen von den Nachbararmeen vollste Anerkennung und sagt Dank im Namen des Allerhöchsten Dienstes."

11 UHR 45

In den Straßen und auf den Plätzen Prags drängen sich immer mehr Menschen. Das Lied der Freiheit *Kde domov muj?* erklingt, wie von Zauberhand sieht man plötzlich rot-weiße und rot-weiß-blaue Fahnen, die bisher streng verboten waren; Soldaten reißen die verhassten Rosetten mit den Initialen Kaiser Karls von ihren Uniformen und schmücken sie mit den tschechischen Farben, die Prager Polizeiwache folgt diesem Beispiel, dekoriert ihre Kappen mit rot-weiß-blauen Bändern. Ein wilder Sturm auf den Doppeladler, das verhasste Symbol der habsburgischen Herrschaft, hat begonnen: Das auch in Prag allgegenwärtige Hoheitszeichen der Monarchie wird von Geschäftsläden und Amtsgebäuden gerissen, zerbrochen, in den Staub getreten. Der Tod des Doppeladlers gleicht einer Lynchjustiz …

11 UHR 50

Präsidium des Reichsrats im Parlament. Ein Vertreter der Marinesektion des Kriegsministeriums wird vorgelassen – er bringt die dringende Bitte vor, dass sofort ein Vertrauensmann des Sozialdemokratischen Klubs nach Pola fahren müsse. Unter der Mannschaft im wichtigsten österreichisch-ungarischen Kriegshafen seien Unruhen ausgebrochen, es bestehe die Gefahr eines Streiks, was angesichts der bevorstehenden Friedensverhandlungen fatale Folgen haben könnte. Der Klubvorstand der Sozialdemokraten zeigt sich jedoch wenig kooperativ und lehnt die Bitte vorerst einmal ab.

12 UHR

Wien, Militärkanzlei Seiner Majestät. Die Nachricht Nr. 3.756 vom Militärkommando Agram trifft ein und weiß wenig Erfreuliches zu berichten: In der kroatischen Metropole ist es zu Ausschreitungen gekommen. Der Arrest der Garnison wurde überfallen, die Wache überwältigt, das Gebäude beschädigt. Auch das Zivilgefängnis ist erstürmt worden, die Häftlinge befreit. Das Militärkommando berichtet von Schießereien und Insultierungen in den Straßen, Soldaten und sogar Offiziere sollen sich an den Plünderungen beteiligen – so seien die Magazine des Train-Ersatzbataillons 13 und des Ersatzbataillons des 53. Infanterieregiments geplündert worden. Der Hass richte sich vor allem gegen ungarische Einrichtungen: Von der Fassade des Honvéd-Distriktskommandos werden mit Hilfe einer Feuerleiter das alte Wappen Ungarns und die Inschrift heruntergeholt, auch sonst werden allerorts ungarische Wappen und ungarische Firmentafeln von den Häusern gerissen; angesichts der aufgeheizten Stimmung weigern sich ungarische Offiziere und Eisenbahnbeamte, weiter in Zagreb zu bleiben.
An verlässlichen Truppen verfügt das Militärkommando nur mehr über drei Kompanien eines deutsch-tschechischen Assistenzbataillons vom Infanterieregiment Nr. 91, alle anderen in Agram stationierten Reserven desertieren: die Ersatzkörper des Infanterieregiments Nr. 53, des Honvédinfanterieregiments Nr. 25 und des Feldjägerbataillons Nr. 31.
Ein Hoftelegramm (Nr. 2.735), persönlich aufgegeben von

General Snjaric und zur gleichen Zeit eintreffend, dokumentiert die immer weiter um sich greifende Anarchie in Slawonien: „Bürgermeister von Ossijek meldet durch Landesregierung: Garnison Ossijek hat Gehorsam verweigert. Nationalratsmitglieder versuchen in Kasernen zu beruhigen. Ohne Erfolg. Lage eine hoffnungslose.
Našice brennt. Güter Grafen Bejacevic werden geplündert.
Virosititz meldet größte Gefahr. Meuterer nähern sich Stadt. Pöbel schließt sich überall an.
Nationalrat verweigert Führung. Landesregierung und Nationalrat glauben, dass sofortige Amnestie und Entlassung der Mannschaften nach Hause einziges Mittel wäre, um zu helfen. Waffen für Bürgergarde dringendst."

In der Wiener Hofburg dauern inzwischen die Gespräche Kaiser Karls mit den Ministern des Kabinetts Lammasch an. Während der Eidesleistung der Minister sind erste Meldungen über die Vorgänge in Prag eingetroffen; Kaiser Karl zieht sich daraufhin mit Ministerpräsident Lammasch und Außenminister Graf Andrássy zu einer Beratung zurück. Der Außenminister vertritt energisch den Standpunkt, dass eine Loslösung der Länder der Wenzelskrone von der Monarchie mit aller Macht verhindert werden müsse. Sein Argument: Ein Staat, der sich in Auflösung befinde, werde bei den zu erwartenden Friedensverhandlungen eine ungleich schlechtere Position einnehmen als eine in ihren Grenzen unverändert erhaltene Monarchie. Karl kann sich jedoch zum Kampf nicht mehr aufraffen. Seine Sorge gilt nur mehr der deutschsprachigen Bevölkerung Böhmens und Mährens – Lammasch möge daher, so sein Auftrag, sofort Verhandlungen mit den Tschechen über die Abtretung der deutschsprachigen Gebiete an „Deutschösterreich" einleiten. Lammasch verspricht in diesem Sinne tätig zu werden; irgendwie könne alles, so glaubt man, noch friedlich beigelegt werden …

Kaiser Karl setzt anschließend mit den vorgesehenen Terminen des Tages fort: Er empfängt in feierlicher Audienz den neuen Botschafter des Osmanischen Reiches Hussein Hilmi Pascha, der ihm sein Akkreditive überreicht – eine Formalität, der keine Bedeutung mehr zukommt. Längst weiß man, dass vom türkischen Verbündeten keine Unterstützung zu erwarten, die Armee des Sultans am Ende ihrer Kräfte ist: Am 25. Oktober erobern die Briten Kirkuk, am 26. Oktober zieht britische Kavallerie in Aleppo ein; am 31. Oktober werden die türkischen Truppen in Mesopotamien, Syrien und im Kaukasus die Waffen strecken und sich General Allenby ergeben. In der *Arbeiter-Zeitung* wird man am 29. dazu lesen: „Nun dämmert der Tag, der zu den zahlreichen schweren Kriegsenttäuschungen auch die kleinere bringt, den verfallenen Kadaver der Türkei ohne die trugvolle Verhüllung zu schauen." Habsburg und das Osmanische Reich, die großen Gegner durch Jahrhunderte, sehen gemeinsam ihrem Untergang entgegen …
Der nächste Termin gilt Franz Ritter von Keil, dem *Admiral zu Disposition des Allerhöchsten Oberbefehles.* Karl hat diese etwas merkwürdige Funktion eines persönlichen „Marineberaters" kreiert, als er Horthy zum Flottenkommandanten ernannte und damit für den 56-jährigen Keil eine neue angemessene Aufgabe suchen musste. Gemeinsam erörtert man die explosive Lage in Pola; auch Keil rät, so schnell wie möglich die Abgeordneten der einzelnen Nationalitäten in den Kriegshafen kommen zu lassen.

Zur gleichen Zeit große Feierstunde im Festsaal der Universität Wien. Die Inauguration des neuen Rektors Friedrich Becke wird zur traurigen Demonstration jener erschreckenden Verwirrung, die Professoren und Studenten gleichermaßen beherrscht. Ehe der Mineraloge und Petrograf Becke, seit 1898 Inhaber eines Lehrstuhls in Wien und Generalsekretär der Österreichischen Akademie der Wissenschaften, seinen Inaugurationsvortrag über

das Wachsen der Kristalle beginnt, gedenkt auch er der Tage und Stunden, *da wir unser schwer geprüftes Vaterland von äußeren und inneren Feinden auf das heftigste bedrängt sehen und die trüben Zustände unseres öffentlichen Lebens es der Universität immer schwerer machen, ihren Aufgaben gerecht zu werden. Wir wollen es nie vergessen, dass es die deutsche Volksseele ist, die an der Wiener Alma mater nach Ausdruck ringt. Die deutsche Volksseele in jener besonderen Artung, wie sie sich im österreichischen Vaterlande nach dem ehernen Lauf der Weltgeschichte entwickelt hat. Deutsch sein aber heißt treu sein. Treu dem Vaterlande, treu dem deutschen Volkstum und treu den idealen Aufgaben, die der Universität gesetzt sind.*
Der abtretende Rektor Hans Horst-Meyer, ein aus Insterburg *(Tschernjachowsk)* in Ostpreußen stammender bedeutender Pharmakologe, gedenkt zunächst der gefallenen Universitätsangehörigen und berichtet dann über die Aktivitäten des abgelaufenen Studienjahres. So kann er darauf verweisen, dass mit der Aktion „Bücher ins Feld" bereits eine halbe Million Bücher an die Front geschickt wurden.
In seinem Bericht kann aber auch er sich nicht der Versuchung entziehen, das aktuelle Zeitgeschehen in seiner völkischen Bedeutung zu würdigen: *Es geht in dem Riesenkampfe letzten Endes um Freiheit, um Lebensraum und Lebenskraft des Deutschtums hüben und drüben – und nirgends soll dies deutlicher und ernster empfunden werden als an der führenden Universität Österreichs, Österreichs, der einstigen Wiege deutscher Kultur! Dass demgegenüber alle anderen politischen, konfessionellen oder wirtschaftlichen Streitfragen schweigen und weit in den Hintergrund treten müssen, ist eine selbstverständliche Mahnung, die sich wie an das ganze Volk, so insbesondere auch an uns und unsere studierende Jugend richtet.* – Sätze, die zeigen, wie sehr ansonsten ausgezeichnete Fachgelehrte dem Jargon und den Denkmustern deutschnationaler Ideologie verfallen sind, überzeugt davon, diese im Zeichen der *Waffenbrüderschaft* mit dem Deutschen Reich kolonialisierte

Sprache auch ihren Studierenden mitgeben zu müssen, jener Generation, auf die bereits in wenigen Jahren die Auseinandersetzung mit dem Nationalsozialismus wartet. Die akademische Elite, deren wichtigste Aufgabe es wäre, neben Fachwissen gesunde Kritikfähigkeit und analytisches Denken zu vermitteln, versagt anno 1918 in gefährlicher Weise – sie wird es auch zwei Jahrzehnte später tun …

Im Palais des Statthalters auf der Prager Kleinseite empfängt Vizepräsident Kosina, der Stellvertreter des Grafen Coudenhove, zur gleichen Zeit die „starken Vier". Im Interesse der öffentlichen Ordnung, so teilen die vier Herren dem verdutzten Kosina kurz und bündig mit, werde der Nationalausschuss die öffentliche Verwaltung in ihrem gesamten Umfang übernehmen. Die bestehenden Gesetze und Verordnungen würden ihre Gültigkeit behalten, die Entwicklung in Richtung eines neuen Staates solle in Ruhe vor sich gehen. Kosina, der völlig überfordert ist, hat der zielgerichteten Energie der vier Besucher nichts entgegenzusetzen. Vor allem Švehla gelingt es, den Vizepräsidenten einzuschüchtern, indem er ihm offen die gewaltsame Absetzung in Aussicht stellt: „Ich setze Sie ab, entweder Sie halten die Dinge, bevor der Statthalter kommt, und sind uns Garantie, dass nichts passiert, oder ich enthebe Sie!" Eine Drohung, die beim Vizepräsidenten, der an Widerstand gar nicht denken mag, auf fruchtbaren Boden fällt; blamabel genug ist auch, dass Kosina eingestehen muss, für den Fall einer Erhebung des Volkes, wie er nun offenbar eingetreten ist, keine Instruktionen aus Wien zu haben, er müsse daher zuerst mit dem Ministerium des Inneren Rücksprache halten.

Erst um 14 Uhr wird die Anfrage Kosinas an das Ministerium nach Wien abgehen. Der knappe Bericht über die bisherigen Vorfälle des Tages wird ergänzt durch die Bitte „um sofortige Mitteilung der Verhaltensmaßregeln … Der Nationalausschuss erwartet die Antwort im Laufe des heutigen Nachmittags"; eigene Vorschläge hat der Vizepräsident – wenig überraschend – keine, er schließt mit einem Hinweis auf die Lage: „Bemerkt wird, dass im Hinblick auf die Situation ein Widerstand ziemlich aussichtslos ist." – Kosina zeigt sich also sehr beeindruckt, auch er scheint geneigt der Macht der Straße weichen zu wollen. Die Forderungen der „starken Vier" scheinen ihm nicht unbillig zu sein, immerhin weiß er sich damit auf dem Boden des kaiserlichen Manifests vom 16. Oktober, das die Übertragung verschiedener Rechte an Nationalausschüsse durchaus als Möglichkeit vorgegeben hat.

12 UHR 30

Wien, Ballhausplatz. Die Gespräche des Kaisers mit seinen neuen Ministern sind zu Ende, man beschließt ein Zeichen nach außen zu setzen: Die Majestäten sollen sich den im Umkreis der Burg versammelten Menschen zeigen, ihre Zuversicht zur Schau stellen. Vertrauend auf den seltsamen Zauber, der gekrönte Häupter mit suggestiver Kraft umgibt, lassen sich Karl und Zita im offenen Wagen langsam über den Ballhausplatz fahren, und tatsächlich ist alles wie immer: Hochrufe auf das Kaiserpaar werden laut, unter dem herzlichen Beifall der Menge biegt das Gefährt in die Schauflergasse ein, um durch das Schauflergassentor in den Burghof zurückzukehren. Das Kaiserpaar atmet erleichtert auf – noch scheinen die Wiener sie zu mögen! Der Fahrer wird angewiesen das Kaiserpaar nach Schönbrunn zu bringen. Franz Brandl, der Wiener Polizeipräsident, notierte über diese kleine *Rundtour* von Karl und Zita in seinem Tagebuch: *Das ist eben die suggestive Kraft, die der Majestät entströmt. Aber was bedeuten diese ‚Zufälligen' gegenüber der großen Masse der gleichgültig Abseitsstehenden und gegenüber dem Übelwollen der wenigen Aktiven, die die Gleichgültigkeit zur Feindschaft aufzupeitschen verstehen!*

Beim kurzen, bescheidenen Mittagessen in Schönbrunn ist die

Stimmung nicht nur wegen der düsteren politisch-militärischen Lage etwas gedrückt; Karl und Zita sorgen sich weiter um ihre Kinder, die sie nun doch aus Gödöllö nach Wien bringen lassen wollen – in Budapest scheint jeden Augenblick die Revolution ausbrechen zu können.

Während Karl und Zita in der milden Herbstsonne vor der Hofburg den Applaus der Getreuen und dann in Schönbrunn ihr Mittagsmahl genießen, kennt am Piave die Todesmaschine keine Pause. Nach hartem Kampf ist es der Como-Brigade am linken Flügel der britischen 23. Division gelungen, in die k. u. k. Hauptkampflinie einzudringen. Links von ihr hat das erste Regiment der Bisagno-Brigade einen Geländegewinn von etwa 2.800 Metern erzielt, das zweite Regiment deckt die Flanke zwischen dem ersten Regiment und dem Piave.
12 Uhr 30 ist *Zero hour* für das britische XIV. Korps der 10. alliierten Armee. Während sich die k. u. k. Truppen zurückziehen, setzen die Einheiten Lord Cavans, an der Spitze die 23. und die 7. britische Division, nun ihren Angriff fort. Inzwischen sind bei Tagesanbruch die 104. und die 105. Batterie über den Piave nachgezogen worden und können nunmehr der Infanterie wirksame Unterstützung geben: Wieder eröffnet man die Attacke mit Sperrfeuer, das 200 Yards vor den eigenen Linien liegt, nach jeweils 6 Minuten wird das Feuer weiter nach vorne verlegt. Die 68. Brigade und die 10. Northumberland-Füsiliere attackieren am linken Flügel der 23. Division, die 12. Durham Light Infanterie am rechten. Dann greifen auch die 69. Brigade sowie Kompanien vom 11. West Yorkshire, dem 10. Duke of Wellington und dem 8. Green Howards Regiment in das Kampfgeschehen ein. Bei der 7. Division sind es die Männer der 91. Brigade, vom 1. South Staffordshire, vom 22. Manchester und vom 2. Border Regiment der 20. Brigade, die antreten, um den Feind, der bereits verräterische Schwäche gezeigt hat, endgültig in eine

bittere und letzte Niederlage zu treiben. Vor allem die South Staffordshires, die von Tezze aus vorrücken, kommen rasch voran: Borgo Belussi wird prompt erobert, dann, nach rechts ausschwenkend, auch Casa Gregoletto; das Angriffsziel, die „Grüne Linie", ist bei schwachem österreichischem Widerstand bald erreicht; bis 15 Uhr kann auch die 20. Brigade zu dieser aufschließen. Einige Gefangene werden eingebracht, aber, so der lakonische Bericht der 7. Division, *for the most part the Austrians did not wait to be taken.*

Um über den Fortschritt des Angriffs am Laufenden zu sein, hat das Hauptquartier der 10. Armee die Kampfpiloten der Royal Air Force angewiesen, entsprechende Aufklärungsflüge durchzuführen – die „Helden der Lüfte" ziehen es allerdings vor, zurückgehende k. u. k. Infanteriekolonnen im Tiefflug anzugreifen und mit Bomben zu belegen.

Dem frischen Angriffsschwung der Briten haben die schwachen österreichischen Nachhuten tatsächlich wenig entgegenzusetzen. Gedeckt wird der Rückzug von rasch improvisierten Maschinengewehr-Stellungen, die der 23. Division dennoch einigermaßen zu schaffen machen. Zwei Züge der 10. Northumberland-Füsiliere können sich in diesen Kämpfen besonders auszeichnen: Der eine Zug schaltet ein „MG-Nest" des Feindes aus, 60 österreichische Soldaten werden dabei getötet oder gefangen. Der andere umzingelt eine MG-Stellung und führt 160 Österreicher in die Kriegsgefangenschaft ab. Zum Helden wird der 21-jährige Gefreite Wilfred Wood, der mit seiner *Lewis gun* (einem leichten tragbaren Maschinengewehr, von den Deutschen an der Westfront respektvoll die „belgische Klapperschlange" genannt) bei Casa Vana angeblich gleich 140 Mann zur Aufgabe bewegen kann. Wilfred Wood, 1897 in Stockport geboren und im bürgerlichen Leben Angestellter der L. & N.W. Railways, wird dafür mit dem *Victoria Cross*, der höchsten Auszeichnung der britischen Armee, dekoriert werden; das Regimentsmuseum der

Northumberland Füsiliere auf Alnwick Castle ehrt das Andenken des 1982 verstorbenen Kameraden bis heute.

Der ersten Heldentat lässt der entfesselte Eisenbahner sogleich weitere folgen: Als der Vormarsch der Briten neuerlich durch das Feuer eines einzelnen österreichischen „MG-Nests" aufgehalten wird, ist er es, der mit seiner *Lewis gun* gekonnt aus der Hüfte feuernd die ganze Mannschaft dieser MG-Stellung tötet. Aus eigener Initiative mit seinem Zug weiter vordringend, nimmt Wood daraufhin einen feindlichen Graben mit österreichischer Infanterie unter Beschuss. Die Österreicher verfallen in Panik, halten sich für abgeschnitten und ergeben sich Wood und seinen Mannen.

Die Briten lassen allein durch ihre Feuerkraft dem Gegner keine Chance: Neben dem schweren Artilleriefeuer, das ihren Angriff deckt, bringen sie mobile Granatwerfer zum Einsatz und auch einige zurückgelassene österreichische Geschütze werden wieder „aktiviert" – diesmal gegen ihre ehemaligen Bedienungsmannschaften. Besonders bewährt sich auch das *Machine-Gun Corps* der Division, das im Rücken der Infanterie immer wieder Stellungen in den oberen Stockwerken zerstörter Gebäude bezieht und von hier aus die zurückweichenden k. u. k. Truppen unter Feuer nimmt. In kurzer Zeit kann so auch die 23. Division die angestrebte „Grüne Linie" nahe Vazzola bis Casa Gerre erreichen; die Verluste sind gering, bloß beim 11. West Yorkshire Regiment wechselt das Kommando: Major C. L. Armstrong ersetzt den verwundeten Lieutenant-Colonel H. H. Hudson. Die Artillerie der Division wird weiter vorgezogen, um den Angriff in Richtung Nordost fortsetzen zu können. Zum Monticano, einem trägen, acht bis neun Meter breiten Flüsschen, gesäumt von steilen Uferbänken, der neuen Verteidigungslinie der Österreicher, sind es

Der so genannte „Heldentod" im industriellen Krieg:
Abschied der Überlebenden von den gefallenen Kameraden.

nur mehr 3.000 Yards; bereits in der kommenden Nacht will man sich dort festsetzen …

Von Salettuol flussaufwärts bis Ponte di Priula ist damit das linke Ufer des Piave in der Hand der Alliierten. Der Vorstoß der feindlichen 10. Armee, das erkennen nun auch Svetozar Boroević und sein Generalstabschef Anton von Pitreich, gefährdet den Rückzugsweg der 6. Armee über Sacile und den Rückzugsraum der 5. Armee. Ihr Entschluss daher: die 6. Armee in der Nacht nach Conegliano zurückgehen zu lassen, die 5. Armee soll die Front am Monticano wieder zum Stehen bringen.

Im Raum Sernaglia muss endgültig vom geplanten Gegenstoß der 34. Infanteriedivision abgesehen werden, nachdem sich am Vormittag *neue Fälle von Kampfmüdigkeit* gezeigt haben. Nach Gewaltmärschen ist die Division zwar im Kampfraum eingetroffen, nun weigern sich aber die Jägerbataillone 25 und 32 zu kämpfen und treten den Rückmarsch an, auch das Jägerbataillon 24 ist von seinen Offizieren nur mit Mühe zu einem Einsatz zu bewegen, etwas unklar scheint die Haltung der Infanterieregimenter 29 und 33.

Das Korpskommando ist machtlos, an einen Einsatz von Truppen gegen die *widerspenstigen Abteilungen* ist nicht zu denken – ein gewaltsames Vorgehen deutscher oder tschechischer Regimenter gegen die Ungarn würde, so befürchtet man, zu einem *nationalen Krieg* hinter der Front führen und den Feind entscheidend begünstigen. Resignierend muss man dem Armeekommandanten melden, dass es tatsächlich keine Machtmittel mehr gibt *die Seuche, die sich so tief eingefressen hat,* zu heilen.

Oberst Franz Podhajsky, Generalstabschef des II. Korps, erinnert sich später an die Stimmung nach dieser das Verhängnis besiegelnden Entscheidung: *Das unheimliche, niederdrückende Gefühl „Finis Austriae" lastete auf allen, die sich der schweren Verantwortung bewusst waren.*

Während die k. u. k. Truppen vor den Alliierten zurückweichen, ist beim Armeeoberkommando Baden nach Rücksprache mit dem Kaiser die Entscheidung gefallen: Die alarmierenden Nachrichten von der Front haben ihre Wirkung getan – Karl muss auf eine Entwicklung reagieren, zu deren dramatischer Eskalation er selbst entscheidend beigetragen hat. Er stimmt zu, dass die Waffenstillstandskommission des Generals von Weber in Trient Verbindung mit der italienischen Heeresleitung aufnimmt. Als „flankierende Maßnahme" sieht sich Generaloberst von Arz veranlasst, in einem Telegramm an Generalfeldmarschall von Hindenburg die verzweifelte Lage der k. u. k. Truppen zu schildern und damit diesen für den deutschen Verbündeten wenig erfreulichen Schritt zu rechtfertigen: „Erschüttert melde ich Euer Exzellenz die eingetretenen Verhältnisse: Truppen ohne Unterschied der Nationalität von über 30 Divisionen weigern sich, weiter zu kämpfen! Teile einzelner Regimenter verlassen eigenmächtig Stellung, ein Rgt. der Reserve ist abmarschiert. Marschformationen sind nicht zur Einreihung zu bewegen. Ungarische Truppen erklären, unter keinen Umständen weiter zu kämpfen, verlangen ihre Heimbeförderung, weil Heimat in Gefahr und Feind vor den Grenzen ihres Vaterlandes. Kommandanten sind machtlos. Bewunderungswürdig kämpfen die in Stellung befindlichen Truppen, weil sie infolge von Kampfhandlung politisch noch nicht verseucht sind. Ihre Kampfkraft erlahmt. Zuführen von Reserven oder Ablösung ausgeschlossen, da Truppen nicht an Front heranzubringen. Marinemannschaft erklärt, am 1. November Schiffe zu verlassen, alles zu teilen und hat Soldatenräte gebildet. Einstimmig verlangen höhere Führer sofortigen Waffenstillstand, weil ansonsten Anarchie unausbleiblich und Bolschewismus unaufhaltbar. Lebensmittelzufuhr versagt, Bahnbetrieb in manchen Landesteilen kaum noch aufrechtzuerhalten, Lage im Hinterland verworren und trostlos. Unter diesen Umständen muss gerettet werden, was noch möglich ist. Da es auf Stunden ankommt, muss rasch gehandelt werden. Der Weg Wilsons ist zu lang. Kommission versucht Verbindung mit ital. Heeresleitung, um über Waffenstillstand zu verhandeln. Schweren Herzens mache ich diese Mitteilung. E(uer) E(xzellenz) gehorsamster v. Arz, GO.“

Graf Andrássy übersendet gleichzeitig eine für Kaiser Wilhelm bestimmte Botschaft Kaiser Karls an den k. u. k. Botschafter in Berlin, Gottfried Hohenlohe. Karl erklärt darin seinem Verbündeten offen, dass er den unabänderlichen Entschluss gefasst habe, innerhalb der nächsten 24 Stunden um einen Waffenstillstand oder Sonderfrieden zu bitten. Den vorhersehbaren Ärger mit dem Grafen Wedel hat man von vornherein durch einen geschickten Schachzug vermieden: Dem deutschen Botschafter hat man zwar das Konzept zu dieser Depesche gezeigt – allerdings ohne die entscheidende Passage, dass man um Waffenstillstand bitten werde, ohne die Resultate anderer Verhandlungen abzuwarten.

12 UHR 45

Prag. Nächstes Ziel von Rašín, Švehla, Stříbrný und Soukup ist Graf Schönborn, der Präsident der Landesverwaltungskommission. Adalbert Joseph Maria Franz Graf von Schönborn-Buchheim-Wolfstahl, Jahrgang 1854, seit 1913 in diesem Amt, zeigt sich ähnlich hilflos wie Kosina. Als ihm die „starken Vier“ eröffnen, dass nun der Nationalausschuss die Funktionen des Landesausschusses übernehmen werde und ebenso das Gebäude des Landtages, weiß sich der Graf zunächst vor Bestürzung gar nicht zu fassen und bringt kaum einen zusammenhängenden Satz heraus. An Widerstand denkt er nicht, seine größte Sorge ist, was der Kaiser dazu sagen werde, er benötige auf jeden Fall die Einwilligung Seiner Majestät.

Die vier Tschechen geben sich damit zufrieden, wollen aber noch einen Blick in den Landtagssaal werfen, in dem der Nationalausschuss in Zukunft seine Sitzungen abhalten möchte. Der

Anblick des altehrwürdigen Sitzungssaals ist wenig erfreulich: Aus dem weiten Raum ist während des Krieges ein Nahrungsmittel-Magazin geworden, Kartoffeln und Graupen liegen lose auf dem Boden, auf den Sitzen der Abgeordneten machen sich staubige Mehlsäcke breit, ein entsprechend dumpfer Geruch erfüllt den Raum. An die Amtsdiener des Hauses ergeht daher von den „starken Vier" sofort der Befehl, den Sitzungssaal von den Lebensmitteln zu räumen und für die geplanten Sitzungen in Schuss zu bringen, dann verlassen sie das Landhaus, brechen mit dem Auto auf in Richtung Wenzelsplatz.

Vor allem Alois Rašín ist besorgt, dass es zu antijüdischen und antideutschen Ausschreitungen kommen könnte; die vier Männer wollen daher alles tun, um Blutvergießen zu vermeiden, fieberhaft überlegen sie am Weg zum Wenzelsplatz ihre weitere Strategie. Rašín hat plötzlich eine Idee: „Musikkapellen auf die Straße, alle Musikkapellen müssen hinaus!", ordnet er an, die Menschenmassen auf den Straßen müssten singen, sich durch das Singen nationaler Lieder abreagieren!

Die Stimmung im fahrenden offenen Auto, das sich durch Straßen voller Fahnen, vorbei an jubelnden, feiernden Menschen seinen Weg bahnt, ist euphorisch, die Begeisterung spült jeden Versuch, Ruhe und Besonnenheit zu bewahren, hinweg: Die „starken Vier" versprechen sich gegenseitig Loyalität und ein einheitliches Vorgehen, sie umarmen und sie küssen sich, Tausende von Menschen werden Zeugen.

Da und dort schlägt die Begeisterung der Menge jedoch schon in Gewalt um. Die Auslagen deutscher Geschäfte werden eingeschlagen, in der Palacký-Straße, so hört man, soll es zu Plünderungen kommen; k. u. k. Armeeangehörige, die sich wehren, Rosette, Portepee und Mütze von sich zu werfen, werden misshandelt, junge Burschen rotten sich zu Banden zusammen und machen in den Straßen Jagd auf kaisertreue Offiziere. Diese bedenklichen Zwischenfälle veranlassen das Statthaltereipräsidium

zu einer telefonischen Intervention im Nationalausschuss, schließlich marschiert Militär auf: Das 68. ungarische Infanterieregiment zieht in voller Ausrüstung mit aufgepflanztem Bajonett, zwei Bataillone stark und mit Maschinengewehren ausgerüstet, mit schmetternder Trompete durch die Straßen auf der Kleinseite. Die Karlsbrücke wird gesperrt: Ein Oberleutnant, ein Fähnrich, ein paar Unteroffiziere und zehn Mann beziehen mit zwei Maschinengewehren in der Mitte der Brücke Stellung. Die Prager wissen, dass es auch bei den Ungarn gärt, man munkelt, dass die einfachen Soldaten nicht mehr kämpfen wollen – tatsächlich lungern diese untätig am Brückengeländer herum. Ihre Offiziere aber, so zeigt sich, sind zum Kampf entschlossen. Als ein Zug von Demonstranten zur Brücke einbiegt, in der Absicht, die Ungarn in die Moldau zu werfen, machen der Oberleutnant und der Fähnrich die Maschinengewehre feuerbereit, nur mit Mühe können die Demonstranten von einigen besonnenen Passanten zum Umkehren bewegt werden.
Auch über den Wenzelsplatz ziehen Truppen, vier Kompanien, auch sie kampfbereit, in voller Feldausrüstung. Aus der aufgebrachten Menge, die sich notgedrungen zu einem Spalier formt, prasseln laute Parolen auf sie nieder, es sind unverhüllte Aufforderungen zu Aufgabe und Abzug: *Geht nach Hause! Österreich ist nicht mehr!,* rufen vor allem die Frauen. Die Soldaten, vor vierzehn Tagen noch an der Piave-Front, bewahren jedoch eiserne Disziplin und gehen in den Parkanlagen neben dem oberen Wenzelsplatz in Stellung, mit der Routine erfahrener Frontkämpfer machen sie ihre Maschinengewehre schussbereit, warten auf den Befehl zum Einsatz …
Vor dem Café Rokoko am Wenzelsplatz marschiert ein Bataillon „gelber" ungarischer Honved-Infanterie auf. Vor dem Eingang zu dem beliebten Lokal werden Maschinengewehre postiert, im Parterre richtet der Kommandant, ein Major, seinen Gefechtsstand ein – von hier hat er Telefonverbindung mit dem Militär-

kommando. Die erste nüchterne Meldung des Majors an die Zentrale: Ohne Blutvergießen ist der Wenzelsplatz von den Menschenmassen nicht zu räumen. Ein tschechischer Funktionär taucht auf, versucht mit einem der Offiziere im Stab des Majors zu verhandeln, das Bataillon zum Abziehen zu bewegen – vergeblich, noch fühlen sich k. u. k. Offiziere an ihre Befehle gebunden … Am Wenzelsplatz verkündet Dr. Jirí Stříbrný, Abgeordneter der 1897 von Vaclav J. Klofac gegründeten „Partei der nationalen tschechoslowakischen Arbeiterschaft", auf dem Autositz stehend, die Unabhängigkeit: *Der Tschechoslowakische Nationalausschuss gibt bekannt, dass der freie und selbständige tschechoslowakische Staat Realität geworden ist. Nach 300 Jahren sind wir wieder frei … Wir grüßen Masaryk und Wilson, wir grüßen unsere Legionen. Auf den Trümmern der Tyrannei werden wir eine neue Zukunft der nationalen Freiheit und sozialen Gerechtigkeit aufbauen. Wir wissen noch nicht, was uns erwartet, wir scheuen aber keine Opfer und keine Mittel … Wir weichen nicht zurück und wir werden siegen.* František Kopecký, der Grünzeughändler, marschiert inzwischen in bester Stimmung und mit von Stolz geschwellter Brust noch immer an der Spitze einer Demonstrantenschar – hat man doch soeben sogar einem Major die Rosette von der Uniformkappe gerissen! Als der Zug in die Perlovastraße einbiegt, kommt es zu einem Zwischenfall: Ein jüdischer Straßenhändler versperrt mit seinem „Kram" den Weg. Kopecký, der auf die unliebsame jüdische Konkurrenz sowieso nicht gut zu sprechen ist, fordert den Händler auf seine Ware aus dem Weg zu räumen, dieser weigert sich jedoch. Da verliert Kopecký die Nerven, stürzt auf den Mann zu und verabreicht ihm eine kräftige Ohrfeige – sein Kontrahent gibt daraufhin zwar den Weg frei, reicht jedoch später Klage gegen den rabiaten Gemüseverkäufer ein: Aufgrund der außergewöhnlichen Umstände an diesem Freudentag wird das Gericht Kopecký nur zu einer Geldbuße von 300 Kronen verurteilen …

13 UHR Wien, Finanzministerium in der Johannesgasse. Der neue Ressortchef Dr. Josef Redlich trifft zu einem Arbeitsgespräch mit seinen Spitzenbeamten ein. Als Begrüßungsgeschenk gibt es für ihn, den passionierten Genießer von Rauchwaren, eine „riesige Kollektivzigarre und Zigaretten" – ein Luxus, der selten geworden ist. Man bespricht das Programm für den Nachmittag und für den nächsten Vormittag. Nach dem Mittagessen blättert Redlich einige Akten durch, dann folgt eine längere Unterredung mit dem scheidenden Finanzminister Dr. Freiherr von Wimmer, die *menschlich erfreulich* verläuft. Wimmer, früher Sektionschef im Finanzministerium, hatte die Idee gehabt eine PR-Kampagne für das Zeichnen der 8. Kriegsanleihe (28. Mai bis 2. Juli 1918) zu starten – „Es ist ganz und gar ausgeschlossen, dass der Besitzer von Kriegsanleihen jemals schlechter in diesem Staate wegkommen könnte, als der Besitzer anderer Vermögensobjekte", hatte man damals in großformatigen Inseraten in den Tageszeitungen lesen können; eine unvorsichtige, großsprecherische Behauptung, die allein durch die hohe Inflation bereits schmerzhaft widerlegt ist: Von Kriegsbeginn 1914 an ist der Banknotenumlauf bis 1918 von 2,19 auf 31,48 Milliarden Kronen gestiegen, das bedeutet eine gewaltige Erhöhung um 1.337,4 Prozent! Opfer dieser Finanzpolitik sind tatsächlich alle Personen und Familien, die ihr Vermögen in Kriegsanleihen angelegt haben. Österreich-Ungarn hat den blutigen Krieg mit dem Geld seiner Bürger finanziert: Insgesamt sind 25 Kriegsanleihen mit 51 Milliarden Kronen gezeichnet worden, davon entfallen acht Anleihen mit einem Volumen von 33 Milliarden Kronen auf Cisleithanien. Später wird man die effektiven Kriegskosten auf etwa 19 Milliarden Friedenskronen schätzen – ein Betrag, der ungefähr dem Volkseinkommen ganz Österreich-Ungarns im Jahr 1914 entspricht!

Redlich gewinnt den Eindruck, dass sich der Freiherr von Wimmer mit seinem Los abgefunden hat, und als Trost gibt es ja auch

schon eine neue Perspektive für diesen: Er will für den Posten eines Gouverneurs der Nationalbank kandidieren. *Ob er nur der richtige Mann ist?*
Auch wenn der Krieg zu Ende geht – Redlich braucht dringend Geld und er hat auch eine Idee: Die Österreichisch-Ungarische Bank soll der Staatsverwaltung einen Vorschuss zahlen. Anfang November wird er deshalb Dr. Michael Hainisch, den Generalrat der Österreichisch-Ungarischen Bank, zu sich ins Ministerium holen und diesen um zwei Milliarden Kronen bitten. Der 60-jährige parteilose Hainisch, deutschnational bis ins Mark, bleibt trotz der *höchsten Verzweiflung* Redlichs und dessen flehentlicher Bitten reserviert, hat er doch Bedenken, ob die Bank dem *durchaus anti-deutsch orientierten Ministerium Lammasch unter die Arme greifen sollte.* Und die Habsburger, das hat er schon seit langem erkannt, müssen ja geradezu die *geschworenen Feinde einer deutsch-nationalen Bewegung in Österreich* sein. Erst als sich Otto Steinwender, der kommende Staatssekretär für Finanzen der Republik Deutschösterreich, für eine Vorschusszahlung ausspricht, erklärt sich Hainisch bereit, im Generalrat der Bank einen entsprechenden Antrag zu stellen.
Michael Hainisch, der in den Tagen des Zusammenbruchs diese unversöhnliche deutschnationale Politik verfolgt, der dafür eintritt, dass aus der Wiener Universität keine *Judenschule* wird, und der den großen Wunsch hat, dass *die Zahl der Juden in leitender Stellung* beschränkt sein möge, da ihnen *der Sinn für das Irrationale im Volksleben (Vaterland, Heimat, Muttersprache, Christentum) vollkommen* abgehe, wird 1920 von der Bundesversammlung zum ersten Bundespräsidenten Österreichs gewählt werden …

Auch Ignaz Seipel hat indessen sein neues Büro bezogen – er widmet sich der wichtigen Öffentlichkeitsarbeit und empfängt einen Redakteur der dunkelschwarzen *Reichspost* – ein erstes Interview mit dem neuen Minister für soziale Fürsorge findet statt. Wieder ist er ausgezeichnet vorbereitet und in wohl gesetzten Worten erklärt er dem Vertreter der Presse zunächst, wie er seine Ernennung grundsätzlich verstanden wissen möchte: „Die Berufung eines Mannes meines Standes in die Regierung wird voraussichtlich verschiedene Deutungen erfahren. Um Missverständnissen nach Möglichkeit vorzubeugen, möchte ich aber Folgendes erklären: Ich bin selbstverständlich nicht als Geistlicher, nicht weil ich dem geistlichen Stand angehöre, in die Regierung berufen worden. Es wäre daher ganz unrichtig, wollte man mich als einen Vertreter der Kirche oder irgendeiner kirchlichen Persönlichkeit in der Regierung betrachten. Die Kirche trägt daher keinerlei Verantwortung für das, was ich als Minister sagen oder tun werde. In einer ähnlichen Lage befinde ich mich gegenüber der christlichsozialen Partei. Meiner politischen Überzeugung nach bekenne ich mich offen als Anhänger der christlichsozialen Partei und ich habe die feste Absicht, die freundschaftlichen Beziehungen, die mich mit vielen führenden Persönlichkeiten der christlichsozialen Partei verbinden, weiter zu pflegen. Aber ich bin nicht etwa als Vertrauensmann der Christlichsozialen Partei in die Regierung eingetreten und auch sie teilt daher in keiner Weise mit mir die Verantwortung für meine Amtsführung."

Die nächste Frage des *Reichspost*-Reporters will Seipel nun Genaueres entlocken: „In welcher Eigenschaft sind sonach Exzellenz Mitglied der Regierung geworden?"

Seipel umreißt seine Position: „Darauf kann ich nur sagen, ich bin innerhalb der Regierung weder der Exponent von Parteien oder von Organisationen, sondern einfach einer gewissen Summe von Anschauungen, die ich seit langem vor aller Öffentlichkeit vertreten habe."

Dann kommt die Gretchenfrage, die auch den Lesern der *Reichspost* besonders am Herzen liegt: „Welche ist die Stellung der Regierung zu der Friedensfrage?"

Seipel hat eine präzise Antwort bereit – zwar nicht auf die Frage, aber er sagt, was er sagen möchte, und gibt sich optimistisch: „In der Friedensfrage ist mein Programm das der Friedensnote des Heiligen Vaters vom 1. August 1917. Gleich dem Ministerpräsidenten bin ich vom Anfang an ein überzeugter Anhänger einer Friedens- und Verständigungspolitik nach außen und nach innen gewesen. Die Umbildung unseres Staatswesens, die eben vor sich geht, betrachte ich nicht mehr als eine Folge des Kriegsausgangs, sondern als in sich selbst berechtigt, wenn ich freilich die etwas stürmische und ungeordnete Form, in der sie sich vollzieht, nicht billigen kann, weil sie nicht ungefährlich ist. Aber eine Reform der Verfassung sowohl wie der Verwaltung in demokratischem Sinne halte ich sowohl für innerlich gerecht als auch im gegenwärtigen Zeitpunkte für angebracht. Ich glaube fest, dass Österreich noch eine schöne Zukunft vor sich hat, alles wird darauf ankommen, dass die Übergangszeit, in der wir uns eben befinden, vorübergehe, ohne dass unterdessen das Gefüge der bürgerlichen Ordnung und der staatsrechtliche Zusammenhang eine ernstliche Schädigung erfährt."
Der Untergang Österreichs, den andere beschwören, findet bei Ignaz Seipel von vornherein nicht statt …

Zur gleichen Zeit im Konak von Sarajevo. Der Kommandierende General in Bosnien-Hercegovina-Dalmatien, Generaloberst Stephan Baron Sarkotic von Lovcen, stemmt sich mit Kraft und Entschlossenheit gegen den heraufziehenden Umbruch: Am 27. Oktober hat er eine Kundmachung an die Bevölkerung erlassen, in der er erklärt, dass Sarajevo als Festung zum Kriegsgebiet gehöre, Ordnung, Ruhe und Sicherheit müssten daher unter allen Umständen gewahrt bleiben. Die Truppen erhalten den Befehl, die Sicherheit zu gewährleisten und jedem Versuch eines gewaltsamen Umsturzes entgegenzutreten. Allen Militärangehörigen ist die Teilnahme an politischen Veranstaltungen

untersagt. Dennoch macht sich allmählich Unruhe in der Stadt breit. Kleine Banden haben sich gebildet, die Magazine und Trainbaracken plündern; serbisch gesinnte Offiziere verbergen kaum mehr ihre Sympathie für den Staat der Südslawen; in ihren Häusern halten die Bewohner Bildnisse König Peters von Serbien und des Kronprinzen Alexander bereit, um sie in der Stunde der Freiheit an die Öffentlichkeit zu tragen.
Tatsächlich hat auch der Kommandierende General, der *letzte Paladin des Reiches*, erkannt, dass die alte Welt zerbricht – auch seine letzte Hoffnung ist ein Sonderfrieden Österreich-Ungarns. In seinem Tagebuch notiert der 60-jährige Sarkotic, 1916 der Eroberer Montenegros: „Ich kann mich des Eindruckes nicht erwehren, dass die begonnene politische und militärische Zersetzung rasche Fortschritte machen wird, und sehe leider keinen anderen Ausweg, wie dieser Zersetzung bei Zeiten noch Einhalt geboten werden könnte, als durch einen raschen Frieden, sei es auch durch einen Separatfrieden."
Beunruhigt ist Generaloberst Sarkotic auch über den Mangel an Informationen von den Fronten. Die Radiodepeschen, die bei seinem Stab eintreffen, sind nie vollständig und sonderbar verstümmelt. Auch die eigenen Depeschen an Feldmarschall Kövess bei der Balkanarmee und an Generaloberst Pflanzer-Baltin, der den Rückzug der k. u. k. Truppen aus Albanien leitet, scheinen nicht anzukommen – alles deutet auf Sabotage hin …

13 UHR 12

Bahnhof Križevci in Slawonien. Wieder ein spektakulärer Bahnüberfall in Wild-West-Manier, diesmal am helllichten Tag: Der aus Budapest kommende Schnellzug nach Fiume *(Rijeka)* rollt pünktlich in die Station. Ein Trupp von schwer bewaffneten Deserteuren steigt ein, verteilt sich in den einzelnen Waggons und verstellt die Türen, ohnmächtig muss das Zugpersonal dem Geschehen zusehen. Mit vorgehaltenem Revolver werden die verängstigten Reisenden

aufgefordert ihre Wertsachen auszufolgen – Geldbörsen, Schmuckstücke, wertvolle Gepäckstücke wechseln den Besitzer. Seelenruhig fährt die Bande bis zur Station Dugo Selo kurz vor Zagreb mit und verlässt hier mit ihrer Beute den Zug.
Der Terror der Deserteure gegen die Ungarische Staatseisenbahn hat inzwischen dazu geführt, dass manche Strecken bereits unterbrochen sind, so die Verbindungen Zagreb-Brod, Sisak-Brod und Pakrac-Našice.

13 UHR 30

Wien, Parlament. Im „Roten Kabinett" meldet sich neuerlich Besuch für Vlastimil Tusar an: Admiral Holub kommt von seinem Ausflug zum AOK in Baden zurück, in seiner Begleitung Generalmajor Max Ronge. Das Ansuchen um Waffenstillstand, so argumentieren die beiden, sei bereits unterwegs, Österreich-Ungarn hätte alle Bedingungen Wilsons akzeptiert, auch die Anerkennung des Tschechoslowakischen Staates stehe schon fest. Tusar, *de facto* in wenigen Stunden schon der Gesandte eines unabhängigen feindlichen Staates, ist von Ronges und Holubs etwas larmoyanten Ausführungen wenig beeindruckt – vor ihm stehen zwei Verlierer, Vertreter jener Clique, die den Krieg mit blutigem Ernst bis zur letzten Konsequenz betrieben hat, und das auszukosten lohnt sich …
Laut gibt er zur Antwort, dass man keine Abgeordneten an die Front schicken würde, solange man nichts Bestimmtes wisse; der Generalstab, insbesondere Baron von Waldstätten, sei ja bekannt dafür, dass er nicht immer über die neuesten Nachrichten verfüge …

In den Städten Böhmens und Mährens ist der Umsturz endgültig: Überall werden die Embleme des Habsburgerreichs abgerissen und die Hoheitszeichen des neuen tschechoslowakischen Staates aufgerichtet. Die Ämter werden besetzt, deutsche und ungarische Truppeneinheiten stehen in Bereitschaft, der Befehl zum Eingreifen kommt jedoch nicht …

In Budapest dauern die Beratungen von Erzherzog Josef mit den Vertretern der einzelnen politischen Gruppierungen an, eine Lösung der schweren Krise ist jedoch nicht in Sicht. Unter den Männern, die er auf der Burg empfängt, sind auch Graf Tisza, Dr. Wekerle, Graf Hadik und Graf Károlyi, dessen Anhängerschaft immer heftiger seine Ernennung zum neuen Ministerpräsidenten fordert.

Um seine Tätigkeit als *homo regius* ins rechte Licht zu rücken und gleichzeitig um Unterstützung bittend, erlässt Erzherzog Josef folgenden Aufruf:

„An die Nation! Seine Majestät, unser gekrönter König, hat mich damit betraut, eine solche Lösung unserer krisenhaften öffentlichen Verhältnisse zustande zu bringen, welche mit Zustimmung der Nation die volle Selbständigkeit unseres Vaterlandes nicht nur sichern, sondern auch ins Leben rufen soll. Sie ist ein großer und entscheidender Schritt, denn wir müssen die Selbständigmachung unserer auswärtigen Beziehungen und unserer Wehrkraft sowie überhaupt die unabhängige Einrichtung jedes Zweiges der Verwaltung in einer der freiheitlichen Richtung der Zeit und den Interessen der breiten Volksschichten entsprechenden Weise verwirklichen. Neben der sofortigen Erzielung des Friedens dominiert der Abschluss eines großen internationalen Volksbundes behufs seiner Sicherung die Zukunft unserer Bestrebungen. Die Wahrung der Integrität und Einheit unseres staatlichen Gebietes sowie die Beseitigung der Gefahren, welche auch bis zum Abschluss des Friedens uns bedrohen, legen mir die Aufgabe auf, unter Vereinigung sämtlicher nationalen Kräfte die Verschmelzung des Gemeingefühls zu erwecken. Mit der ganzen Wärme meines patriotischen Gefühles bitte ich um die Unterstützung der Nation zu dieser meiner schweren und dringenden Aufgabe. Erzherzog Josef."

Der geschickte Hinweis auf den *großen, internationalen Volksbund* verrät, dass der Erzherzog durchaus damit spekuliert, länger die maßgebliche Person in Ungarn zu bleiben – tatsächlich fehlt ihm dafür jene Unterstützung durch das nationale *Gemeingefühl,* die er in seinem Appell beschwört.

14 UHR

2. k. u. k. Dragoner-Regiment in Colfrancui: Eine erste feindliche Granate schlägt nahe der Kirche ein, das Regimentskommando hat Glück, dass es keinen Volltreffer abbekommt. Bald liegt schweres Feuer über den Weingärten und der Straße, Küche und Munitionswagen rasen zurück, die Tragtiere der II. Maschinengewehrschwadron scheuen und gehen durch – ein schwerer Schlag für die Abteilung, da in der Folge bei jedem Stellungswechsel die schweren Maschinengewehre und Munitionsverschläge von den Soldaten selbst geschleppt werden müssen. Für hungrige und übermüdete Männer bedeutet das beinharte Anstrengung.
Die Wirkung des Artilleriebeschusses bleibt jedoch gering, da das Regiment weit auseinander gezogen in den Weinbergen liegt und mit stoischer Ruhe seine Stellung hält.
Für die Kämpfer der 25. Infanteriedivision im Raum Sernaglia wird es nun ernst: General Caviglia lässt Punkt 14 Uhr seine Truppen zum Angriff antreten. In Schwarmlinien tastet sich die italienische Infanterie voran, vorsichtig, das Gelände geschickt zur Deckung nützend. Die österreichisch-ungarischen MG-Schützen, allesamt in vielen Schlachten erprobte Männer, lassen sie geduldig näher kommen, warten, bis sie in Schussdistanz sind, um dann ein umso wirksameres Feuer eröffnen zu können. Der Geschosshagel zwingt die Italiener rasch zu Boden, ihr Angriff kommt zum Stehen.
Von den angekündigten Reserven, vor allem von der Division, die aus Refrontolo zur Verstärkung hätte eintreffen sollen, gibt

In Erwartung des Feindes: österreichischer Beobachtungsposten östlich des Piave.

es allerdings keine Spur. Oberst Czulik und seine Männer bleiben auf sich allein gestellt. Gefahr droht vor allem von der Artillerie des Feindes, die bei klarem Herbstwetter von ihrer Luftaufklärung beste Informationen über die Stellungen der Österreicher bekommt und in aller Ruhe die Ziele anvisieren kann – die österreichischen Abwehrbatterien erzielen nur mehr wenig Gegenwirkung. Ununterbrochen kreisen italienische Flugzeuge über den Linien der Österreicher, greifen immer wieder selbst im Tiefflug mit Maschinengewehrfeuer an – die Luftüberlegenheit der Alliierten ist zu einem tödlichen Albtraum geworden.

Zur gleichen Zeit beim Heeresgruppenkommando in Udine: Oberst Karl Schneller, seit 12. Jänner 1918 Generalstabschef des XIV. Korps, des so genannten „Edelweißkorps", bekommt Befehl sich für eine sofortige Abreise bereitzuhalten – Schneller ist aufgrund seiner guten Italienischkenntnisse als Mitglied der Waffenstillstandskommission vorgesehen, nicht zufällig, denn er ist *der* Fachmann in der Armee Österreich-Ungarns für den feindlichen Nachbarn im Süden: Vor seiner Versetzung an die Front hat Oberst Schneller im AOK die Abteilung „Italien" geleitet. Er soll nun, so deutet man ihm an, hauptsächlich für das *Generalstabstechnische der Sache* zuständig sein. Schneller will sich dieser Aufgabe gerne annehmen, ist allerdings eifersüchtig auf ein weiteres Mitglied dieser Kommission, das ebenfalls in Udine auf den Einsatzbefehl gewartet hat: auf den Oberleutnant Viktor Freiherr von Seiller, vor dem Kriege Militärattaché in Rom und seit dem 7. Mai 1918 Generalstabschef der Kaiserjägerdivision beim XIV. Korps. Verärgert ist Schneller vor allem über die Art, wie sich Seiller beim Heeresgruppenkommando wichtig zu machen versteht und ihn selbst in den Hintergrund drängt.

Chef der Waffenstillstandskommission ist General der Infanterie Viktor Weber Edler von Webenau, der ehemalige Kommandant des IV. Korps der 11. Armee, ein erfahrener Truppenführer, aber kein Diplomat. Neben Oberstleutnant Franz von Nyékhegyi vom Honvédinfanterieregiment Nr. 9 und dem Hauptmann Camillo Ruggera sind vom AOK noch zwei Angehörige der k. u. k. Marine als Kommissionsmitglieder nominiert worden: Korvettenkapitän Johann Prinz von und zu Liechtenstein und Fregattenkapitän Georg von Zwierowski, der bereits an den Friedensverhandlungen mit Russland in Brest-Litowsk teilgenommen hat.

Während die Truppen Caviglias bei Sernaglia losstürmen, greift in weiten Teilen Slawoniens die Anarchie immer weiter um sich. Das Schloss des Barons Guttmann ist von einer Bande von Deserteuren geplündert und in Brand gesteckt worden; das gleiche Verhängnis ereilte auch das Schloss des Grafen Pejacsevich. In der Stadt Našice, während der Nacht Schauplatz blutiger Gewalttaten, wüten noch immer Brände.

Zur gleichen Zeit in Lemberg, der Hauptstadt Ostgaliziens. Unter dem feierlichen Absingen nationaljüdischer Lieder geht der Kongress des zionistischen Parteirats Galiziens zu Ende. Die Abschlussrede hält der Ehrenvorsitzende der Parteitagung, der bekannte Talmudist und Rabbiner Gedaljah Schmelkes (1857–1928) aus Przemyśl. Mit eindringlichen Worten fasst er die gehaltenen Referate zusammen, die sich mit der Haltung der galizischen Juden zur Palästinafrage sowie mit der aktuellen politischen Lage und ihren Konsequenzen für die jüdische Bevölkerung auseinander setzten. Viele der Zuhörer können ihre Tränen nicht verbergen, als der ehrwürdige Gelehrte mit dem inbrünstigen Wunsch schließt, dass von heute an Friede und Glück über dem jüdischen Volke herrschen möchten. Und niemand im Saal kann ahnen, dass nur wenige Wochen später, am 21. November 1918, ein blutiges Pogrom mit 72 Toten der jüdischen Gemeinde über Lemberg hereinbrechen wird, begangen bzw. organisiert von polnischen Truppen, die sich an der jüdischen Bevölkerung für die Zusammenarbeit mit dem ukrainischen Nationalrat rächen wollen …

200 Delegierte nehmen an dem Parteikongress teil, der am Vortag um 10 Uhr vormittags begonnen und seinen Höhepunkt in der Wahl eines neuen Präsidiums gefunden hat; als Vertreter der Zionisten Österreichs ist aus Wien Staatsbahnrat Dipl.-Ing. Robert Stricker angereist, er überbringt die Grüße der Wiener und österreichischen Freunde. Der engagierte Herausgeber zionistischer Journale hat sich nicht zuletzt als Begründer des Jüdischen Kriegsarchivs, das die Verdienste jüdischer Armeeangehöriger dokumentieren soll, einen Namen gemacht. Stricker, 1879 in Brünn geboren und bereits als Student ein begeisterter Anhänger Theodor Herzls, ist die Schlüsselfigur des Zionismus in Österreich, seine Entsendung nach Lemberg wurde auf der zionistischen „Reichskonferenz" im Wiener Konzerthaus am 14. Oktober beschlossen. In der damals gefassten Resolution hatte man im Hinblick auf eine kommende *gerechte Weltordnung* ausdrücklich die Anwendung der 14-Punkte-Regel Wilsons auch für die jüdische Nation gefordert: „Die zionistische Reichskonferenz nimmt für das 14 Millionenvolk der Juden, das eine untrennbar nationale Einheit bildet, das volle Selbstbestimmungsrecht in Anspruch. Sie fordert die Errichtung einer nationalen Heimstätte in Palästina. Sie fordert die volle nationale und bürgerliche Gleichberechtigung für die Juden in allen ihren Wohnländern. Die Reichskonferenz verlangt, dass das jüdische Volk gleich allen anderen Nationen zum Friedenskongress zwecks Vertretung seiner Rechte zugelassen werde."

Robert Stricker wird sich nach seiner Rückkehr aus Lemberg erfolgreich für die Sache der Juden einsetzen können: Am 4. November konstituiert sich im Wiener Ingenieur- und Architektenverein der „Jüdische Nationalrat für Deutschösterreich", das Präsidium bilden neben Stricker die Herren Adolf Böhm, Dr. Isidor Margulics, Dr. Bruno Pollak von Parnau und Dr. Sokal. Am 4. März 1919 gelingt es ihm trotz der allgegenwärtigen antisemitische Hetze überraschend, mit seiner jüdischnationalen Liste in das Parlament der jungen Republik gewählt zu werden; in den 30er-Jahren wird er Mitbegründer des *World Jewish Congress.* Nach dem „Anschluss" schlägt er alle sich bietenden Möglichkeiten zur Flucht aus – 1943 wird er nach Theresienstadt deportiert und im Oktober 1944 zusammen mit seiner Frau in Auschwitz-Birkenau ermordet werden …

Der Hass, der den Lemberger Juden von Seiten der Polen im November 1918 entgegenschlagen wird, hat seinen Grund in der engen Zusammenarbeit der ostgalizischen Zionisten mit dem ukrainischen Nationalrat. Bereits in seiner ersten konstituierenden Versammlung am 19. Oktober spricht dieser die Anerkennung der jüdischen Nation aus; in der Folge ergeht an die zionistische Parteileitung sogar das Angebot, Vertreter der jüdischen Nationalität in die neu zu schaffende Regierung des ukrainischen Staates zu entsenden. Der Vollzugsausschuss des ukrainischen Nationalrats, der am 28. Oktober in Lemberg tagt, fasst folgende wichtige Beschlüsse:

Der ukrainische Nationalrat wird die Verwaltung der ukrainischen Gebiete in Ostgalizien übernehmen.

Der ukrainische Nationalrat wird einen Meinungs- und Gedankenaustausch mit anderen Nationalräten aufnehmen, vor allem auch in der Frage der Waffenniederlegung.

Der ukrainische Nationalrat wird selbstständig Friedensverhandlungen führen.

Die Konstituierung des ukrainischen Nationalrats in Ostgalizien soll sowohl vom ukrainischen Staat als auch von allen anderen Staaten anerkannt werden.

Hinter den Kulissen planen die ukrainischen Nationalisten

bereits den großen Coup: Sie wollen den polnischen Aktivisten zuvorkommen, Lemberg, das mehrheitlich von Polen bewohnt wird, im Handstreich aus der österreichischen Verwaltung lösen und für die Ukraine gewinnen. Der überraschende Schlag, der am 1. November in Szene geht, gelingt auch – zugleich der Auftakt für einen blutigen Krieg zwischen Polen und Ukrainern, der die blühende jüdische Gemeinde Lembergs mit grauenvoller Härte treffen wird …

14 UHR 15 Max Graf Coudenhove, k. k. Statthalter in Prag, der verlängerte Arm Kaiser Karls in der böhmischen Hauptstadt, trifft am Wiener Franz-Josefs-Bahnhof ein. Noch am Bahnhof wird er von Wiener Kontaktleuten seines Vizepräsidenten Kosina über die Ereignisse in Prag informiert; inzwischen verbreiten sich auch in Wien Gerüchte über das revolutionäre Geschehen in der tschechischen Kapitale. Als bekannt wird, dass die Züge nur mehr bis zur Grenze fahren, dass sich Post, Telefon und Telegraf in den Händen des Prager Nationalausschusses befinden, wird man sich des Ernsts der Lage langsam bewusst. Tusar wird inzwischen bereits von Journalisten und Politikern belagert und mit Fragen zur Lage in Prag bestürmt. Sowohl Coudenhove als auch Tusar erhalten eine Vorladung in den Ministerrat im Modenapalais in der Herrengasse – die Minister des Kaisers wollen sich mit der Anhörung der beiden ein genaueres Bild von den Ereignissen in Prag machen.

14 UHR 20 Osijek. Die Meuterer vom dalmatinischen Schützenregiment Nr. 23 haben nun auch das Zentrum Slawoniens in Aufruhr versetzt. Die Einheiten der Garnison, die Ersatzbataillone des Infanterieregiments Nr. 78 und des Honvédinfanterieregiments Nr. 28, beschließen es ihnen gleichzutun und verweigern ebenfalls den Gehorsam; vergeblich versuchen die Offiziere ihre Mannschaften zu beruhigen, auch die Bitten von Mitgliedern des Stadtausschusses des *Narodno vijece* erreichen nichts mehr – die Soldaten verlassen bewaffnet die Stadt. Zurück bleibt als einzige loyale Truppe das ungarisch-deutsche Assistenzbataillon des Infanterieregiments Nr. 26. Bald wird es gegen die Plünderer aus der Zivilbevölkerung und aufständische Bauern auf verlorenem Posten stehen …

Noch wehrt sich da und dort die alte Ordnung erfolgreich: In Nova Kapela und Batrina westlich von Brod an der Save nimmt das ungarisch-slowakische Assistenzbataillon vom Infanterieregiment 65 den Kampf gegen die aus Požega und Orahovica eintreffenden Meuterer auf und macht kurzen Prozess: Ankommende Züge mit Deserteuren werden mit der Waffe in der Hand empfangen, jeder Widerstand mit Gewalt gebrochen, es gibt Tote und Verwundete.

Gekämpft wird auch im bosnisch-herzegowinisch-mazedonischen Grenzgebiet. Der Ort Prijepolje, in dem sich „Banden" verschanzt haben, wird von Truppen der Heeresgruppe Kövess angegriffen und nach mehrstündigem Kampf erobert. Die gegnerischen Kämpfer hatten zu einer besonderen Kriegslist gegriffen: Sie hatten k. u. k. Monturen getragen und in dieser Verkleidung die Bewohner von Prijepolje überrumpeln können.

Zur gleichen Zeit in Wien, Schloss Schönbrunn: Antun von Mihalovich, Banus von Kroatien-Slawonien, nach mühsamer Bahnreise aus Agram angekommen, ist bei König Karl zur Audienz gemeldet. Bevor der Monarch ihn empfängt, hat der Banus noch Gelegenheit mit Generalstabschef Baron Arz von Straußenburg zu sprechen. Arz bittet Mihalovich, günstig auf die kroatischen Soldaten einzuwirken und sie vor allem zum Bleiben an der Front zu bewegen. Ansonsten bestehe, so Arz, die Gefahr eines tiefen italienischen Einbruchs, der den Feind bis Karlovac führen könnte – eine Drohung, die auf den Banus nicht ohne Eindruck bleibt.

Das Gespräch mit dem König nimmt dann einen etwas seltsamen Verlauf: Der Banus bittet um Instruktionen – darf er einzelne Teile der Verwaltung bereits dem Nationalrat in Agram übergeben? Da es keine ungarische Regierung mehr gebe, könne er eigentlich nicht anders handeln. In seiner Antwort weiß sich Karl noch der alten Ordnung der Doppelmonarchie verpflichtet: Aufgrund seines Krönungseides als ungarischer König könne er einem solchen Schritt nicht zustimmen. Im Hinblick auf die unsichere Lage im Land und das Fehlen verlässlicher Truppen könne er nur auf eine Weisheit der alten Römer verweisen: *Ultra posse nemo tenetur* … Niemand ist verpflichtet mehr zu leisten, als er kann …

14 UHR 30 Baden, Armeeoberkommando. Der aktuelle Lagebericht vom Heeresgruppenkommando Boroević trifft ein. Ohne zu beschönigen fasst der Feldmarschall die dramatische Entwicklung der ersten Tageshälfte zusammen: „6. Armeekorps meldet 1 Uhr 20 nachmittags: Es mehren sich die Fälle, dass zur Front dirigierte Truppen den Gehorsam verweigern, erklären nicht mehr zu kämpfen und nach rückwärts marschieren. Es gelingt bloß in einzelnen Fällen und vorübergehend, Ordnung zu schaffen. Zum Erzwingen des Gehorsams mit Waffengewalt fehlen die hiezu geeigneten Truppen. Taktische Kalküls und Entschlussfassungen sind wertlos, da auch auf die bisher vollkommen guten Truppen kein Verlass ist.
Die Situation der 6. Armee hat sich daher zufolge Versagens der Truppen wesentlich verändert. 6. Armee ist sich der Wichtigkeit des Ausharrens im anvertrauten Kampfraum voll bewusst, doch halte ich es für meine Pflicht, rückhaltlos zu melden, dass derzeitige Lage für Teile der Armee verhängnisvoll werden kann, wenn Feind noch beträchtlich Raum gewinnt. Soeben wird bekannt, dass XVI. Korps Rückzug über Monticanofluss befohlen hat, wodurch linker Flügel des XXIV. Korps, das bisher

seine Stellungen restlos behauptet, sehr gefährdet wird. Auf dem westlichen Flügel hat sich die Lage durch Einbruch des Feindes in Valdobbiadene und auf Monte Perlo verschlechtert. Ich bin gezwungen, Räumung der ersten Kampfzone zu befehlen."

Das böse Wort vom „Versagen der Truppen" ist etwa auf die Bosniaken vom Infanterieregiment Nr. 3 (31. Infanteriedivision) gemünzt, die am Monte Perlo die Kameraden des Honvédinfanterieregiments Nr. 17 (20. Honvédinfanteriedivision) im Stich lassen und kaum Widerstand leisten. So gelingt es den französischen Angreifern, begünstigt durch das schluchtenreiche, gebirgige Gelände, die pflichtbewusst in ihren Stellungen verbleibenden 17-er abzuschneiden und gefangen zu nehmen. Noch intakte Teile der 20. Honvédinfanteriedivision suchen ihr Heil im Rückzug auf den Ort Segusino; die Reste der abgekämpften 31. Infanteriedivision gehen auf die Höhen nördlich von Valdobbiadene und auf San Stefano zurück. Nach wie vor feuert die Artillerie der Alliierten aus allen Rohren, vor allem schwere Kaliber aus weit tragenden Geschützen, während die zurückweichenden k. u. k. Mörserbatterien auf den aufgeweichten Straßen im Schlamm versinken. Da es zu wenige Bespannungen gibt, um die schweren Geschütze aus dem Dreck zu ziehen, müssen sie schließlich zurückgelassen werden und fallen dem vorrückenden Feind in die Hände.

14 UHR 35

Prag, Militärkommando am Kleinseitner Ring. Ein Befehl gellt durch das Gebäude: *Antreten!* Im zweiten Stock waltet ein Inspektionsoffizier seines Amtes. Plötzlich wird es laut: Der Oberstleutnant Jarolímek, ein Tscheche, beklagt sich über seine schwer in Mitleidenschaft gezogene Kappe: „Schön beginnen wir die Freiheit, sehr schön. Ich gehe ruhig und die reißen mir die Kappe herunter und zerreißen die Bluse, das ist eine Freiheit!" Generalstabsoberst Viktor Stusche, *ein imponierender, kluger Mann und ausgezeichneter Chef des Stabes,* der von den Tschechen am meisten gehasste Offizier des Hauses, erregt sich über zwei Soldaten, die die Ehrenbezeugung nicht geleistet haben, und will sie zum Arrest verurteilen. Dem Dienst habenden Offizier im Justizreferat des Militärkommandos werden einige Soldaten vorgeführt, die man auf der Straße wegen der fehlenden Kappenrose, von den Tschechen abschätzig „Karlchen" genannt, angehalten hat.

Im Hof des Gebäudes treffen die ersten Bereitschaftstruppen ein, Stusche, in den Aufzeichnungen von Sokolführer Dr. Scheiner später als *böser Geist* bezeichnet, hat inzwischen Befehl erlassen, dass der Gebäudekomplex des Militärkommandos nicht mehr verlassen werden darf; auch das Essen muss in den Diensträumen eingenommen werden. Viktor Stusche, einer der wenigen Männer im Prager Militärkommando, die an diesem Tag Energie zeigen, ist 1871 in Wien geboren und hat die klassischen Stationen einer k. u. k. Offizierskarriere absolviert: Militärakademie Wiener Neustadt, dann Kriegsschule in Wien; 1914 geht er als 2. Stabsoffizier mit dem IX. Korps in den Feldzug gegen Serbien, ist dann kurze Zeit in Galizien, wo er an Paratyphus erkrankt und schließlich für den Truppendienst untauglich erklärt wird. In der Dienstverwendung am Militärkommando kann Stusche seine Vorzüge dennoch hervorragend zur Geltung bringen: Ein *seltenes Organisationstalent, persönlich unermüdlich, unverdrossen, von beispielgebender Pflichttreue* wird ihm von seinem unmittelbaren Vorgesetzten, dem Militärkommandanten Feldmarschallleutnant Paul Kestřanek, bescheinigt. Der Kommandant weiß auch, was er in Stusche hat: Die Dienstgeschäfte werden mehr oder weniger von diesem erledigt. Stusche hält die Fäden in der Hand.

Der „böse Geist" in Aktion: Generalstabsoberst Viktor Stusche lässt Plakate zur Verhängung des Standrechts in Prag vorbereiten.

K. u. k. Militärkommandant in Prag als zuständiger Kommandant der k. k. Landwehr.

Kundmachung!

Kundgemacht wird auf Grund des § 434 M. St. P. O gem. der mir vom k. k. Minister für Landesverteidigung nach § 435 3. Absatz und § 436 M. St. P. O. erteilten Ermächtigung

das Standrecht

ür die auf Grund der Vdg. des Ges. Min. vom 25. Juli 1914, R. G. Bl. Nr. 164 der Landwehr-Strafgerichtsbarkeit unterworfenen, mir strafrechtlich unterstellten und im Bereiche

der Stadt Prag sowie der Gerichtsbezirke Karolinenthal, Smichow, Kgl. Weinberge, Nusle, Wrschowitz und Žižkow

befindlichen Zivilpersonen wegen Verbrechens der Verleitung und Hilfeleistung zur Verletzung eidlicher Militärdienstverpflichtung (§§ 314, 316 und 317 M. St. G.), insoferne das Verbrechen, zu dem verleitet oder Hilfe geleistet wird, im ordentlichen oder standrechtlichen Verfahren mit dem Tode bedroht ist.

Jedermann wird gewarnt, dieses Verbrechen zu begehen.

Wer sich nach erfolgter Kundmachung des Standrechtes dieses Verbrechens schuldig macht, wird standrechtlich gerichtet und

mit dem Tode durch Erschiessen

bestraft werden.

PRAG, am 28. Oktober 1918.

Der k. u. k. Militärkommandant:

KESTŘANEK, G. d. I.

Faksimile vyhlášky o stanném právu s datem 28. října 1918, kterou m
(Kartáčový otisk má rozměr asi 53×41

Prag ist in Aufruhr. Die Stadt vibriert, überbordende patriotische Begeisterung treibt die Menschen durch die Straßen. Der 35-jährige Jurist Dr. Franz Kafka, Mitarbeiter der „Arbeiter-Unfall-Versicherungsanstalt für das Königreich Böhmen" mit dem Amtstitel „Vizesekretär", wird über das Geschehen erst aus den Berichten seiner Freunde erfahren. Der junge Mann, der sich auch als Literat versucht und mit ersten erstaunlichen Arbeiten die Aufmerksamkeit einiger weniger Kenner auf sich gezogen hat, ist an der Spanischen Grippe erkrankt. Seit dem 14. Oktober hat er deshalb auf dringenden Rat des Arztes hin dem Büro in der Versicherungsanstalt fernbleiben müssen, das Fieber steigt in der Folge bis auf 42 Grad, zur Grippe gesellt sich eine heimtückische Lungenentzündung, es besteht Lebensgefahr. Aufnahme gefunden hat Kafka, nachdem er zuvor monatelang bei seiner Schwester Ottla in Zürau in Nordwestböhmen gelebt hat, im Haus seiner Eltern; seine Mutter, die zunächst einmal den ganzen Tag lang weint, pflegt ihn aufopferungsvoll. Um es dem kranken Franz möglichst behaglich zu machen, haben ihm die besorgten Eltern sogar ihr früheres Schlafzimmer überlassen, wo er *vollkommene Ruhe* hat. Im abgedunkelten Krankenzimmer ist der Lärm der Straße nur schwach zu vernehmen; bei guter Gesundheit hätten die Ereignisse des Tages in Kafka sicherlich einen interessierten Beobachter gefunden – tauchte er doch immer wieder bei Wahlveranstaltungen der tschechischen Sozialdemokraten von František Soukup und der Nationaldemokraten von Karel Kramář auf, Kontakte hat er auch zum pazifistisch-antiklerikalen „Klub mladych" und zur „Tschechischen Anarchistischen Bewegung", in der seiner alter Schulfreund Rudolf Illowy tätig ist. Kafka ist mit den Forderungen, den Wünschen und Visionen der Tschechen sehr gut vertraut und sympathisiert mit ihnen.

Während Kafka fiebernd und von dröhnendem Kopfschmerz geplagt den Freiheitsrausch seiner tschechischen Freunde versäumt, wird in der Buchhaltung des Kurt Wolff Verlags in Leipzig die Honorarabrechnung für sein erstes Buch *Betrachtung*, erschienen 1912, getippt. Für das Geschäftsjahr 1917/18, das vom 1. Juli 1917 bis zum 30. Juni 1918 verläuft, weist der Verlag den Absatz von 69 honorarpflichtigen Exemplaren aus; bei einem Verkaufspreis des Büchleins von 2 Mark 50 und einem Entgelt von 15 % vom Ladenpreis ergibt sich so ein Honorar von 25 Mark und 88 Pfennig, die dem Konto Kafkas gutgeschrieben werden. Verleger Kurt Wolff achtet auf eine korrekte Geschäftsbeziehung mit seinem Autor, dessen Dichtungen er außerordentlich liebt, selbst wenn sich, wie im Falle der Erzählung *In der Strafkolonie*, „meine Liebe auch mit einem gewissen Grauen und Entsetzen über die schreckhafte Intensität des furchtbaren Stoffes mischt". Genau diesen irritierenden Text über einen Henker und seine Hinrichtungsmaschine, die ihm im Manuskript bereits vorliegt, möchte er in bibliophiler Ausstattung herausbringen – dazu braucht er allerdings noch die Zustimmung Kafkas, die dieser nach seiner Genesung jedoch gerne erteilen wird …

14 UHR 45

Prag, Altstädter Ring. Kein beliebiger Ort in der *Goldenen Stadt*, sondern ein Ort der nationalen Erinnerung. Ein Ort, an dem immer wieder, auch in diesen schweren Zeiten des Krieges, Blumen niedergelegt werden, zum Gedenken an ein Geschehen, das zum Fanal wurde für die Herrschaft Habsburgs über Böhmen: Auf einem Gerüst vor dem Rathaus starben hier am 21. Juni 1621 siebenundzwanzig böhmische Herren als „Hochverräter" durch die Hand des Henkers. Ein vom frommen Kaiser Ferdinand II. genehmigtes Blutbad, das den Auftakt bildete für die gnadenlose „Neuordnung" Böhmens nach allen Regeln des absolutistischen Staats: für das Brechen ständischer Macht, für Enteignungen des Adels und Bestrafungen der Städte, für die Vertreibung lutherischer Prediger und ihrer Gläubigen.

Vor dem Rathaus, hier, wo einst der Henker vor den Augen des Stadtkommandanten Albrecht von Wallenstein seine furchtbare Arbeit tat, hat sich eine gewaltige Menschenmenge versammelt, man hat gehört, dass ein Mitglied des Nationalausschusses vom Balkon des Gebäudes sprechen soll, erwartungsvoll sind die Augen dorthin gerichtet. Doch plötzlich kommt Unruhe auf, helle Trompetensignale ertönen – Soldaten kommen! Im Marschschritt, mit aufgepflanztem Bajonett, rückt von der Niklasgasse ein Bataillon heran, besetzt den Platz. Auge in Auge steht man sich nun gegenüber, immer heftiger drängen die aufgebrachten Massen gegen die Soldaten, einige Funktionäre und Reserveoffiziere versuchen verzweifelt zu beruhigen. Schon werden weiter rückwärts Rufe laut, die zum Sturm auf das Militär auffordern, nur mit Mühe kann sich die erste Reihe gegen die ungestüm nachdrängenden Hitzköpfe in ihrem Rücken stemmen.

Angespannte Hektik auch im Rathaus. František Soukup hat den Stadtkommandanten, Feldmarschallleutnant Zanantoni, am Telefon. Ein Blutvergießen, so droht er dem General, sei unvermeidlich, wenn er nicht sofort den Befehl zum Rückzug der Truppen gebe; die Verantwortung dafür müsse er übernehmen. Eduard Zanantoni, ein erfahrener Frontgeneral, der im Osten die 29. Infanterie-Division kommandiert hat, zögert, will sich zuerst ein besseres Bild von der Lage auf den Straßen machen. Er möchte den Kommandanten der Assistenzeinheit sprechen. Soukup schickt daraufhin ein Mitglied des Nationalausschusses hinunter auf den Platz. Der Mann passiert mit Mühe die Doppelreihe der Soldaten und erreicht an der Mariensäule den kommandierenden Offizier, einen Major. General Zanantoni bitte den Herrn Major ans Telefon – dessen knappe Antwort ist wenig ermutigend: Er habe Assistenz auf diesem Platz zu leisten und nichts sonst, man solle sich nicht in eine Amtshandlung einmischen. Als der Bote darauf verweist, dass er Mitglied des

Nationalausschusses sei, wird der Major zugänglicher, verlangt aber nach einer Legitimation. Der Bote zeigt geistesgegenwärtig den Mitgliedsausweis eines tschechischen Sportklubs vor – das genügt schließlich. Beide Männer drängen sich durch die Menge zum Eingang des Rathauses.

Am Telefon gibt der Major dem Stadtkommandanten einen knappen Lagebericht durch: Der Altstädter Ring sei zwar von den Truppen besetzt, in den angrenzenden Gassen würden sich aber derart viele Menschen aufhalten, dass sich die eingesetzten Kräfte im Falle eines gewaltsamen Zusammenstoßes als zu schwach erweisen könnten. Für Zanantoni ist dies ein ausreichendes Argument für den Rückzug: Er befiehlt, den Platz freizugeben. Als der Major schon auflegen will, greift Soukup noch einmal nach dem Hörer, fordert den Rückzugsbefehl auch für die Truppen am Wenzelsplatz, was Zanantoni, der in seiner Überraschung kein Gegenargument findet, ebenfalls gewähren muss.

Am Platz vor dem Rathaus erteilt der Major seine Befehle zum Abmarsch, die Menge reagiert darauf mit Spott und höhnischem Kommentar. Der Offizier sieht sich in seiner Ehre gekränkt, stürzt noch einmal in das Rathaus und droht, sofort den Schießbefehl zu geben, wenn dieses Verhöhnen seiner Soldaten nicht aufhöre. Jetzt sind die Mitglieder des Nationalausschusses gefordert – sie eilen auf den Platz, fordern zu Ruhe und Vernunft auf. Der Major und sein Bataillon können sich unbehelligt durch die Niklasgasse zurückziehen; der Altstädter Ring wird in Sekundenschnelle neuerlich von den Menschenmassen in Besitz genommen. Am Balkon des Rathauses erscheint nun tatsächlich František Soukup und heizt die Stimmung weiter an, erinnert an die grausamen Staatsmorde von anno 1621: „Unten ist die Tafel

„Umsturz“ in der Goldenen Stadt: Menschenmassen haben den Wenzelsplatz in Besitz genommen – für die Straßenbahn gibt es kein Durchkommen mehr.

JOS. PROCHAZKA

mit den Namen der Märtyrer, die für uns vor dreihundert Jahren verblutet sind! Heute wird die Gruft des Volkes geöffnet und aus ihr aufersteht das ganze tschechische Volk mit Tränen in den Augen und mit erregten Herzen!" Die Menschen auf dem Platz sind im kollektiven Freudentaumel, *Sláva!* und *Nazdar!* rufen sie und „Es lebe Wilson! Es lebe Masaryk! Es lebe die Tschechoslowakische Republik!" Und wieder wird die Hymne angestimmt: *Kde domov muj … Die Stimmung der Bevölkerung glich der Stimmung eines Gefangenen, dem eine Revolution die Kerkertore zertrümmert, der sie plötzlich weit offen sieht und frei seinen Kerker verlassen kann, oder eines Vogels im Käfig, der bemerkt, wie die Türe des Käfigs sich öffnet und die warme Maienluft, Licht und der Gesang der in Freiheit befindlichen Genossen hereindringt und ihn lockt, hinauszufliegen in die freie Welt …*

Zu einer kritischen Situation kommt es am Nachmittag in der Josephskaserne, die gegenüber dem Gemeindehaus, dem Hauptquartier des Nationalausschusses, liegt. Als hier die Nachricht eintrifft, dass auf dem Kasernenhof ein Bataillon gefechtsbereit zum Abmarsch bereitstehe, schickt man die Abgeordneten Leo Winter und Jan Srámek hinüber in das Militärgebäude, um einen Einsatz dieser Soldaten auf den Straßen zu verhindern. Auch hier erklärt der Kommandant der Truppe zunächst kurz und bündig, dass er vom Nationalausschuss keine Befehle entgegennehme, sondern nur von seinem Vorgesetzten. Winter und Srámek lassen sich jedoch nicht so leicht abfertigen, insistieren hartnäckig auf ein Verschieben des Einsatzes, man werde beim Militärkommando intervenieren. Indem sie auf die persönliche Verantwortung des Offiziers im Falle eines Blutbades verweisen, gelingt es Winter und Srámek, diesen zum Zuwarten zu bewegen. Wieder soll telefoniert werden, der Kommandant besteht darauf, dass das Telefon in der Kaserne benützt werde.

Man begibt sich hinauf in den ersten Stock, wo sich die Kanzleien des Stationskommandos befinden, und hat Glück: Ein Hauptmann Baron Braun hat eben Feldmarschallleutnant Zanantoni am Hörer und übergibt sichtlich erleichtert den Hörer an Leo Winter – der General hat seine Ruhe vom Vormittag längst verloren, hat erkannt, dass es um den Machtwechsel geht und er geschickt aus dem Spiel genommen werden sollte. Winter pocht dennoch auf das Abkommen vom Vormittag: „Wir stehen hier in der Kaserne, Sie haben Befehl gegeben, die Stadt zu besetzen, das steht im Widerspruch zu unserer Vereinbarung in der Früh!" – „Sie haben mich betrogen!", kommt die gereizte Antwort Zanantonis, „Sie haben mir im Namen des Nationalausschusses zugesagt, dass dieser, ohne mich vorher zu informieren, nichts Wichtigeres unternehmen würde – und nun muss ich erst von der Straße erfahren, dass Sie die Republik proklamiert haben!" – „Der Nationalausschuss hat noch nichts unternommen!", korrigiert Winter. „Er ist erst jetzt zu einer Sitzung zusammengetreten. Aber dass die Straße nicht ruhig bleibt zu Andrássys Telegramm an Wilson ist doch selbstverständlich." Zanantoni verliert die Nerven: „Der Trottel, der blöde, der hat eigentlich das Reich verraten!", lässt er seiner Wut freien Lauf – und bietet damit dem geschickten Unterhändler Winter gleich wieder ein neues handfestes Argument: Warum müsse dieses verratene Reich dann ausgerechnet auf den Straßen Prags verteidigt werden? Das sei doch ein sinnloses Unterfangen! Diesen Hinweis auf die Sinnlosigkeit von Gewaltanwendung gegen die Zivilbevölkerung kann auch der General nicht mehr vom Tisch wischen, allein, zahlreiche Truppen sind inzwischen schon auf den Straßen, sollen Ausschreitungen und Plünderungen verhindern. Winter und Srámek müssen sich damit abfinden, verlangen allerdings, dass die Aufrechterhaltung der Ordnung das einzige Ziel dieser Einheiten sein müsse und den jeweiligen Kommandanten Vertrauensleute des Nationalausschusses beigegeben werden.

Obwohl er erkennt, dass er damit seinen Handlungsspielraum selbst weiter einengt, muss Zanantoni wieder nachgeben, verfangen in dem Netz aus Argumenten, das Leo Winter so raffiniert auslegt. Entscheidend ist, dass sich der tschechische Abgeordnete immer wieder auf das politische Umfeld berufen kann: das kaiserliche Manifest und Andrássys Botschaft an Wilson. Der General muss sich einer Situation beugen, zu der Kaiser Karl und sein Außenminister die Voraussetzungen geschaffen haben.

Nicht nur Militär hat man in Prag zusammengezogen, um drohenden Umsturzbewegungen entgegenzutreten. Auch 700 Gendarmen, vor allem Deutsche und Ungarn, die aus den Reserveformationen der Feldgendarmerie in die „Goldene Stadt" zur Assistenzleistung abkommandiert worden sind, stehen zum Eingreifen bereit. Gendarmeriegeneral Václav Řezáč, ihr tschechischer Kommandeur, wird später betonen, dass diese Einheiten *vollkommen verlässlich* gewesen seien und auf Befehl bereit einzuschreiten. Allein – der Befehl wird von ihm nicht erteilt, selbst auf die dringende Bitte seines Adjutanten, Rittmeister Jandls, hin nicht. In der Wohnung des Generals kommt es deshalb am Nachmittag zur Auseinandersetzung. Jandl schildert die Ereignisse in den Straßen, fordert erregt Taten von seinem Chef: „Ich darf darauf aufmerksam machen, Herr General, dass das Volk hochverräterisch vorgeht. Es ist notwendig, sofort einzuschreiten. Die Behörden tun nichts, und deshalb müssen wir einschreiten. Deshalb sind wir doch hier!" Řezáč bleibt seltsam lethargisch, schiebt die Verantwortung von sich: „Das ist Sache der Behörden!" Jandl lässt nicht locker: „Greifen Sie aus eigener Initiative ein!" – der General lehnt ab, seine Order verurteilt die Truppe zur Tatenlosigkeit: „Ich befehle, dass die Mannschaft ohne dringende Notwendigkeit nicht auf die Straße geht, sich von Zusammenstößen mit dem Publikum fernhält. Wer mich zu sprechen wünscht, der solle dies telefonisch tun!"

Rittmeister Jandl, mehr als befremdet und enttäuscht über dieses Verhalten Řezáčs, bleibt nichts anderes übrig, als die

Wohnung seines Chefs zu verlassen – er ahnt nicht, dass Řezáč bereits von Sokolführer Dr. Scheiner „bearbeitet" worden ist und für den Fall des Umsturzes diese der tschechischen Sache hilfreiche Passivität zugesagt hat. Die Gendarmerie wird an diesem Tag auf jegliche Machtdemonstration verzichten …

15 UHR

Piavefront bei Sernaglia. Die Bataillone des 84. Infanterieregiments behaupten noch eisern ihre Stellungen, als plötzlich die Nachricht eintrifft, dass bei der nördlich anschließenden 31. Honvédinfanteriedivision, in der vor allem Soldaten aus Budapest kämpfen, die Italiener durchgestoßen sind und Valdobbiadene erobert haben; ihre Angriffsspitzen sollen sich bereits dem Ort San Pietro nähern. Damit wird auch die Lage für die 25. Infanteriedivision kritisch – man beschließt, bei Einbruch der Dunkelheit auf die zweite Kampfstellung zurückzugehen; die 84er erhalten den Auftrag, diese Rückzugsbewegung zu decken, bis die Höhe nördlich der Straße Posmone–Canale von den eigenen Truppen besetzt ist, und dann in der Dunkelheit das Gefecht, beginnend beim rechten Flügel, abzubrechen. Dem halben Bataillon des Infanterieregiments 44, das den Tag über wie geplant in Reserve gestanden hat, wird von Oberst Czulik die Höhe von San Viglio als neue Position zugewiesen – eine Veränderung der Stellung, die nicht einfach ist: Die italienische Artillerie schießt, zielsicher geleitet von ihren Beobachtern in den Fesselballonen, Nerven zerrüttendes heftiges Sperrfeuer auf die Rückzugsrouten und auf die Ortschaften Canale und Fontane, vor allem aber auch auf Kote 190, eine wichtige Straßengabelung. Eine mörderische Feuerwalze aus explodierenden Geschossen jeden Kalibers legt sich über die

Übungen für die „Behandlung von Kriegsbeschädigungen":
Ausgangsstellung – Weiter Kreuztritt – Weite Grätschstellung.
Aus: „Kriegsmechanotherapie" von Gunnar Frostell (Wien 1917)

Landschaft, es existiert nur mehr das Heulen und Krachen, das Knattern und Pfeifen der schweren Granaten. Angesichts der Überlegenheit von Caviglias Armee an Material und Menschen kann von einem Gegenangriff der k. u. k. Truppen bei Sernaglia keine Rede mehr sein – der Brückenkopf wächst unaufhaltsam weiter.

Nun werden auch die bisher so energisch verteidigten Stellungen der Hoch- und Deutschmeister Nr. 4 am Piaveufer endgültig unhaltbar: Telefonisch trifft die Verständigung ein, dass das Regiment von Norden umgangen sei und es sich daher auf die Höhe 448, einen Kilometer südlich der prekären Straßengabelung Kote 190, zurückziehen solle – ein Befehl, der beim Regiment auf Entsetzen und Ablehnung stößt: *Am helllichten Tag angesichts des Feindes im schweren Artilleriefeuer im übersichtlichen Terrain den Rückzug antreten zu müssen, heißt an die Disziplin der Truppe große Anforderung stellen.*

Dennoch wird dem Befehl Folge geleistet. Die Männer werden angewiesen einzeln zurückzugehen und sich wieder auf Höhe 448 zu sammeln – ein Vertrauensbeweis an die Mannschaft, da die Situation auch durchaus zur Desertion genützt werden könnte.

Während die k. u. k. Regimenter in der Feuerhölle am Piave letzten verzweifelten Widerstand leisten, in ihren Reihen Angst, Schmerz, Wahnsinn und Tod allgegenwärtig sind, genießen die Gäste des vor kurzem eröffneten Café Herrenhof in der Wiener Herrengasse die Atmosphäre des Hauses. Stimmengewirr erfüllt den weiten, von einem gelben Glasdach überwölbten Raum, der verführerische Geruch von Kaffee, von Zigaretten und Zigarren hängt in der Luft. So wie das Café Central gegenüber ist auch das Herrenhof *ein rechtes Asyl für Menschen, die die Zeit totschlagen müssen, um von ihr nicht totgeschlagen zu werden,* wie Alfred Polgar später treffend formulieren wird. Das Sterben passiert zwar weit weg, dennoch ist der Krieg heute auch hier ein Thema

– vor allem in der geräumigen Loge, in der die Mitarbeiter des Kriegspressequartiers zusammensitzen. Sie, die bestens informiert sind und deren *persönliche Qualität* es ist, *eine blutige Welt schönzufärben* (Karl Kraus), erzählen sich all das, was die Zeitungen nicht drucken dürfen: dass die Soldaten an der Front bereits in Scharen meutern, der Zusammenbruch unvermeidlich ist. Egon Erwin Kisch, Franz Werfel und Franz Blei sind hier und auch zwei Frauen: Milena Polak, die aus Prag stammende 22-jährige Frau des Journalisten und Bankangestellten Ernst Polak, und – Gina Kranz, die Geliebte des schwerreichen Unternehmers und Bankiers Dr. Josef Kranz. Die Liaison der 25-jährigen dunkelhaarigen Schönheit, die 1915 ihren Mann Josef „Pepi" Zirner an der Ostfront verloren hat, mit dem um 31 Jahre älteren Krösus ist ein stadtbekannter Skandal. Kranz hat die junge Frau in sein Palais in der Liechtensteinstraße aufgenommen und sogar als „Tochter" adoptiert, er unterstützt sie in ihren literarisch-künstlerischen Ambitionen, so bei der Herausgabe der Zeitschrift *Summa.* Zum Herrenhof-Stammtisch mit den Autoren vom Kriegspressequartier hat sie ihr großer Mentor Franz Blei gebracht, für ihre *gelegentlichen verliebten Stunden* treffen sich die beiden in der Wohnung Bleis; Kranz hat auch nichts dagegen, dass sich Gina für ihre redaktionelle Arbeit an der *Summa* eigene Räumlichkeiten in der Nähe seines Palais mietet und ungeniert ein eigentümliches Doppelleben führt.

Ginas Erscheinen heute hat in der Tischrunde Neugier ausgelöst, hat man sie doch seit Tagen vermisst, wusste nur, dass sie krank ist. Bleich, noch sichtlich mitgenommen, erzählt sie die Geschichte ihres Kampfes mit der Spanischen Grippe: Ausgerechnet an ihrem Geburtstag, dem 21. Oktober, genau vor einer Woche, habe sie die ersten Anzeichen gespürt, die Temperatur sei rasch auf 39 Grad geklettert, bald habe sie auch Schmerzen im Rücken und in der Brust verspürt, die gefürchteten Symptome der Seuche. Professor Pinedes, der Hausarzt der Familie Kranz, sei auswärts auf einem medizinischen Kongress und nicht erreichbar gewesen. Kranz habe angeboten seinen Masseur zu schicken, er selbst entschuldigte sich mit einer wichtigen Konferenz. Was tun? – Kranzens Chauffeur Klose, der für sie „schwärmen" würde, habe schließlich die rettende Idee gehabt: „Das Beste gegen die Grippe ist frische Luft und Alkohol." Auf der Weinliste Kranzens, im Kriege sehr geschrumpft, hätten sie noch neun Flaschen Chateau Lafitte entdeckt, den *Augapfel* des Hausherren – genau die richtige Medizin!

Chauffeur Klose habe die neun Flaschen in einem Korb an ihr Bett gebracht und zwei Flaschen entkorkt; noch am gleichen Tag habe sie mehr als eine Bouteille verkostet, am nächsten Tag mehr als zwei Flaschen. Drei Tage hätte sie so im Bett verbracht, nichts gegessen, nur den kostbaren Chateau Lafitte geschluckt und diesen ab und zu auf der Toilette wieder erbrochen. Außer Klose, der zweimal am Tag bei ihr aufgetaucht sei, habe sie niemand besucht, Kranz selbst sei erst am Abend des vierten Tages gekommen, direkt aus dem Kriegsministerium, wo man ihm berichtet habe, dass Bulgarien kapituliere, die Soldaten in Italien und an der Westfront in Frankreich bereits die Waffen niederlegen würden – das bedeute das Ende des Krieges. Betrunken, erschöpft, habe sie mit heftigem Weinen auf diese Nachricht reagiert. *Das einzige, was ich im Sinn hatte, war, dass Pepi in diesem Krieg gefallen war.*

Am fünften Tag sei sie wieder gesund gewesen – zwar *mit einem fürchterlichen Katzenjammer nach der dreitägigen Rotweindiät*, aber immerhin fieberfrei. Und nun sei sie ins Herrenhof gekommen, um ihre Freunde wieder einmal zu sehen. Einer von ihnen fehlt heute – Robert Musil. Der 38-jährige Landsturmhauptmann, dessen blitzgescheite, brillant formulierte Essays für die Zeitschrift *Heimat* von den Kollegen bewundert werden, ist heute nicht an seinem Arbeitsplatz im Kriegspressequartier erschienen. Soweit man erfahren konnte, hat sich Musil für die ganze Woche krank gemeldet, nach einer fiebrigen Erkältung soll es ihm aber schon wieder besser gehen – das tödliche Virus der Spanischen Grippe hat ihn offenbar verschont.

Nur einige hundert Meter weiter, im k. u. k. Ministerium des Äußeren am Ballhausplatz, hat sich Außenminister Graf Andrássy entschlossen, der offiziellen Note vom Vortag an US-Präsident Wilson noch ein sehr persönlich gehaltenes Telegramm an Außenminister Robert Lansing folgen zu lassen. Noch einmal zieht der Außenminister alle Register, hebt insbesondere die Verdienste des Kaisers für den Frieden hervor:
„Sofort nach Übernahme der Leitung des Ministeriums des Äußeren habe ich eine offizielle Antwort auf Ihre Note vom 18. Oktober abgesendet, aus welcher Sie entnehmen werden, dass wir in allen Punkten die Grundsätze annehmen, welche der Präsident der Vereinigten Staaten in seinen verschiedenen Erklärungen aufgestellt hat.
In voller Übereinstimmung mit den Bestrebungen Herrn Wilsons zur Sicherung vor künftigen Kriegen und zur Schaffung einer Völkerfamilie, haben wir bereits Vorbereitungen getroffen, damit die Völker Österreichs und Ungarns ihre künftige Gestaltung nach eigenem Wunsche gänzlich unbehindert bestimmen und vollziehen können.
Seit dem Regierungsantritte des Kaisers und Königs Karl war es sein unentwegtes Bestreben, das Ende des Krieges herbeizuführen. Mehr als je ist das heute der Wunsch des Herrschers und aller Völker Österreichs und Ungarns, die von der Überzeugung durchdrungen sind, dass ihr künftiges Schicksal nur in einer friedlichen Welt, frei von Erschütterungen, Prüfungen, Entbehrungen und Bitternissen des Krieges gestaltet werden könne.
Ich wende mich deshalb direkt an Sie, Herr Staatssekretär, mit der Bitte, bei dem Herrn Präsidenten der Vereinigten Staaten dahin wirken zu wollen, dass im Interesse der Humanität sowie

im Interesse aller Völker, die in Österreich und Ungarn leben, der sofortige Waffenstillstand an allen Fronten Österreich-Ungarns herbeigeführt werde und die Einleitung von Friedensverhandlungen erfolge.
Wien, am 28. Oktober 1918"

Die Karte, auf die Andrássy hier noch setzt, sollte nicht mehr stechen. Robert Lansing, eine Autorität in internationalen Rechtsfragen und seit 1915 Chef im *State Department*, ist zu diesem Zeitpunkt vor allem damit beschäftigt, seinen Präsidenten von dem für viele US-Bürger schockierenden Gedanken abzubringen, nach Europa zu den Friedensverhandlungen zu reisen – noch nie zuvor hatte ein amerikanischer Präsident in seiner Amtszeit das Land verlassen. Und er ist als Berater Wilsons in außenpolitischen Angelegenheiten nicht ungeteilt die Nummer eins: Noch immer hört der Präsident gerne auf seinen alten Kampfgefährten von der Wahl 1912, den 60-jährigen Texaner und Europa-Kenner „Colonel" Edward M. House, der mit einem ganzen Stab von Mitarbeitern am 17. Oktober von New York nach Paris abreist, um die USA im Obersten Kriegsrat der Alliierten zu vertreten. Seine Partner hier: die Regierungschefs Georges Clemenceau, Lloyd George und Vittorio Orlando. Nicht zuletzt hat sich auch die Lage der Vereinigten Staaten im Vergleich zu 1916/17 verändert: Woodrow Wilson, der von Andrássy so inständig als großer, gleichsam „neutraler" Schiedsrichter angefleht wird, hat nun auch die Interessen eines Landes zu vertreten, dessen Männer in den Schützengräben in Frankreich liegen, dessen Schiffe von deutschen U-Booten bedroht werden und dessen Volk daher die „Bestrafung" der Mittelmächte verlangt. Was Österreich-Ungarn betrifft, so hat er, beraten von seinen Experten, zu diesem Zeitpunkt bereits eine feste Meinung – die Donaumonarchie wird die Niederlage im Krieg nicht überleben. In der Staatengemeinschaft des Nachkriegs, der *Liga der Nationen,* in der dem großen Wunschtraum Wilsons zufolge *dauernder Friede* herrschen soll, die als *Organisation der sittlichen Kraft im Menschen* ihre Wirkung über die ganze Welt erstrecken soll, ist für den „Völkerkerker" Habsburgs und die *Feinde der Freiheit,* Absolutismus und Militarismus, kein Platz mehr vorgesehen.

Aus dieser Überzeugung hat die US-Regierung seit dem Sommer 1918 auch keinen Hehl gemacht: Nach einem Treffen zwischen Wilson und Tomáš G. Masaryk, dem Haupt der tschechischen Emigration, am 19. Juni 1918 gibt das *State Department* am 28. Juni eine Erklärung heraus, in der mit deutlichen Worten das Ende der Herrschaft Österreich-Ungarns über die slawischen Völker gefordert wird. Bestärkt wird der Präsident in dieser Auffassung vor allem durch den aus Böhmen stammenden jüdischen Kongressabgeordneten und Zionisten Adolph Joachim Sabath, Mitglied des *House Foreign Affairs Committee,* der nachdrücklich davon abrät, mit Österreich-Ungarn einen Separatfrieden zu schließen. Sabath, der 1881 als 15-Jähriger nach Chicago gekommen ist und hier Karriere als Jurist und demokratischer Politiker machen konnte, forciert bereits am 5. Mai 1917 erfolgreich eine Erklärung des Kongresses, in der es heißt, *that Bohemia shall be free and independent and shall resume her place in the family of sovereign nations.* Er ist es auch, der im Mai 1918 den triumphalen Empfang Masaryks in den USA organisiert – nicht weniger als 27 Kongressabgeordnete kann er zur Begrüßung des kommenden tschechischen Präsidenten aufbieten.

Anfang September 1918 ist es Robert Lansing, der zustimmt, dass die Tschechoslowakei in der Rolle eines Krieg führenden alliierten Staates anerkannt wird. Dem geschickten Lobbying der Tschechen und ihrer Sympathisanten gelingt es so, die Amerikaner ganz auf ihre Seite zu ziehen; auf das „Völkermanifest" Kaiser Karls, den letzten verzweifelten Versuch Österreich-Ungarns, der Politik des tschechischen Exils den Wind aus den Segeln zu

nehmen, antwortet Masaryk am 18. Oktober mit der sorgfältig inszenierten „Unabhängigkeitserklärung" der Tschechoslowakei in Washington D. C., die bewusst die Amerikaner an ihre eigene glorreiche Unabhängigkeitserklärung erinnern soll. Gleichzeitig übermittelt Außenminister Lansing eine Note an die österreichisch-ungarische Regierung, in der er auf die Anerkennung des Kriegszustandes zwischen den „Tschecho-Slowaken und dem deutschen und österreichisch-ungarischen Kaiserreich" durch die USA verweist und eindeutig die von Kaiser Karl im „Völkermanifest" angebotene Autonomie der Nationalitäten als nicht ausreichend qualifiziert wird; der Schlüsselsatz dazu lautet: „Der Präsident ist daher nicht länger in der Lage, eine bloße ‚Autonomie' dieser Völker als Friedensbasis anzunehmen, sondern ist genötigt darauf zu bestehen, dass sie selbst und nicht er darüber Richter seien, welche Aktion der österreichisch-ungarischen Regierung ihren Aspirationen und ihrer Vorstellung von ihren Rechten und ihrer Bestimmung als Mitglieder der Gesellschaft der Nationen genügen wird."
Im Prinzip ist damit bereits am 18. von Lansing alles gesagt worden: Wilson und seine Mitarbeiter haben die feste Absicht, die Donaumonarchie ans Messer ihrer Nationalitäten zu liefern. Kaiser Karl und seine Minister wollen es nicht wahrhaben, kämpfen weiter, versuchen es mit der Note vom 27. und dem Telegramm vom 28. Oktober noch einmal, vergeblich, die Würfel sind endgültig gegen sie gefallen …

Inzwischen hat auch der Vollzugsausschuss der Provisorischen Nationalversammlung Deutschösterreichs seine Beratungen wieder aufgenommen. Erster Tagesordnungspunkt am Nachmittag: der mit Spannung erwartete Bericht der beiden Präsidenten Dinghofer und Seitz über ihre Besprechung, die sie am Sonntag mit Außenminister Andrássy hatten. Den beiden Herren gelingt es, ihren Anteil am Zustandekommen des umstrittenen Papiers als wenig bedeutungsvoll darzustellen. Da allgemein die Meinung geäußert wird, dass der Minister in seiner Note nicht für Deutschösterreich habe sprechen können, wird beschlossen eine eigene, von der Provisorischen Nationalversammlung zu billigende Note an Wilson zu senden. Weiters beschließt man einen „Beauftragten für auswärtige Angelegenheiten" zu bestellen, der den Vollzugsausschuss in allen auswärtigen Angelegenheiten, insbesondere aber bei der k. u. k. Regierung zu vertreten habe und Vorschläge über die Errichtung eines Auswärtigen Amtes für Deutschösterreich unterbreiten solle.

Um dem Hunger im Lande Herr zu werden, beschließt man mit den Vertretern der anderen Nationen für alle gemeinsamen Ernährungsangelegenheiten ein „gemeinsames Ernährungsdirektorium" zu bilden. Ferner einigt man sich auf folgende Anträge an die Provisorische Nationalversammlung:

„1. Die Zensur ist als dem Grundrechte der Staatsbürger widersprechend als rechtsungültig aufgehoben.

2. Eine Einstellung von Druckschriften findet nicht mehr statt; bisher verfügte Einstellungen sind aufgehoben; die volle Freiheit der Presse ist hergestellt.

3. Die Ausnahmsverfügungen, betreffend das Vereins- und Versammlungsrecht, sind aufgehoben; die volle Vereins- und Versammlungsfreiheit ist wieder hergestellt, sie gilt für alle Staatsbürger ohne Unterschied des Geschlechts."

Der Knalleffekt am Nachmittag: Renner hat das Organisationsstatut bereits fertig!

Die entscheidenden Weichen sind gestellt: Von nun an wird Karl Renner ein gerader Weg zur Kanzlerschaft führen; an seiner Seite wird Jodok Fink als Vizekanzler bleiben.

Und die sudetendeutschen Gebiete?

Niemand in der Runde der Abgeordneten zweifelt daran, dass man damit auch die Zukunft der sudetendeutschen Gebiete mitbestimmt hat, sitzen doch deren Vertreter wie der Znaimer

Konservenfabrikant Oskar Teufel mit im Landhaussaal. Die Vorgangsweise steht fest: Noch im November 1918 wird sich eine *Provinz Sudetenland* formieren, die konstituierenden Urkunden werden nach Wien gesandt. Der Kreis Südmähren mit dem Hauptort Znaim beschließt dem Land Niederösterreich beizutreten, der *Böhmerwald-Gau* hat die Absicht sich dem Land Oberösterreich anzuschließen.

Die ausdrückliche Forderung der Provisorischen Nationalversammlung nach Eingliederung der Sudetengebiete in die Republik Deutschösterreich wird durch den Friedensvertrag von St. Germain verhindert werden. Was den Abgeordneten am 28. Oktober noch *undenkbar und unerträglich* gewesen war, sollte Wirklichkeit werden – Karl Renner wird darauf mit dem originellen Vorschlag reagieren, diese *Länderkonfiguration*, die nie als „Österreich" bezeichnet worden ist, mit „Die Ostalpenlande" zu benennen, und nimmt diese Bezeichnung auch gleich in die neue Staatshymne auf. Dass es schließlich doch bei dem Staatsnamen „Österreich" bleibt, ist ein Verdienst der Christlichsozialen Partei, die, noch ganz der monarchischen Tradition verhaftet, den „alten" Namen nicht missen will. 1938 wird Renner dann erklären, warum er mit dieser Entscheidung gar nicht glücklich gewesen sei: *Für mich hatte er immer den Beigeschmack, einen Herabkömmling zu bezeichnen: Dessen große Vergangenheit steht immer im schreienden Widerspruch zur armseligen Gegenwart und führt immer zu lächerlicher Großtuerei. Selbst der sonst so bedächtige Seipel ist dieser Gefahr nicht immer ausgewichen …*

15 UHR 10

Pola, k. u. k. Flottenkommando. Der Verbindungsoffizier des Armeeoberkommandos beim Flottenkommando sendet über den Hughes-Apparat seine persönliche Einschätzung der Lage nach Baden – ein dramatischer Appell, der vom Armeeoberkommando sofort an Franz von Keil, den Admiral *zur Allerhöchsten Disposition,* weitergegeben wird:

„1) Marine: Gestern avisierte Belehrung der Mannschaft bei Ungarn ohne Erfolg. Jedes Schiff Vertrauensmänner bestimmt, haben heute nachmittags Sitzung. Nach Nachrichten 14 Punkte (!) bereits formuliert, darunter unbedingtes Weggehen am 1. November, gemeinsame Verpflegung mit Offizieren, Verteilung der Monturen und Verpflegsvorräte usw. Vertrauensmänner des Schiffs „Prinz Eugen“ erklärten dem Schiffsarzt, zu dem sie besonderes Vertrauen haben, dass ganze Aktion bereits seit 3 Monaten in Vorbereitung, dass sie einer unbekannten Einflusssphäre (die sie nicht nennen wollen) ehrenwörtlich verpflichtet sind, am 1. November unbedingt Schiffe zu verlassen und in ihre Heimat abzugehen. Auch bei der ganzen Armee im Felde soll dieser Tag angeblich als Stichtag bestimmt worden sein. Matrosendeputation behauptet, dass ungarische Regimenter Front verlassen werden. Auf einigen Schiffen eine Art passive Resistenz bereits ausgebrochen. Gesamtdetailoffizier vom ‚Viribus unitis‘ hat sich heute erschossen.

Mein Eindruck ist folgender: Springender Punkt der Unruhen der Ungarn ist das Verhältnis Kroatiens zu ihrem Staat und die Aufforderung des Grafen Károlyi an alle Ungarn, in ihre Heimat zurückzukehren. Ungarn sagen: Behalten wir Kroatien, so müssen wir nach Hause gehen, um unsere Heimat gegen ähnliche Angriffe wie in Fiume zu schützen; und bald müssen wir weggehen, sonst lassen uns die hiesigen Kroaten nicht mehr gehen. Behalten wir Kroatien nicht, so haben wir keine Küste und keine Häfen und brauchen keine Marine. Auf jeden Fall müssen wir daher weggehen. Kroatische Stimmung wechselt. Wird man gesamtes südslawisches Reich garantieren, so würden sie bleiben, da ja dann nach ihrer Meinung Marine ohnehin zum südslawischen Staate kommt. Vorläufig wollen beide weggehen. Deutsche sind ruhig, andere Nationalitäten unausgesprochen. Der 1. November ist daher unbedingt der wichtigste Stichtag. Jetzt verlangt jede Nationalität Hersendung eines Abgeordneten, für

Ungarn müsste dies unbedingt ein Abgeordneter der Károlyi-Partei sein (!). Alle diese Abgeordneten müssten spätestens am 31. zu den Leuten reden. Was sie reden und was sie jedem versprechen können, muss natürlich vorher festgelegt sein. Ungarische Vertrauensmänner verlangen unbedingt bis spätestens 1. November ein sichtbares Zeichen der beginnenden Demobilisierung (Entlassung des ältesten Jahrganges und dgl.) oder konkrete Friedensverhandlungen und dgl. Nach meiner Meinung ist ausschlaggebend für das Verhalten der Leute am 1. die Aufklärung, die ihnen die Abgeordneten hier in Pola geben werden. Sie haben zu ihren Offizieren und allen ihren Versicherungen kein Vertrauen. Wenn daher bis zum 1. nichts Einschneidendes im angedeuteten Sinne geschieht, bin ich überzeugt, dass das Gros der Bemannungen die Schiffe verlässt. Ein Zurückhalten mit Waffengewalt auf den Schiffen selbst kann von 30 Offizieren gegen 1.000 Mann nicht erfolgen. Gesamtzahl der Matrosen zirka 15.000, der Festungs-Besatzungs-Infanterie 1.500 Gewehre.
2) Festungsbesatzung: Matrosen behaupten, dass Festungsbesatzung mit ihnen hält. Kommandant der Infanterie und Artilleriebrigadier beteuern nach ihren Eindrücken und soweit nach menschlichem Ermessen möglich, dass Besatzung unbedingt verlässlich. Zu schwach ist sie auf jeden Fall.
Resümierend melde ich nochmals: Geschieht bis zum 1. nichts, so gibt es eine unabsehbare Katastrophe und Pola ist den Bolschewiki ausgeliefert. Endlich frage ich: Was geschieht mit den Schiffen, wenn die Mannschaft sie verlässt?"
Arz von Straußenburg möchte sich dieses Szenarium lieber nicht vorstellen und bittet in seinem Begleitbrief an den Admiral *dringendst, alles aufzubieten, um die Abgeordneten zeitgerecht nach Pola zu bringen …*

Ein Held der Lüfte: Hauptmann Alfred Eccher ab Echo, Kommandant der Fliegertruppe bei der 10. Armee. Lithographie von Karl Sterrer.

HAUPTMANN
ELDPILOT
ECCHER
NDANT DER
FLIEGER

Die vom Verbindungsoffizier des AOK angesprochenen Sitzungen auf den Schiffen finden unterdessen statt; der Matrosenrat der VIRIBUS UNITIS wählt Marinestabsarzt Dr. Richard Jug, einen Slowenen, zum Schiffskommandanten, da man zu Linienschiffkapitän Janko Vukovic de Podkapelski, dem ebenfalls slowenischen Kommandanten, kein Vertrauen mehr hat. Die Sympathien bei der Mannschaft hat sich Vukovic durch eine ungeschickte Aktion verscherzt: eine gemeinsame Rundreise mit Graf Tisza, dem ungarischen Ministerpräsidenten, die ohne konkretes politisches Ergebnis für die südslawischen Nationalitäten blieb.
Als endgültigen Termin für das Verlassen der VIRIBUS UNITIS legt der Matrosenrat den 1. November fest – für einen Teil der Mannschaft ist das einen Tag zu spät: Zwei italienische Marineoffiziere bringen am 1. um fünf Uhr früh eine Zeitzünder-Mine am Schiff an, die um 6 Uhr 20 explodiert; um 6 Uhr 34 kentert die VIRIBUS UNITIS, wenig später sinkt sie, mit ihr Schiffskommandant Vukovic und 400 Mann der Besatzung …

15 UHR 30 Motta di Livenza, am Zusammenfluss von Monticano und Livenza gelegen. Ein Geschwader dreimotoriger italienischer Caproni-Bomberflugzeuge greift das Flugfeld und den Bahnhof von Motta sowie die Straßenverbindung Motta–Gorgo, insbesondere die Lorenzaga-Brücken, an. Eine Jagdstaffel der k. u. k. Luftfahrtgruppe kann die Capronis vertreiben, ihre Bombenlast haben sie jedoch zum Großteil bereits abgeworfen: Drei Tote und einige Verletzte unter den italienischen Kriegsgefangenen sind zu beklagen.

15 UHR 45 Trient, Palais Verdi. Im ersten Stock des Gebäudes bricht hektisches Treiben los: Soeben ist vom AOK in Baden der Befehl zur Aufnahme von Waffenstillstandsverhandlungen eingetroffen. Ein Separatfrieden ist die allerletzte

Hoffnung: General Weber und seine Kommission werden aufgefordert, sich zu Verhandlungen ins italienische Hauptquartier in Abano Terme zu begeben.

16 UHR

Heeresgruppenkommando Udine. Feldmarschall Boroević schickt einen nächsten Hilferuf an das Armeeoberkommando in Baden:
„Der Fortbestand der Allerhöchsten Dynastie, die Ehre der Monarchie und das Werden der neuen Gebilde, welche das Allerhöchste Manifest ankündigte, sind ausschließlich davon abhängig, dass die lawinenartig anwachsende Krisis bei den Armeen aufgehalten und beseitigt werde.
Mit Berufung auf meine seit langer Zeit erstatteten Berichte, welche diese Krisis ansagten, ist es meine Meinung, dass es höchste Zeit ist, mit den bisherigen Mittelchen zu brechen und eine flammende Kundgebung jener Faktoren der Gesetzgebung hervorzurufen, deren bisheriges Vorgehen die Krisis heraufbeschwor.
Es müssen also die Vertreter der neuen Gebilde auf die Gefahr der Anarchie hingewiesen und veranlasst werden, sofort mit allen Mitteln die durch ihre Reden verführten Soldaten davor zu bewahren, dass durch ihren Ungehorsam Anarchie eintrete, welche dem Gegner alle Tore der Monarchie öffnen, diese zur Wehrlosigkeit und zum Elend verurteilen und die erträumten neuen Gebilde hinwegschwemmen würde.
Ich halte die Vertröstungen auf Waffenstillstand in der nächsten Woche für kein geeignetes Mittel mehr und melde, dass es allerhöchste Zeit ist, die wirksamsten Mittel zu ergreifen."

16 UHR 35

Baden, Armeeoberkommando. Eine ausführliche Meldung des Heeresgruppenkommandos Tirol über neue Gehorsamsverweigerungen, erstmals auch bei Elitetruppen wie der Edelweiß-Division (3. Infanteriedivision) und den Salzburger „Rainern", die sich ein Jahr zuvor beim

Durchbruch von Flitsch-Tolmein noch besonders ausgezeichnet hatten, langt ein:
„Bezüglich Stimmung bei den im hiesigen Bereich befindlichen, zum Einsatz auf Hochfläche bestimmten Teilen der Edelweiß-Division wird gemeldet: Das I. Bataillon des Infanterie-Regiments 14 rollte am 27. nachmittags mit eineinhalbstündiger Verspätung, aber anstandslos vom Vorbahnhofe Trient ab. Am Hauptbahnhofe durch Lokomotivwechsel langer Aufenthalt. Ungarische, singend und johlend, heimwärts ziehende Transporte, durch Eisenbahner kolportierte Gerüchte usw. scheinen Stimmung plötzlich geändert zu haben. Teile der 3. Kompagnie verließen Waggons und erklärten, nicht mehr an die Front zu wollen. Hiebei waren anscheinend Heimkehrer und Tschechen die Führenden. Bataillonskommandant wollte Demonstranten zurücklassen und mit Gros des Bataillons Fahrt fortsetzen; doch waren alle Waggons einzeln abgekuppelt, vermutlich mit Hilfe der Eisenbahner. Hierauf wurde Bataillon auswaggoniert und ruhig in Madruzzo-Kaserne geführt. Persönliche Einvernahme der Offiziere und einzelner Leute durch den Divisionär ließ Annahme berechtigt erscheinen, dass Missstimmung hauptsächlich Folge der von den ungarischen Truppen erzwungenen Konzessionen, jedoch sich nur auf einen Teil der Mannschaft beschränke. Früh aufklärende Ansprache des Divisionärs an das Bataillon. In Hoch auf Seine Majestät stimmten kaum 100 Mann ein. Zug rollte heute 8 Uhr 30 anstandslos ab. Stimmung der Leute nicht günstig, keine Begeisterung, keine Kampfesfreudigkeit; für Haltung dieses Bataillons am Weitertransport, Marsch und in Stellung kann derzeit nicht garantiert werden.
I. Bataillon des Infanterie-Regiments 59 wollte heute zur anbefohlenen Stunde nicht aufstehen. Nachts beim Infanterie-Regiment 59 erschienene Agitatoren des Infanterie-Regiments 14 scheinen daran schuld zu sein. Einwirkung der Offiziere und Ansprache des Regimentskommandanten beruhigten die Mann-

schaft. 10 Uhr 15 vormittags anstandslos einwaggoniert. Stimmung gedrückt und wenig vertrauenerweckend.
Dem X. Armeekorps wurde 11 Uhr 30 bekannt, dass bereits einwaggonierte Mannschaft des Bataillons die Waggons verlassen und Abtransport verweigert hat.
Beim II. Bataillon, welches heute 5 Uhr nachmittags, und beim III. Bataillon des Infanterie-Regiments 59, das erst morgen abrollen soll, bisher kein Anstand.
Divisionskommando ist sicher, dass einzig und allein die den ungarischen Truppen gewährte Konzession die bisher unbedingt verlässlichen Regimenter angesteckt hat und auch andere Truppen verseuchen wird. Das XIII. Korpskommando wurde hievon verständigt. Sonst unverändert.
Das Armeekommando gewinnt aus bisherigem Verhalten der sonst als erstklassig und verlässlich bekannten Truppen den Eindruck, dass auf die Verlässlichkeit der unterstehenden Truppen insolange gerechnet werden kann, als für sie keine großen Veränderungen, wie länger andauernde, verlustreiche Kampfhandlungen, Verlegung an andere, als hart und schwer bekannte Fronten, eintreten. Inwieweit derartige Ereignisse auf Stimmung einwirken würden, lässt sich nicht voraussehen."

Café Central, Herrengasse 14. *Wie Diana, jungfräulich und kühl*, schreitet eine schlanke, hoch gewachsene Frau die Stufen des Säulensaals hinunter, *bewundernde Blicke* folgen ihr – Ea von Allesch, geborene Emma Aloisia Täubele, Tochter eines Drechslermeisters aus Ottakring, ist Stammgast im Café Central und hat hier im Sommer dieses Jahres einen 22-jährigen Industriellen aus dem niederösterreichischen Teesdorf kennen gelernt, der sich leidenschaftlich in sie verliebt hat: Seine Name ist Hermann Broch,

Von Hermann Broch für rekonvaleszente k. u. k. Soldaten zur Verfügung gestellt: Lazarettgebäude auf dem Fabriksareal in Teesdorf.

den Menschen der Kaffeehauswelt zwischen Central und Herrenhof nur allzu gut bekannt als aufstrebender, origineller Denker von philosophischer Tiefe. Am Vorabend der „Revolution" wird Broch, der im *Zerfall der Werte* das Grundübel der Zeit erkannt haben will, überraschend Wien verlassen. In einem offenen Brief an Franz Blei, abgedruckt unter dem Titel *Die Straße* im Dezemberheft 1918 der Zeitschrift *Die Rettung*, wird er ausführen, warum er in den Tages des „Umsturzes" aus der Großstadt „flüchten" musste: *Ich bin, wie die meisten Menschen, von Massenpsychosen sehr leicht beeinflußbar. Wenn 3.000 Menschen die Wacht am Rhein singen, würgt es mich ebenso gerührt und erschüttert im Hals, wie wenn sie die Marseillaise sängen. ... Ich bin vollkommen überzeugt, daß die Masse „schön" ist und ... eine ungeheure Erschütterung geben kann. Wenn es mich trotzdem vor Ekel schüttelt, wenn es mir trotzdem in einer nicht zu schildernden Weise graust, so geschieht das ... nicht von einer albernen Ästhetisiererei aus, der die Masse stinkt, noch aus einer vulgär-platten Skepsis, der eben alles ein Schwindel ist. Daß es ein Schwindel ist, ist wohl nicht abzuleugnen, aber ganz Nebensache. Es ist vollkommen Nebensache, daß dieselbe Masse heute imperialistisch und morgen gegenteilig begeistert ist. Ja selbst das halte ich für Schwindel, daß die imperialistische Begeisterung die echtere sei, und daß der Freiheitstaumel von jedem einzelnen als ein „Ersatz" für den nationalistischen gefühlt wird, der jetzt in Prag oder in Paris tanzen macht ...*

16 UHR 45 Statthalterei Prag. In einer Depesche an das Innenministerium in Wien rechtfertigt die oberste Verwaltungsbehörde ihr passives Verhalten: „Die Statthalterei steht auf dem Standpunkte, die Sicherheit der Person und des Eigentums unter allen Umständen und unter allen Bedingungen zu wahren, wird jedoch politischen Kundgebungen nicht entgegentreten" – der Freibrief für die demonstrierenden Massen in den Straßen. Nun hängt es nur mehr von der Geschicklichkeit

der tschechischen Führer ab, auf der freigegebenen Bühne auch ein entsprechendes Finale für diesen Tag zu inszenieren …
Rašín, Švehla, Soukup und Stříbrný haben inzwischen das Repräsentationshaus endgültig zum Hauptquartier des Umsturzes erhoben: Von hier aus treffen sie alle Dispositionen, von hier aus brechen Funktionäre und zahlreiche freiwillige Helfer in die Straßen der Stadt auf, um die neue Ordnung zu verkünden und durchzusetzen. Der Strom der Menschen, die helfen wollen, reißt nicht ab, es kommen ganze Betriebe, Vereine und Organisationen, die sich in den Dienst der Freiheit stellen wollen. Eine entscheidende Frage ist allerdings noch offen, beschäftigt die Männer im Nationalausschuss: Wie werden sich Kestřanek und Zanantoni weiter verhalten? Wird das Militärkommando diesen Kurs des Nachgebens auch weiter verfolgen oder wird es doch zum Gegenschlag ausholen?

Leopold Graf Berchtold hat inzwischen zu Hause *geluncht* und begibt sich nach einer erholsamen *Promenade* zu den Dietrichsteins, wo er *mit den Mädeln* des Hauses zu den Klängen eines Grammophons gemütlich beim Fünfuhrtee sitzen wird. Man hört die *Csárdásfürstin* und *La Traviata*, plaudert über die Ereignisse des Tages. Die größte Sorge der Damen gilt ihrem Schmuck – Berchtold, der Mann ihres Vertrauens, übernimmt die *Bijoux* und bringt sie ins Ministerium des Äußeren, von wo sie am nächsten Tag zusammen mit eigenen Wertsachen mit dem diplomatischen Kurierdienst nach Bern gehen sollen.
Anschließend hat Berchtold eine Unterredung mit Julius von Szilássy, dann trifft er seine guten Freunde, die Grafen Fritz Szápáry und Albin Mensdorff-Pouilly, beide Diplomaten sind *sehr gedrückt* über die Nachrichten aus Prag, Budapest und Agram – *überall Nationalräte anstelle unserer Regierungsorgane.* Die Aufregung über das *politische Debacle* wird Berchtold in der kommenden Nacht nicht zu Ruhe kommen lassen …

16 UHR 51 Reichshaupt- und Residenzstadt Wien. Die Sonne geht unter.

17 UHR Udine, Heeresgruppenkommando Boroević. Unter der Op. Geh. Nr. 2.052 trifft vom AOK die Nachricht ein, dass man sich nun doch zur Bitte um Waffenstillstand durchgerungen hat: „G. d. Inf. Weber geht heute zum Anbot Waffenstillstand von Trient ab.“ Das Heeresgruppenkommando reagiert sofort, erlässt den Räumungsbefehl für den Fall eines erzwungenen Rückzuges im Kontakt mit dem Gegner. Der prophetische Kommentar Generalmajor Pitreichs dazu: *Ob und wie uns diese „Räumung“ noch gelingt, ist nun die große Frage; auch dieses Mal noch muss man angesichts der Entsendung Webers wie so oft bei den Anordnungen des AOK ein „zu spät“ konstatieren; nun lässt der Feind von uns wohl nicht mehr locker und bis zu dem Zeitpunkt, zu welchem der Waffenstillstand perfekt wird, kann sich noch manches ereignen …*

Zur gleichen Zeit im Palais Modena in der Herrengasse. Der erste Ministerrat der Regierung Lammasch beginnt, das Protokoll führt Robert Ehrhart. Die Eröffnungsrede des Ministerpräsidenten wird immer wieder unterbrochen – neue Nachrichten von den Ereignissen in Prag treffen ein.
Man kommt zu Punkt III der Tagesordnung – die *Übergabe der Verwaltungsgeschäfte der Statthalterei in Prag an den tschechischen Nationalausschuss*: Der Minister des Innern, Ritter von Gayer, teilt den gegenwärtigen Kollegen mit, dass „seitens einiger Vertreter des tschechisch-nationalen Ausschusses von der Statthalterei in Prag die Übergabe der Amtsgeschäfte verlangt worden sei“. Es beginnt eine längere Diskussion, bei der sich fast alle Kabinettsmitglieder zu Wort melden; auch die beiden Gäste, Statthalter Max Graf Coudenhove, in den Augen Josef Redlichs *ein schöner und ruhiger Mann*, und Vlastimil Tusar, der Sprecher

der Tschechen in Wien, dürfen dann selbst zur Situation in Prag Stellung nehmen. Tusar kann dazu wenig Erhellendes beitragen, erklärt nur, dass er selbst von der Entwicklung überrascht worden sei. Graf Coudenhove will dagegen vor den Ministern Tatkraft zeigen und lässt seinen Stellvertreter Kosina ans Telefon holen. Ein klarer Befehl ergeht: Kosina habe dem *Národní výbor* mitzuteilen, dass er nicht befugt sei, die Amtsgewalt zu übergeben. Man müsse seine Rückkehr nach Prag abwarten. Auch Tusar versucht nun telefonisch einzugreifen – ihm gelingt es schließlich Sokolchef Dr. Scheiner zu erreichen. Noch einmal gibt er seiner Überraschung über die Vorfälle in Prag Ausdruck, dann kündigt er Scheiner gegenüber an, dass Statthalter Graf Coudenhove mit dem Nachtzug zurückkehren werde – für den Sokolführer eine wichtige und willkommene Information: Noch hat man also ausreichend Zeit, um die Gefangennahme des Statthalters bei seiner Ankunft am kommenden Morgen vorzubereiten. Und auf die Frage Tusars nach der aktuellen Lage an der Moldau die richtige Antwort zu geben, ist für den schlauen Scheiner nur Routine: „Es ist vollständig Ruhe in Prag. Sie können den Herren mitteilen: Es ist ganz ruhig!" …

Irgendwie hat man im Ministerrat die Tragweite der Ereignisse in der böhmischen Hauptstadt nicht richtig verstanden; der „Beschluss", der von Lammasch und seinen Männern gefasst wird, klingt sehr nach „Fortwursteln", schließlich vermerkt das Protokoll der Sitzung dazu: „Man gelangt zu dem Ergebnis, dass zwar im Prinzip der Übernahme der Verwaltungsgeschäfte durch den Nationalausschuss nicht entgegengetreten werden könne, dass aber einerseits die Legitimation gerade der hier in Betracht kommenden Persönlichkeiten zweifelhaft erscheine, weil sich die eigentlichen Führer in der Schweiz befänden, und dass andererseits die Frage geregelt werden müsse, wie sich die Verwaltung für den deutschen Teil Böhmens zu gestalten habe. Unter diesem Gesichtspunkte erscheine es zweckmäßig, die Angelegenheit ohne eine prinzipielle Ablehnung möglichst dilatorisch zu behandeln" – man glaubt also tatsächlich, dem Geschehen in Prag „verschleppend" gegenüberstehen zu können, hat keinen Begriff von der Dynamik und der Endgültigkeit, mit der in Prag der „Umsturz" erfolgt ist. Man gibt damit das Heft des Handelns widerstandslos aus der Hand, lässt auch das Prager Militärkommando im Stich. Während sich die k. u. k. Minister noch Fragen nach der Legitimität des Handelns stellen, haben die Männer um Rašín und Dr. Scheiner die Initiative längst an sich gerissen. Die Konsequenzen für die deutschen Gebiete Böhmens werden schwerwiegend sein …

Eine neue Hiobsbotschaft ändert wenig an der seltsamen Lethargie: Eisenbahnminister Freiherr von Banhans berichtet, dass soeben die Meldung eingetroffen sei, dass der Eisenbahnverkehr mit Böhmen und Mähren vollständig zum Erliegen gekommen sei. Die tschechischen Grenzbahnhöfe hätten einen Rundbefehl des Abgeordneten Zahradník erhalten, demzufolge keine Züge mehr abgefertigt werden dürften.
Die Sitzung muss beendet werden, als die Vertreter des Nationalausschusses der provisorischen Nationalversammlung eintreffen. Zwei merkwürdige Regierungen stehen sich gegenüber: eine, die einen Staat vertritt, der nur mehr in Teilen existiert, und eine, die einen Staat vertritt, der noch nicht existiert.
Am 30. Oktober wird Josef Redlich in seinem Tagebuch notieren: *Die Generalität löst den Staat mit derselben Dummheit und Feigheit auf, mit der sie Krieg geführt hat.*

Zur gleichen Zeit beginnen in den Prager Turnhallen Besprechungen der Sokolführer. Dr. Josef Scheiner, der Mann mit dem aufgezwirbelten Schnurrbart, hat wie immer alles perfekt organisiert. Bereits am Nachmittag hat die Druckerei der *Národní politika* Plakate gedruckt, auf denen seine Leute über diese

Zusammenkünfte informiert worden sind. Auch Delegierte der Arbeiterturnvereine und Vertreter der Studenten sind bei diesen Treffen willkommen, geht es doch um die Organisation eines Wachdienstes für die lebenswichtigen Objekte wie Bahnhöfe und Postämter. Man beschließt, im Altstädter Rathaus eine zentrale Befehlsstelle einzurichten. Von hier aus sollen die Befehle an die einzelnen Einheiten hinausgehen und Wachkommandos eingewiesen werden. Alles klappt wie am Schnürchen: Um 18 Uhr sind die ersten Sokolwachen auf den Straßen, die Menschen jubeln ihnen begeistert zu – die große Stunde des 1862 gegründeten Sportlerbunds ist gekommen.
Währenddessen erhält beim Heeresgruppenkommando in Udine Oberst Karl Schneller, Mitglied der Waffenstillstandskommission, einen zweiten Befehl zur Abreise: Noch heute soll er in Trient eintreffen, um die Waffenstillstandskommission zu verstärken. Inzwischen hat Schneller den Inhalt des Waffenstillstandsangebots Österreich-Ungarns erfahren und ist erschüttert: *Wir nehmen alle Bedingungen an und verlassen Deutschland treulos, wie es die Bulgaren taten. Das also ist das Ende.*

17 UHR 10

Trient, Palais Verdi. Neue Aufregung im Quartier der österreichisch-ungarischen Waffenstillstandskommission: In einer Depesche an General Weber schränkt das AOK die ursprüngliche Bereitschaft zur Annahme aller Bedingungen der Italiener um einen wichtigen Punkt ein: Eine eventuelle Forderung der Alliierten, Truppen durch österreichisch-ungarisches Gebiet transportieren zu können, müsse auf das Entschiedenste abgelehnt werden.
Merkwürdigerweise ist man sich noch immer nicht ganz im Klaren darüber, wie und wo denn die Kontaktaufnahme mit den Alliierten eigentlich erfolgen solle. Weber schlägt vor, eine Radiodepesche an das *Comando Supremo* in Abano Terme zu schicken – dies sei der schnellste und sicherste Weg mit dem Feind ins

2055

Evidenznummer: | Gattung: | **Telegramm** | Aufgabsland: Bozen | Gebühren

Vom Absender gewünschter Beförderungsweg: | Dienstliche Angaben | Bar | Marken | Kredit | Der Annahmebeamte

308 aok + Uhr M. Mit.

Raum zum Aufkleben

+ 10. ak ohne nummer 28/10 8 30 nm .+

(obst bayer sofort durch offz zustellen und antwort abwarten)

= auf op no 2052 geh = ich beabsichtige folgende mitteilung mit radio an die ital o h l abzusenden , um hiedurch jede weitere verzoegerung , welche bei einer unvorbereiteten ~~anmeldung~~ anmeldung eintreten mueszte , vom haus aus auszuschalten :

die oester ung regierung hat in der nacht zum 28. d . mts , die note des h praes wilson dahin beantwortet , dasz sie im sinne des entschlusses des h praes mit o u abgesondert ueber die frage des weffstlstdes und des frieden zu sprechen , bereit ist , ebenso wie den frueheren kundgebungen des h praes auch seiner in der letzten note enthaltenen auffaszung ueber die rechte der voelker oe - ung - speziell ueber jene der tschecho slovaken u jugoslaven - zuzustimmen . sonach nahm die oe . ung regierung saemtliche bedingungen an , von welchen der h praes den eintritt in verhandlungen ueber waffenstillstand u frieden abhaengig gemacht hat . nach ansicht der oe . ung regierung steht somit dem beginne dieser verhandlungen nichts mehr im wege . um weiteres unnuetzes blutvergieszen zu verhindern , hat das oest ung aok eine unter meiner leitung stehende kommiszion beauftragt , mit den delegierten der kgl ital o h l in verhandlungen zur herbeifuehrung eines sofortigen waffenstillstandes einzutreten .- absatz .-

ich beehre mich hievon mit dem beifuegen mitteilung zu machen , dasz ich mit der kommiszion am 29. oktober im laufe des nachmittags bei der ital . vorpostenlinie an der strasze im etschtal sdl marco eintreffen werde . als verhandlungsort gestatte ich mir ala zu beantragen . von weber g d i .++

+ zusatz fuer aok : ich bitte um sofortige entscheidung =

von weber g d i verh no 21 .+

Die Telegraphenverwaltung ... Verantwortung.

Name und Wohnung des Absenders:

Befördert an ... am ... 191 ... um ... Uhr ... Min. ... Mit. auf Leitung Nr. ...

Gespräch zu kommen. Das AOK ist jedoch dagegen: Eine Radiodepesche könnte von den eigenen Truppen abgehört werden und die ohnehin schon bescheidene Kampfmoral weiter schwächen, ja sogar zur Auflösung der Front führen, was eine Kapitulation zur Folge hätte. Weber müsse sich daher mit seiner Kommission sofort in den Frontbereich begeben und einen Parlamentär zu den vordersten italienischen Linien schicken – eine nicht ungefährliche Aufgabe, für die Hauptmann Camillo Ruggera vorgesehen ist.

Ein weiteres Problem, auf das General Weber verweist, ist das Fehlen von deutschen Offizieren bei der Waffenstillstandskommission. Abmachungen mit General Cramon zufolge müssen an den Verhandlungen zwischen Österreich-Ungarn und Italien auch deutsche Beobachter teilnehmen – von diesen fehle aber in Trient noch jede Spur, er bitte daher das AOK, bei der deutschen OHL auf die sofortige Absendung dieser Bevollmächtigten zu drängen. Oberst Schäffer von Bernstein und Hauptmann Heinz Guderian, die beiden von Hindenburg ermächtigten Beobachter, werden schließlich erst am 30. Oktober bei der Kommission eintreffen …

General Weber, der sich seit dem 6. Oktober in Trient befindet, hat sich inzwischen auf die Verhandlungen vorbereitet und in Form eines Briefes eine grundlegende Ansprache an die italienische Kommission verfasst. Darin weist Weber darauf hin, dass die Monarchie in ihrer alten Form nicht mehr existiere und nunmehr die einzelnen neu konstituierten Nationalräte im Rahmen des Staatsverbands über das Schicksal ihrer Völker entscheiden könnten – genau diese Umgestaltung entspreche dem 14-Punkte-Programm von US-Präsident Wilson, womit

General Weber schlägt in einem Telegramm an das Armeeoberkommando eine Radiodepesche zur Kontaktaufnahme mit der italienischen Heeresleitung vor.

einer Aufnahme von Waffenstillstandsverhandlungen nichts mehr im Wege stünde. Mit diesem Brief, von Oberleutnant Seiller ins Italienische übersetzt, und den von Arz von Straußenburg beglaubigten Vollmachten der einzelnen Kommissionsmitglieder wird Hauptmann Ruggera am 29. Oktober zu den italienischen Linien geschickt …

17 UHR 15 Piavefront, Brückenkopf der 10. Armee. Brigadegeneral Beauman von der 69. Brigade der 23. Division, der den Kontakt mit dem Feind verloren hat, bittet das Hauptquartier, das Artilleriefeuer, das seine Linien deckt, einzustellen. Eine starke Patrouille des 11. West Yorkshire Regiments wird in Richtung Soffrata vorgeschickt, eine zweite Aufklärungsabteilung mit Männern von den 8. Green Howards geht nach Vazzola vor. Da beide Vorauseinheiten noch vor Einbruch der Dunkelheit ihre Ziele erreichen, befiehlt General Beauman den Vorstoß einer Kompanie vom 11. West Yorkshire Regiment, um hinter diesen Ortschaften die Brücken über den Monticano zu besetzen. Die Kompanie erreicht zwar eine der Brücken, stößt aber auf starken österreichischen Widerstand vom gegenüberliegenden Steilufer. Dann passiert ein peinlicher Irrtum: In der Dunkelheit halten die Männer von den Green Howards die Brücke über einen schmalen Kanal, der etwa 600 Yards vor dem Monticano verläuft, für ihr vorgegebenes Angriffsziel – pflichtbewusst „erobern" sie die Brücke und bilden einen „Brückenkopf" am linken Ufer des Kanals; erst am nächsten Tag wird sich das Missverständnis aufklären.

Verloren hat man am linken Flügel der 23. Division auch den Kontakt mit den Italienern von der 56. Division; die energische Attacke der Briten hat nicht nur den Gegner überrascht.

Am rechten Flügel der 10. Armee, bei der 7. Division, stößt inzwischen die 91. Brigade weiter vor und erreicht die Straße Vazzola–Rai; Vorhuten des 2. Border Regiments dringen bis

Visna vor. Während eine Patrouille der Borders mit 15 Gefangenen zurückkehrt, überquert eine zweite den Favero, ein Nebenflüsschen des Monticano, und erkundet die Situation. Als man erkennt, dass eine der Monticano-Brücken mit starken Kräften verteidigt wird, bezieht die Gruppe in C. Grison Stellung. Zu ihrem Unglück haben die Österreicher in der Zwischenzeit jedoch Visna zurückerobert – die Aufklärungsabteilung der Borders ist damit völlig abgeschnitten und muss sich, nachdem sie einige Verluste zu beklagen hat, ergeben.
Verstärkung trifft im Brückenkopf ein: Die 22. Brigade der 7. Division, die sich auf der Grave di Papadopoli eingegraben hatte, um gegen österreichisches Artilleriefeuer und Fliegerangriffe geschützt zu sein, hat am Nachmittag den Piave überquert und quartiert sich nun in den Ruinen von San Michele di Piave ein – es gibt im Ort kaum ein Haus, dessen Dach nicht zerstört ist.

Als die Dämmerung über das Schlachtfeld am Piave sinkt, beschließen in Wien Gina Kranz, die vor den Nazis fliehen und in Hollywood als hoch bezahlte Drehbuchautorin leben wird, und ihre Freundin Milena Polak, die später unter ihrem Mädchennamen Jesenská schreiben und im KZ Ravensbrück sterben wird, die Redaktion des *Neuen Wiener Tagblatts* aufzusuchen. Hier ist als Chefredakteur der aus Melnik bei Prag stammende Karl Tschuppik tätig. Der 41-jährige Journalist ist mit den beiden Frauen befreundet, *urgemütlich, witzig, angenehm erotisch und immer ein wenig betrunken*, ein *echter alter Österreicher*, der heute jedoch voller Unruhe steckt – die zahlreich kursierenden Gerüchte über die Ereignisse in Prag haben seine Neugier entfacht und so versucht er unablässig, eine Telefonverbindung mit der böhmischen Hauptstadt zustande zu bringen. Auch der Besuch der beiden jungen attraktiven Frauen kann ihn davon nicht abhalten. Schließlich hat Milena sogar die zündende Idee:

GENERALE-ALBERTO-BALDINI
DIAZ
BUCCI
EDITORE-G-BARBÈRA-FIRENZE

Wenn die Leitung tatsächlich nur für amtliche Gespräche offen sei, müsse man sich halt als Amt ausgeben. Tschuppik lässt sich überzeugen und behauptet beim nächsten Versuch dreist, dass hier die „kaiserlich-königliche Sicherheitsverwaltung" spreche – und siehe da: Die Verbindung mit Prag steht sofort. Tschuppik führt das Gespräch in tschechischer Sprache, alle im Büro hören gespannt zu; endlich legt Tschuppik den Hörer ab und sagt resignierend: „Das ist das Ende Österreichs."
Mit wem er denn gesprochen habe, wagt einer der Redaktionskollegen zu fragen.
„Mit der Abwaschfrau. Sie hat gesagt, die kaiserlich-königliche Sicherheitsverwaltung kann sie kreuzweis am Arsch lecken!"
Sonst habe sie nichts gesagt?
„Kreuzweis. Sie hat gesagt, die kaiserlich-königliche Sicherheitsverwaltung kann sie kreuzweis am Arsch lecken!"
Auf diese Weise erfuhr ich Österreichs Ende. Nach einer kleinen Weile kam irgendjemand in die Redaktion und erzählte, der Kaiser habe abgedankt.
Ein anderer sagte, nun, da der Kaiser abgedankt habe, werde die Verständigung mit Böhmen leichter sein. Tschuppik schüttelte den Kopf. „Die Abwaschfrau weiß es besser."

17 UHR 30

Rom, Regierungsgebäude. Ernährungsminister Silvio Crespi hat sich zu einer Aussprache bei Ministerpräsident Vittorio Orlando eingefunden. Der italienische Regierungschef ist etwas gedrückter Stimmung. Die Österreicher, so berichtet Orlando seinem Mitarbeiter, würden sich schlagen *wie die Löwen.* Vor allem im Grappa-Abschnitt sei die Offensive in den ersten drei Tagen auf härtesten Widerstand gestoßen. Am Piave habe das Hochwasser fast alle von italieni-

„Tutto per la vittoria e per l'onore d' Italia": Armando Diaz, Generalstabschef des italienischen Heeres, wird den Ruhm des Oktobers ernten.

schen Pionieren errichteten Brücken wieder weggerissen – die Elemente seien gegen die Alliierten. Immerhin sei es gelungen, bei Valdobbiadene, Sernaglia und Grave di Papadopoli drei Brückenköpfe zu schaffen; bereits 80 bis 90 Bataillone seien über den Piave gegangen.

Für den 58-jährigen Sizilianer Orlando, der nach der Katastrophe von Karfreit im Spätherbst 1917 das Amt des Ministerpräsidenten angetreten hat, steht viel auf dem Spiel: Die Entscheidung, Luigi Cadorno als Generalstabschef durch Armando Diaz zu ersetzen, der nun die Offensive gegen die Österreicher leitet, ist letztlich bei ihm gelegen – ein Scheitern von Diaz würde auf ihn zurückfallen. Grund für seine nervöse Unruhe ist nicht zuletzt auch ein böser, drei Seiten langer Brief von Finanzminister Francesco Nitti, seinem Gegenspieler im Kabinett, den er nun Crespi präsentiert. Nitti, dem es gerade gelungen ist, riesige anglo-amerikanische Kredite für Italien erfolgreich zu verhandeln und der später ein erbitterter Gegner Benito Mussolinis sein wird, beginnt sein Schreiben mit der Frage „Was geschieht am Piave?" und verzerrt mit dem für ihn typischen Pessimismus die Lage an der Front: „Du hast die Offensive gegen meinen Rat eröffnet. Unsere Truppen sind geschlagen, die Offensive ist missglückt, uns droht die Katastrophe. Du allein trägst die Verantwortung dafür gegenüber unserem erschöpften Vaterlande …" Der Brief, er trägt das Datum 28. Oktober, gipfelt schließlich in der Rücktrittsdrohung Nittis.

Silvio Crespi, der drei Söhne, Benigno, Alberto und Emilio an der Front hat, dessen Bruder Daniele Hauptmann bei den Alpini ist und als einer der verwegensten Offiziere im Heer gilt, ist von Nittis Angstmache wenig beeindruckt: Er umarmt Orlando, *wie ich meinen Vater umarmen würde. Er ist wahrlich ein Märtyrer; angefeindet von vielen, hat er Italien gerettet; ihm hat unser Land den Ruhm zu verdanken, den es sich in diesen Tagen erwirbt.*

So wie Crespi bleibt auch Außenminister Sidney Sonnino *gefasst*

und ruhig. Der 71-jährige Diplomat, ein erfahrener schlauer Taktiker, der seit September mündlich und schriftlich auf die Notwendigkeit einer Offensive gedrängt hat, ignoriert das ungeduldige Zetern Nittis – er ist zuversichtlich.
Am Abend werden Orlando und Sonnino von Crespi und anderen Mitgliedern des Kabinetts zum Bahnhof geleitet – in Paris ist für den nächsten Tag eine Beratung des Obersten Kriegsrates im Büro des französischen Außenministers Stephen Pichon am Quai d'Orsay angesetzt. Auf der Tagesordnung: das Vorgehen bei einem Waffenstillstand mit den Mittelmächten.

17 UHR 45

Prag, Nationaltheater. Bei einer Kundgebung vor dem Nationaltheater, einem der großen Kristallisationspunkte des tschechischen Patriotismus in der „Goldenen Stadt", stehen die Menschen Kopf an Kopf. Dunkelheit und Nebel sind hereingebrochen, aber Tausende von Fahnen bringen neues Licht; von der Franzensbrücke herauf, die bald „Brücke der Legion" heißen wird, dringt das Rauschen der Lieder, die jenseits der Moldau gesungen werden.
Alle, Alte und Junge, Männer und Frauen mit Kindern auf dem Arm, folgen begeistert den Rednern auf der Loggia des Hauses, jubeln ihnen zu. Dann wird auf der Loggia die *Marseillaise* angestimmt, es folgen die nationalen Hymnen *Ljepa nasa domovina* und *Kde domov muj?*. Ein Chor der Prager Lehrer singt, machtvoll stimmt die Menge mit ein, die schimmernden Lichter tauchen sie in ein unwirkliches Licht, dann steigen Raketen auf, erglühen bengalische Feuer – ein einzigartiges Gefühl der Zusammengehörigkeit schmiedet in diesem Augenblick die Menschen zusammen.
Eine Neuigkeit macht die Runde in den Straßen: Der Nationalrat habe die Macht im tschechoslowakischen Staat übernommen – das bedeutet endgültig die Freiheit! Mitglieder des „Verbands tschechoslowakischer Studenten", an die 20 haben sich allmäh-

lich versammelt, bereiten erste Flugblätter vor, unter ihnen auch der junge Josef Fialka, später Leiter des „Akademischen Hauses" in Prag. *Für immer* werden sich diese Minuten und Stunden in sein Gedächtnis prägen.

18 UHR Heeresgruppenkommando Udine. Die Antwort des AOK auf den Hilferuf von Boroević trifft in Udine ein. Generalstabschef Arz von Straußenburg kann seinem Feldmarschall keine Hoffnung mehr machen: „Ich habe die gleiche Empfindung gehabt und mich bereits vor einigen Tagen im gleichen Sinne an die kompetenten Stellen gewendet. Die Lage ist dermalen die, dass wir weder in Österreich noch in Ungarn eine verantwortliche Regierung haben, die die nationalen Vertreter aufklären könnte. Letztere habe ich zu dem vorgeschlagenen Schritte aufgefordert und sie zu mir gebeten, um ihnen klaren Wein einzuschenken.
Derzeit können nur die militärischen Führer helfen und jene Soldaten, auf die man sich noch verlassen kann."
Die Kapelle des Heeresgruppenkommandos in Udine tritt an diesem Abend noch einmal zur traditionellen Platzmusik an. Man will alles tun, um die Bevölkerung der Stadt möglichst lange über die tatsächliche Situation an der Front im Unklaren zu halten. Feldmarschall Boroević hat bezüglich der Platzmusik die Weisung herausgegeben, dass jedes Konzert der Kapelle mit dem Radetzkymarsch abzuschließen sei – und so erklingt ein letztes Mal in der Hauptstadt Friauls die ehrwürdige Hymne der Armee Altösterreichs – *ein Moment tiefster Wehmut und erbittertsten Zornes.*
Dann ergeht der Befehl, dass alle nicht zur Feldarmee gehörenden Personen ehestens das besetzte Gebiet zu verlassen hätten. *Alles versucht nun noch das Möglichste von hier wegzuschleppen*, notiert Generalmajor Anton von Pitreich in seinem Tagebuch. *Und kaum jemand unter all den Menschen, die hektisch ihre Sieben-*

sachen packen, denkt daran, dass heute der Jahrestag der Besetzung Udines durch die k. u. k. Truppen ist. Nicht Verzweiflung regiert, sondern ein seltsamer Galgenhumor, man freut sich heimlich, dass man aus der Gefahrenzone weg kann, fühlt sich irgendwie entlastet, zu lange schon lagen die Nerven blank …

Inzwischen beim 2. k. u. k. Dragoner-Regiment in Colfrancui: Noch immer liegen die Paar-Dragoner in den Weinbergen um Colfrancui, als der Befehl eintrifft, bei Saccon, nördlich der Straße Ormelle-Oderzo, eine neue Stellung zu beziehen, am linken Flügel unterstützt vom 12. Ulanenregiment, am rechten von den 14er-Dragonern.
Die vom 11. Armeekommando befohlene *Frontverkürzung* auf der Hochfläche der Sieben Gemeinden gelingt am Abend, ohne vom Feind gestört zu werden: Das III. und das XIII. Korps haben die *Vorfeldzone* bei Asiago geräumt und beziehen die vorbereiteten Stellungen hinter der Assaschlucht und auf der Höhenlinie Monte Rasta–Katze–Monte Sisemol.
Die Lage auf der Hochfläche ist dennoch kritisch: Da die meuternden ungarischen Truppen abmarschieren und zur Ablösung vorgesehene Einheiten der 10. Armee sich weigern, Stellungen an der Front zu beziehen, wird die erste Linie nur mehr von schwachen Kräften verteidigt, beim XIII. Korps sind stellenweise nur mehr Patrouillen im Einsatz. Ein Bataillon des Infanterieregiments 42 der 52. Infanteriedivision, das diese gefährlichen Lücken schließen soll, weigert sich in die Schützengräben zu gehen; das ungarische Infanterieregiment 26 verlangt den Rücktransport nach Ungarn, auch das Infanterieregiment 81 der 6. Infanteriedivision lehnt einen weiteren Kampfeinsatz bereits ab.

Berichtet über die Lage an der Front mit Stand von 10 Uhr 30: die am Abend erscheinende „Wiener Allgemeine Zeitung".

Allgemei

Abonnement: Wien: Zum Abholen monatl. K 2.40, viertelj. K 7.20; mit tägl. Zustellung ins Haus monatl. K 2.80, viertelj. K 8.—.

6 H

Nr. 12157

Montag,

Eine große Sch

Heldenmütige Hal

Fortdauer der

Die Antwort an Wilson.

Wien, 28. Oktober.

Die österreichisch-ungarische Note ist heute nachts an unseren Gesandten in Schweden abgegangen und heute vormittags bereits dürfte Präsident Wilson in ihrem Besitze gewesen sein. Zunächst muß festgestellt werden, daß Wilson nicht jenen Verhandlungsmodus eingehalten hat, der von den Zentralmächten eingeschlagen worden war. Es waren nämlich von den Zentralmächten und der Türkei parallel laufende Noten abgesandt worden, es handelte sich also um eine gemeinsam entrierte Aktion. Wilson befolgt aber das System der besonderen Verhanlungen und der abgesonderten Korrespondenz, die mit jeder einzelnen Macht geführt werden, wodurch sich für Oesterreich die Notwendigkeit ergeben hat, gleichfalls diesen Weg zu betreten.

Der Bericht ungarische

Wien, 28. Oktob

„28. Oktober 19

Italieni

In den Sieben des Gegners auch gest die abgewiesen wurde

Oestlich der meter Frontbr

Im Gebirge z scheiterten wiede sie mit noch so starke südlich der Fo

ner

e Zeitung.

Blatt.

Redaktion: I. Schulerstraße Nr. 14. Telephon Nr. 1214 und Nr. 1215.
Administration: I. Schulerstraße Nr. 14. Telephon Nr. 3668.

ber 1918 Preis 10 Heller

gt in Venetien.

unserer Truppen.

pfe im Westen.

terreichisch-
ralstabes.

d verlautbart:

hauplatz.

eb die Kampftätigkeit
e Vorstöße beschränkt,

obt auf 60 Kilo-
große Schlacht.
nta und der Piave
des Feindes, mochten
rt worden sein. Die
Italiener verlorene
zurückerobert, wobei

die österreichisch-ungarische Armee sich mit der gleichen Bravour schlägt wie in Zeiten der zehnten und elften Isonzo-Schlacht. Es ist dies ein Beweis, daß die Idee der gemeinsamen Verteidigung in allen Völkern Oesterreichs mächtiger lebt, als man nach gewissen Erscheinungen der jüngsten Zeit, die sich im Hinterlande abgespielt haben, vielleicht voraussetzen konnte.

* * *

Der Wortlaut der Note.

„In Beantwortung der an die österreichisch-ungarische Regierung gerichteten Note des Herrn Präsidenten Wilson vom 18. d. M. und im Sinne des Entschlusses des Herrn Präsidenten, mit Oesterreich-Ungarn abgesondert über die Frage des Waffenstillstandes und des Friedens zu sprechen, beehrt sich die österreichisch-ungarische Regierung zu erklären, daß sie ebenso wie den früheren Kundgebungen des Herrn Präsidenten auch seiner in der letzten Note enthaltenen Auffassung über die Rechte der Völker Oesterreich-Ungarns, speziell über jene der Tschecho-Slowaken und

Vor allem der Artillerie ist es zu danken, dass die Alliierten hier noch an eine geschlossene Abwehrfront der k. u. k. Truppen glauben.

Noch eine Hoffnung erweist sich als trügerisch: Der geplante massive Gegenangriff von Feldmarschallleutnant Maximilian von Nöhring über den Monticano hinweg auf die vorrückenden Alliierten wird immer unwahrscheinlicher. Von seinen drei Divisionen – der 36. Infanteriedivision, der 43. und 44. Schützendivision – hat Nöhring östlich von Conegliano nur ganze acht Bataillone versammeln können, die tatsächlich auch zum Kampf bereit sind, alle anderen Truppen verweigern den Gehorsam.

Wien, Parlamentsgebäude. Die sozialdemokratischen Abgeordneten Victor Adler und Karl Seitz sind zum Präsidenten des Reichsrats bestellt. Es geht noch immer um die angespannte Situation bei der Flotte in Pola. Neuerlich hat ein Vertreter der Marinesektion im Kriegsministerium beim Präsidenten die Bitte um Entsendung eines sozialdemokratischen Abgeordneten nach Pola vorgebracht. Adler und Seitz können jetzt diesen Wunsch nicht mehr so mit Entschiedenheit ignorieren, wie man das noch um die Mittagszeit getan hatte. Man beginnt zu verhandeln, der Klubpräsident bestimmt schließlich, dass Genosse Albert Sever, der Parteiobmann der Sozialdemokraten Ottakrings, diese Aufgabe übernehmen soll. Sever, der in ärmlichsten Verhältnissen aufgewachsen ist, als Beruf Fleischhauer erlernt hat und an der Seite von Franz Schuhmeier zum erfolgreichen Organisator der Sozialdemokraten aufstieg, ist einverstanden, allerdings unter der Bedingung, dass ein zweiter Abgeordneter ihn begleitet. Schließlich ist es August Forstner, der Obmann des Freien Gewerkschaftsverbandes, der sich dazu bereit erklärt – und die Zeit ist knapp: Bereits um 20 Uhr müssen die beiden Abgeordneten am Südbahnhof gestellt sein.

18 UHR 09

Militärkommando Prag. Die Abendmeldung von General Kestřanek an das Kriegsministerium in Wien wird abgeschickt: ein Dokument geballter Unsicherheit und Hilflosigkeit. Kestřanek beklagt sich einleitend über die schweren Insultierungen, die Mannschaften und Offiziere von Seiten der tschechischen Demonstranten hinnehmen hätten müssen, und verweist dann in Erklärung seines zögerlichen Verhaltens darauf, dass ihn Statthalterei und Polizei-Direktion von Anfang an völlig im Stich gelassen hätten. So sei nun die öffentliche Gewalt bereits ganz in die Hände des Nationalrates übergegangen, der die Aufrechterhaltung der Ordnung den Sokolverbänden übertragen habe – um diese erfolgreich durchsetzen zu können, verlange man von ihm die Nichteinmischung des Militärs. In der Statthalterei werde außerdem bereits kolportiert, dass die zentralen Behörden in Wien ihre Zustimmung zur Übernahme der Regierungsgewalt durch den Nationalrat geben würden. Dann stellt Kestřanek die Gretchenfrage: Ist es unter diesen Umständen noch vertretbar, gegen diese Institution mit militärischer Gewalt anzutreten? Vor allem dann noch, wenn der Erfolg bereits zweifelhaft scheine? Kestřanek weist darauf hin, dass selbst die „Verhängung des militärischen Standrechtes bei dieser Lage" technisch schon „undurchführbar" sei. Weiters sei damit zu rechnen, dass „die Undisziplin und Ausschreitungen der isolierten Mannschaften auch auf Ersatz-, ja sogar auf die Assistenzformation übergreifen kann, zumal dann, wenn die unausweichlichen Verpflege- und Kohlenschwierigkeiten sich noch weiter verschärften …"

Resignierend kommt der kommandierende General zu dem Schluss, dass es vielleicht doch gleich besser sei Prag zu räumen, da „ein weiteres Verbleiben der militärischen Verbände in der hiesigen Atmosphäre einerseits zwecklos, anderseits sogar gefährlich ist, weil man hiedurch auch die noch verlässlichen Truppenteile als solche verlieren wird". Und so unterbreitet er diesbezüglich

praktische Vorschläge: den „Abtransport aller nicht tschechischen Ersatz- und Assistenzformationen und zwar nach ihrer Ergänzungszuständigkeit nach Ungarn bzw. in die Alpenländer", die Verlegung des Infanterieregiments Nr. 73 und des Schützenregiments Nr. 6 nach Eger.
Paul Kestřanek, so verrät diese Abendmeldung, fühlt sich nicht mehr wohl in seiner Haut, sucht nach plausiblen Gründen, um zusammen mit seinen Truppen Prag verlassen zu können. Die Stadt, die ihm vom Kaiser anvertraut worden ist, hat er in diesem Moment schon aufgegeben …

Inzwischen hat der „Umsturz" auch auf die böhmische und mährische Provinz übergegriffen; der sechsjährige Schüler Josef Koblasa aus Sobeslav erinnert sich später: „Bei uns im Dorf feierten am Abend alle auf dem Dorfplatz und verbrannten Bilder vom Kaiser. Am Morgen gingen wir von der Schule auf den Marktplatz von Sobeslav. Dort waren viele Menschen, die alle ‚Hurra!' riefen. Wir Jungen durften damals mit Steinen auf Österreich-Ungarische Schilder werfen."

18 UHR 30 Wien. Ein gewisser Dr. Jakob Alexandrowitsch Bermann, offiziell der Vorsitzende der russischen Kriegsgefangenenfürsorge-Kommission in Wien, agitiert in Cafés und Parkanlagen für die Revolution. Offiziell soll sich der 49-Jährige, der zusammen mit 24 Mitarbeitern seit 7. August in Wien weilt, nach den Artikeln VIII und XII des Friedensvertrages von Brest-Litowsk um das Wohlergehen der gefangenen Landsleute kümmern, tatsächlich aber, so vermutet die österreichische Polizei, ist er ein Gesandter der Bolschewiki, der Stimmung für die Weltrevolution macht. Man lässt ihn unauffällig überwachen, kontrolliert seine Kontaktpersonen – tatsächlich, dieser geheimnisvolle Genosse Dr. Bermann trifft alle wichtigen Österreicher, von denen man weiß, dass sie mit den Sowjets

sympathisieren: Otto Bauer, Therese Schlesinger, Anna Ströhmer, Leo Suniza, Philipp Filippowitsch, Karl Steinhardt und Elfriede Friedländer sind unter ihnen. Man verlangt vom Kriegsüberwachungsamt die *Außerlandschaffung* des verdächtigen Agitators. Vergeblich, schließlich verpflichtet sich Bermann selbst auf ein Abreisedatum: den 2. November. Die Ausweisung Bermanns und seiner Mitarbeiter aus Österreich sollte jedoch erst im Jänner 1919 erfolgen.
In Gestalt des *Elkan* hat ihm Franz Werfel in seinem Roman *Barbara oder die Frömmigkeit* ein literarisches Denkmal gesetzt.

18 UHR 45

Budapest, Astoria Hotel, das Hauptquartier von Mihály Károlyi und seiner Partei der Radikalen. Auch ohne Ernennung zum Ministerpräsidenten ist der rebellische Graf der Mann der Stunde, auf ihn richtet sich alle Hoffnung jener, die mit dem „Umsturz" nicht nur dem Krieg entkommen, sondern auch ein unabhängiges, freies, sozial gerechtes Ungarn schaffen wollen. Vor allem will man den Frieden – einen Frieden um jeden Preis, auch um jenen der Gewalt. Das Ende des Tötens an den Fronten werde, so glaubt man, alle Probleme lösen: *Erfüllt vom Geiste des Pazifismus, gingen wir unseren Feinden von gestern und auch jenen von morgen mit der Bereitschaft zum Vergeben entgegen* – ein folgenschwerer Irrtum, wie Károlyi und seine Anhänger bald merken müssen.
Vorerst aber ist das Astoria in der Kossuth Lajos utca im Herzen Alt-Pests noch der magische Brennpunkt dieses leuchtenden Traums von einer nationalen Wiedergeburt: Immer wieder marschieren heimkehrende Soldaten vor dem Hotel in der Kossuth utca auf, schließen sich den Kräften der Radikalen an; Offiziere kommen und schwören auf den Nationalrat; alle Wünsche und Anfragen dieser neuen Volksvertretung werden direkt ins Astoria zu Károlyi weitergeleitet. Das elegant-mondäne Hotel, nach dem Vorbild des New Yorker Waldorf Astoria errichtet,

1914 eröffnet und von dem bekannten Gastronomen Mihály Gellér geführt, bildet einen seltsamen Kontrast zu den Menschen des Umsturzes, die hier nun aus und ein gehen: Bewaffnete Arbeiter und Soldaten aller Waffengattungen tummeln sich unter kostbaren Kristalllustern; in den glitzernden Spiegeln dominiert tristes Uniformgrau, kaum jemand in dieser aufgeregten, diskutierenden, fordernden Männerwelt hat einen Blick übrig für die erlesenen Kunstgegenstände, die einst Aristokraten und Großbürgern ein heimeliges Ambiente bieten sollten.
Der Kommandant jener Monitoren der k. u. k. Donauflottille, die in Budapest vor Anker liegen, trifft ein und übergibt ein Telegramm, das er vom Flottenkommando in Pola erhalten hat und das sich an den ungarischen Nationalrat mit der Bitte um Hilfe wendet: Man wäre außerstande, der bei der Flotte ausgebrochenen Meuterei Herr zu werden. Die Matrosen würden Anordnungen nur mehr von den jeweiligen Nationalräten entgegennehmen.
Károlyi und sein Stab sind – so wie in Wien die Sozialdemokraten – bereit, einen Emissär nach Pola zu schicken, um mit den Meuterern zu verhandeln; Wekerle lehnt jedoch ab. Um eine Katastrophe zu verhindern werden schließlich doch zwei Bevollmächtigte nach Pola gesandt, die dort jedoch erst am 31. Oktober eintreffen werden und erfahren müssen, dass Vizeadmiral Nikolaus Horthy die gesamte Flotte auf Befehl des Kaisers dem neuen Staat der Südslawen übergeben hat.
Um mit Kaiser Karl und Graf Andrássy noch einmal ins Gespräch zu kommen, verfällt Károlyi, der in seinen Verhandlungen mit dem *Homo regius* und dem Grafen Hadik zu keiner Lösung findet, auf eine ungewöhnliche Idee, denn er hat eine letzte Trumpfkarte, die er auch noch ausspielen will: Er wird seine Frau, die Tochter des Außenministers, nach Wien schicken.

Ausgezeichnet für seine Tapferkeit in den „Abwehrkämpfen" des 28. Oktober: Hauptmann (Major) Maximilian Foschum vom Infanterieregiment Nr. 84.

Kamm. Archiv

Q U A L I F I K A T I O N S B E S C H R E I B U N G .

v. 1. 6. 17 – 31. 3. 19

1	auszufüllen durch d. Beschriebenen	Charge, Standesverhältnis	Major, aktiv
2		Vor- und Zuname	Maximilian Foschum
3		Standeszuständiger Truppenkörper	Pers. Evid. b. Ergz. Ers. Baon No. 84
4		Befördert	1./XI. 1918, P.V.Bl. No. 205 v. 11./XI. 18, Rang No. 104
5		Auszeichnungen	Militärverdienstkreuz III. Kl. mit K.D. u. Schw. Silberne Mil. Verdienstmedaille m. K.D. u. Schw. Bronzene " " " " am roten Bande " Jubiläumserinnerungsmedaille f. d. b. Macht Militär Jubiläumskreuz K. T. K.
6	auszufüllen vom Beschreibenden	Kurze Beschreibung betr. Charakter, milit. Eigenschaften, Verhalten im Gefechte, besondere Waffentaten und Tätigkeiten:	Fester Charakter, bescheiden und anspruchslos; hervorragend verlässlich und ambitioniert. Hat als Trainkomdt unter den schwierigsten Verhältnissen mustergiltig und aufopfernd gearbeitet. Im Gefechte unerschrocken, umsichtig und beispielgebend tapfer; immer unter seinen Leuten. Hat als Baonskomdt in der Piave Schlacht und während der darauf folgenden schweren Rückzugskämpfe wiederholt vor schwere Aufgaben gestellt, Glänzendes geleistet. Unmittelbar nach dem Zusammenbruche mit der Bildung eines V. W. Baons betraut, hat er die aus heterogenen Elementen zusammengewürfelte Formation mit Umsicht und ruhiger zielbewusster Energie in ein festes Gefüge und gute Verfassung gebracht.
7		Eignung zur Führung des nächsthöheren Kommandos. Besondere Eignung für best. Dienstzweige und Posten:	Vorzüglicher Instruktor für Offiziere und Mannschaften und tüchtiger, vor dem Feinde in den schwierigsten Situationen hervorragend bewährter Baonskomdt und Führer, hat er seine besondere Eignung zum selbständigen Truppenkomdten voll erbracht.
8		Einwirkung auf Untergebene:	Von sehr gutem Einflusse auf Geist und Ausbildung seiner Abteilung. – Dienstfordernd, wohlwollend, für seine Untergebenen fürsorglich und verstehend, hat er deren Anhänglichkeit und Vertrauen im vollsten Maße besessen.
9		Anmerkung:	Ein warm denkender, sympathischer und selten braver Offizier und sehr beliebter Kamerad, der auf jedem Dienstposten sein Bestes leisten wird.
10		Datum und Unterschrift des Verfassers:	Mit Rücksicht auf die in Verlust geratenen Qualifikationsdokumente dieses Offiziers gilt diese Beschreibung für die Zeit meiner Kommandoführung als Rgtskomdt von I.R. Nr 84 und V. Unterbefehlshaber des Bezirkes Wien A. Dauernd vom Juni 1917 bis 31. März 1919. Wien, am 10. Juni 1920 Alois [illegible]

ehem. Komdt des I.R. 84.

Sie soll ihrem Vater die alarmierende Lage in Ungarn darstellen und ihn dazu bewegen auf Karl entsprechend einzuwirken. Frau Károlyi, geborene Andrássy, wird am Morgen des 30. Oktober am Ballhausplatz eintreffen, und wie es der Zufall will, wird sie Ohrenzeugin jenes Telefongesprächs, in dem der Kaiser mit Andrássy das „Ausliefern" der Flotte endgültig beschließt ... Sein großes Ziel, den Sessel des Ministerpräsidenten, wird Graf Károlyi einen Tag später, am Morgen des 31. Oktober, erreichen ...

19 UHR An der Piavefront bei Sernaglia. Die hereinbrechende Dunkelheit bringt für die erschöpften Männer des 84. Infanterieregiments und den Rest der 44er endlich die Gelegenheit, sich kämpfend vom Gegner lösen zu können. Der Weg in die vorgesehene Stellung nördlich der Straße Canale–Posmone führt einen Großteil des Regiments über die gefährliche Straßengabelung von Kote 190, die nach wie vor unter schwerem Feuer liegt, aber gut gemeistert wird. Das Bataillon von Hauptmann Foschum nimmt den schwierigen Weg über den Monte Moncader, kann sich aber trotz des heftigen Nachdrängens der Italiener unter *der bewährten Führung seines Kommandanten ohne nennenswerte Verluste* zum Regiment durchkämpfen.

Auf der Straße vor Canale zeigt sich den Truppen das *schaurige Bild einer Rückzugskatastrophe:* Was einmal eine Straße war, ist nun knietiefer Morast, in dem die schweren Mörserbatterien hoffnungslos versunken und trotz ihrer 100-PS-Motoren nicht mehr zu bewegen sind. Hinter den Mörsergeschützen staut sich in zwei Kolonnen die schwere Artillerie – auf der Straße ist so jedes Weiterkommen bereits unmöglich, also muss die Infanterie sich ihren Weg durch den Bach daneben suchen. Brennende Baracken, von der italienischen Artillerie in Brand geschossen, tauchen die Szene in ein gespenstisches rotes Licht, leuchten den zurückflutenden Truppen den Weg durch die Nacht.

Während ein Teil der Menschheit am Piave stirbt, sitzt in einer geräumigen Wohnung im Mezzanin des Hauses Lothringerstraße 6 im 1. Wiener Gemeindebezirk jener Mann über seinen Schreibtisch gebeugt, der in einer Geheimakte der Feindespropagandaabwehrstelle vom Frühjahr 1918 als „Haupt des Defaitismus in Österreich" bezeichnet worden ist: Karl Kraus. Die daraufhin vom Kriegsminister geforderte Untersuchung gegen ihn hat nicht stattgefunden, das Fallen der Vorzensur befreit ihn nun von der lästigen Pflicht, die Fahnen der *Fackel* vor Drucklegung „genehmigen" zu lassen. Kraus, der in der Niederlage der Mittelmächte die weltgeschichtliche „Strafe" für ihre verbrecherische Politik sieht, hat am Vortag eine Lesung im Kleinen Konzerthaussaal gehalten, nun arbeitet er an den Texten für die nächste Ausgabe der *Fackel* im November, an der Abrechnung *mit jenem ganzen Pack von Ferntötern und Parforcejägern der Menschheit, dessen Lebensmut sich an gelungenen Durchbrüchen stärkte, das seiner friedlichen Tätigkeit nachging, die Brust voller Orden trug und aus Bordellen und Hauptquartieren Champagnerflaschen zum Fenster hinauswarf, während Millionen Sklaven dieser Ehrlosigkeit in Unterständen auf den Augenblick der Erlösung warteten, wo sie ihre Leiber vom Eisenhagel zerreißen lassen mussten.*

Auch er greift an diesem Montag das Wort der Deutschnationalen vom „Verrat" auf, sieht darin jedoch die große Befreiung von einem *Seelenbund, in dessen Namen die Welt zum Teufel gehen musste* ... in dem *unser aller Leben schon erstickt war.*

Kraus lebt allein, seine langjährige innige Beziehung zu der böhmischen Aristokratin Sidonie Nádherny, die er während des Krieges häufig auf dem Familiensitz Schloss Janowitz besucht hat, ist in den Wochen zuvor zu Bruch gegangen. *There was a goodbye forever between K. K. and me – he who loves as no man ever did*, hat Sidonie in ihrem Tagebuch vermerkt; zwei Jahre später wird er die Beziehung zu ihr jedoch wieder erneuern können.

Eine stockdunkle Nacht ist inzwischen auch über Böhmens Hauptstadt hereingebrochen. Heute kümmert sich jedoch niemand mehr um Tages- oder Nachtzeiten, denn auf den hell erleuchteten Straßen im Zentrum, ansonsten in diesem Kriegsherbst ein Bild der Trostlosigkeit, wird begeistert weitergefeiert. Der gewaltige Demonstrationszug, der sich vom Altstädter Ring zum Wenzelsplatz wälzt, hat eben das Nationaltheater erreicht, jenes Gebäude, das 1868 auf 19 Grundsteinen aus allen tschechischen Siedlungsgebieten gegründet worden ist, das zum Symbol für die Einheit der tschechischen Länder wurde. Vorneweg marschiert eine Musikkapelle, dann folgen der hinkende, auf seinen Stock gestützte Hauptmann Jaroslav Rošický, noch immer in österreichischer Uniform, und seine Ordonnanzen. Der Hauptmann, am morgen noch ein desillusionierter k. u. k. Offizier, jetzt ein gefeierter Held der Massen, wird von seinen Leuten immer wieder auf die Schultern gehoben, um seine Parolen in die Menge brüllen zu können.

Ein Einjährig-Freiwilliger bricht sich plötzlich Bahn zu Rošický, überbringt den ersten Befehl von Sokolführer Dr. Josef Scheiner, dem neuen Oberkommandierenden der tschechoslowakischen Streitkräfte: „Versammeln Sie möglichst schnell alle erreichbaren Offiziere und Mannschaften auf der Sophieninsel. Eintreffe dort um acht Uhr abends!" Rošický zögert keine Sekunde, lässt sich von den Ordonnanzen wieder auf die Schultern heben und gibt die neue Parole aus: Alle Soldaten zur Sophieninsel! Wie ein Lauffeuer wandert der Befehl Dr. Scheiners durch die Massen, wer sich als tschechischer Patriot und Kämpfer fühlt, macht sich unverzüglich auf den Weg zur Insel in der Moldau – Urlauber und Lazarettinsassen, Invalide und Simulanten sind wie verwandelt: Gestern scheinbar noch dem Tode nahe, kennen sie nun keine Müdigkeit mehr, folgen dem Ruf des neu erstandenen Staats. Es kommen Angehörige aller k. u. k. Truppengattungen, Männer, die den Krieg als Militärangestellte in irgendeiner

Schreibstube verbracht, die nie den Schrecken der Front erlebt haben – nun eilen sie, denn sie wissen: Sie werden die Ersten sein, jene Truppe bilden, auf welche die Republik ihre Macht wird stützen können.

Unter der bunten Armee, die sich blitzschnell auf der Sophieninsel versammelt, sind aber nicht nur Kranke und Krüppel, sondern auch einige Elitesoldaten. Da ist etwa der Ingenieur Josef Kubát, ein vom Militärdienst freigestellter Fähnrich der k. u. k. Marine, der als Maschinenbaueleve des Reservestandes bei den Skodawerken in Smíchov tätig und nun bemüht ist, weitere Kameraden von der Marine, von denen er weiß, dass sie sich zum Teil illegal in der Stadt aufhalten, auf die Insel zu bringen. Als 18 Mann beisammen sind, wagt Kubát mit dieser Truppe eine erste Unternehmung: Der Fähnrich und seine Männer marschieren zum Staatsbahnhof, der von einer ungarischen Wachmannschaft unter Befehl eines Oberleutnants geschützt wird. Kubát riskiert und geht aufs Ganze: Der Herr Oberleutnant habe auf Befehl des Nationalausschusses die Waffen der Wachmannschaft dem neuen tschechischen Heer zu übergeben. Sein ungarischer Widerpart, der aufgrund der Eindrücke, die sich ihm am Nachmittag boten, zutiefst verunsichert ist und der auch von seinem Vorgesetzten keine Informationen über die tatsächliche Lage erhalten hat, gibt schließlich dieser Aufforderung nach und willigt ein, ohne im Militärkommando um Erlaubnis dazu anzufragen – 25 Gewehre samt Munition wechseln daraufhin rasch die Besitzer: Es sind die ersten Waffen der neuen tschechischen Armee; Fähnrich Kubát und seine Marinesoldaten ziehen sich in Richtung Sophieninsel zurück.

Auch sonst versucht man Waffen und Verstärkungen zu requirieren. So verfällt man auf die Idee, ein Marschbataillon Bosniaken „anzuwerben", das auf dem Transport nach Süden ist und gerade in Prag Station macht. Ein tschechischer Leutnant vom Infanterieregiment Nr. 2 wird losgeschickt, um die Allianz mit den angeblich so befreundeten Südslawen zu beschwören und den Bosniaken den Dienst für die Tschechoslowakische Republik anzubieten – ein Vorschlag, mit dem der Leutnant die abgekämpften Männer aus Bosnien-Herzegowina wenig beeindruckt: Die denken nicht daran, jetzt auch noch für die Tschechen ihr Leben zu riskieren, auch nicht für sechs Kronen Sold pro Tag …

Zur gleichen Zeit in Agram: Die Hauptstraßen der kroatischen Metropole füllen sich allmählich mit Demonstranten, unter diesen auffallend viele Studenten in Damenbegleitung. Diese seltsamen Paare haben sich heute besondere Opfer auserkoren: K. u. k. Offiziere, die den Korso entlangspazieren, werden von ihnen angesprochen und gebeten die Rosetten von ihren Kappen zu entfernen. Kroatische Militärs folgen diesem Wunsch meist ohne viel Widerstand, worauf die Damen an deren Kappen Kokarden in den kroatischen Nationalfarben befestigen. Offiziere, die nicht kroatischer Herkunft sind und sich deshalb meist weigern, dem Wunsch der Demonstranten zu folgen, werden die Kappen einfach vom Kopf gerissen, die verhassten Rosetten abgetrennt und die Nationalfarben an deren Stelle befestigt. Verstärkt durch jene Offiziere, die sich der „Aktion" anschließen, begeben sich die Studenten und ihre Begleiterinnen dann in Restaurants und Kaffeehäuser, um hier ihr aufdringliches Spiel, das sie für Revolution halten, nach gleichem Muster weiter zu treiben. Taktlosigkeiten gegenüber den Gästen, beleidigende Äußerungen und Streitereien sind unvermeidlich und in zahlreichen Lokalen kommt es zu handfesten Auseinandersetzungen; es wird der Ruf nach dem Einsatz von Ordnungskräften des Nationalrats der Slowenen, Kroaten und Serben, des *Naradno vijece Slovenaca, Hrvata i Srba*, laut …

Der Zentralausschuss des Nationalrats, der sich am 6. Oktober 1918 aus 73 Reichsrats-, Reichstags- und Landtagsabgeordneten konstituiert hat, die Kroatien-Slawonien, Bosnien-Herzegowina, Dalmatien, Fiume, Istrien, Triest, Görz, Krain, Kärnten, Steiermark und Medjumurje (das zu Ungarn gehörende Gebiet zwischen Drau und Mur) vertreten, tagt eben zu dieser Stunde. Auf der Tagesordnung steht ein wichtiger Punkt: das Gespräch mit den Militärs. Vorgeladen sind die beiden Kommandanten in Agram, General der Infanterie Lukas Snjaric und FML Michael Mihaljevic. Die beiden k. u. k. Offiziere berufen sich auf ihren Eid, räumen jedoch ein, dass sie bereit wären sich in allen Fragen, die die Sicherheit des Landes betreffen, dem Nationalrat zu unterstellen. Das ist jedoch dem Zentralausschuss zu wenig – er will die ganze militärische Macht. Einige Mitglieder des Nationalrats ziehen sich daher mit den beiden Generälen zu einem intensiven Gespräch über die leidige Frage des Eides zurück. Snjaric und Mihaljevic zeigen sich den Argumenten der Volksvertreter nicht gewachsen, verraten ihren Kriegsherren und lassen sich zu einer „Erklärung“ überreden, in der sie sich der Macht des Nationalrats bedingungslos unterordnen.

Sofort geht eine Jubelmeldung des Nationalrats über diese „Machtübergabe“ an die Kommandanten zahlreicher Garnisonen hinaus: „Im Namen des Naradno vijece wird Ihnen mitgeteilt, dass heute abends die Generale Lukas Snjaric und Mihaljevic sich und ihre Truppen dem Kommando des Narodna vijece unterstellt haben! Sie bestätigen mit ihren Unterschriften, dass sie sich bedingungslos unseren Anordnungen unterwerfen. Dies wird Ihnen zum Zweck mitgeteilt, davon die Garnison zu verständigen, und dass es nun für sie kein anderes Oberkommando als den Naradno vijece gibt.“

Der Militärkanzlei des Kaisers gegenüber wagt es Snjaric nicht, die volle Wahrheit einzugestehen. In einer Meldung, die er am nächsten Morgen nach Wien schicken wird, spricht er schönfärbend nur davon, dass er mit dem Nationalrat vereinbart habe, „denselben in der Aufrechterhaltung der Ruhe und Ordnung mit allen Mitteln zu unterstützen und sich für diesen Zweck zur Verfügung zu stellen". Die Tragweite dessen, was in Agram an diesem Abend wirklich passiert ist, bleibt den Zentralstellen in Wien noch verborgen …

19 UHR 15 Wien. Im Salon von Bertha Zuckerkandl, der „Hofrätin", wie sie von ihren Freunden mit liebevollem Respekt genannt wird, in der Oppolzergasse im 1. Bezirk hat sich an diesem Abend eine illustre Runde zum Nachtmahl eingefunden. Der Schriftsteller Hermann Bahr und Egon Friedell, der Schauspieler und Kritiker, sind da, Arthur Schnitzler ist mit seiner Gattin Olga gekommen, unter den Anwesenden weiters die Kaufmannsfamilie Theodor und Angela von Auspitz-Artenegg, die Schauspielerinnen Maria Mayer und Else Wohlgemuth sowie der Internist Dr. Rudolf Kaufmann mit seiner Frau Irmgard, die als Schauspielerin unter dem Pseudonym „Garda Irmen" auftritt. Das große Wort führt einmal mehr Hermann Bahr, er unterhält mit *geistreich-albernem Unsinn,* plädiert etwa dafür die Dynastie bestehen zu lassen, die Amerikaner würden damit eine Sehenswürdigkeit mehr in Europa haben, neben dem Papst eben auch noch einen letzten Monarchen. Und er ergeht sich in allerlei Spekulationen über die nahe revolutionäre Zukunft, spielt mit dem Grauen seiner gutbürgerlichen Zuhörer – Bürgermeister Weiskirchner könnte versuchen einen „Wohlfahrtsausschuss" zu bilden, dann würden jedoch die radikalen Bolschewiki zum Zug kommen, Pogrome und andere Gräuel könnten die Folge sein.

Neue Gäste, Beamte des Ministeriums des Äußeren, treffen ein und sie bringen die aktuellen Nachrichten. Ein Herr Ivan Práznovszky de Zarkafalva et Práznócz erzählt von den Ereignissen in Prag und den Budapester Unruhen sowie von den aufgeregten Diskussionen um die „Separatfriedensbitte" Graf Andrássys. Man ist beeindruckt, vor allem das Gespenst eines Pogroms, das

Bahr so leichtfertig an die Wand gemalt hat, lastet auf den jüdischen Intellektuellen. Schnitzler, ein Mann von bürgerlicher Umsicht, nimmt sich vor, gleich am nächsten Tag einige Sicherheitsmaßnahmen zu ergreifen, was sein Hab und Gut betrifft: Auf jeden Fall wird er ein Gespräch mit Onkel Max in der Länderbank über seine finanzielle Lage führen; was die Einstellung einiger Koffer betrifft, so denken er und Olga an die Hajeks, die man diesbezüglich ansprechen könnte …

Während man im Salon von Berta Zuckerkandl über mögliche Zukunftsszenarien diskutiert, nimmt der „Umsturz" in Prag seinen Lauf. Sokolführer Dr. Josef Scheiner trifft in Begleitung der Abgeordneten Jirí Stříbrný und Václav Johanis auf der Sophieninsel ein, gemeinsam treten sie im Sophiensaal vor die hier versammelten Soldaten. Erwartungsvoll, euphorisch, ausgehungert warten die Männer, die noch wenige Stunden zuvor keine Zukunft für sich sahen, auf die Ansprache des Sokolchefs. Und Dr. Scheiner enttäuscht sie nicht, weiß das Feuer patriotischer Begeisterung zu schüren: Er ruft die bunte Streitmacht des neuen Staates zum Dienst für das Volk auf, spricht von der Verantwortung für die tschechische Nation. Frenetischer Applaus, die Männer jubeln ihm zu.
Während Scheiner und seine beiden Begleiter schon wieder aufbrechen, darf der hinkende Hauptmann Rošický seine Anordnungen treffen: Ausschreitungen durch „unlautere Elemente" sollen verhindert werden, dazu soll Prag in 50 Wachbezirke eingeteilt werden – unter den sich freiwillig meldenden Offizieren werden von Rošický 50 ausgewählt, dann erhält jeder Offizier 20 Soldaten zugeteilt. Auch wenn die Bewaffnung – vorgeschrieben sind für jeden Offizier Säbel und Pistole, für die Mannschaften ein Seitengewehr – noch nicht in allen Fällen komplett ist: Hauptmann Rošický schickt die einzelnen Wachtrupps hinaus auf Patrouille in die Straßen der Stadt. Die Routen, die sie ab-

gehen müssen, sind dabei so geschickt gewählt, dass die einzelnen Trupps einander während der Nacht begegnen müssen und sich so auch gegenseitig kontrollieren …

Auch bei der Prager Militärpolizei hat sich inzwischen der „Umsturz" vollzogen: Hauptmann Kostrba, der offen den Aufstand wagt, hat seine deutschen Mannschaften vom Dienst „befreit" und in die Kasernenunterkünfte geschickt. Die tschechischen Militärpolizisten haben dadurch freie Hand: Sie besetzen vor allem die Telefonstellen, um so die Informationen, die an das Militärkommando gehen, kontrollieren zu können: Jede Anfrage aus der Zentrale, so der ausdrückliche Befehl Kostrbas, müsse damit beantwortet werden, dass überall Ruhe und Ordnung herrsche …

Als Stříbrný ins Repräsentationshaus zurückkehrt, wartet hier schon ein Hauptmann Wurm vom Militärkommando. Feldmarschallleutnant Zanantoni, so die Nachricht des Offiziers, wünsche dringend ein Mitglied des Nationalausschusses oder der Sokolführung zu sprechen. Man verständigt Dr. Scheiner über diesen Wunsch der Österreicher. Der neue mächtige Mann Prags entschließt sich seinen Mitarbeiter Dr. Vílem Pospísil ins Militärkommando zu schicken, der von Zanantoni auch sofort empfangen wird. Der General zeigt sich diplomatisch, schlägt eine Zusammenarbeit von Nationalausschuss, Sokolführung und dem Militärkommando vor, um gegen eventuelle *bolschewistische Umtriebe* gewappnet zu sein. Um seinen großen Trumpf, die militärische Macht, ausspielen zu können, erkundigt sich Zanantoni nach der zahlenmäßigen Stärke der dem Nationalausschuss zur Verfügung stehenden Sicherheitskräfte. Pospísil, später Gouverneur der Tschechoslowakischen Nationalbank, sieht die Falle, ist schlau genug, um diese möglichst beeindruckend darzustellen, und rettet seine Rolle als gleichberechtigter Verhandlungspartner. Zanantoni muss dies wohl oder übel akzeptieren und schlägt vor zur Klärung der neuen Kommando-

und Weisungsverhältnisse mit Kestřanek selbst zu sprechen. Man begibt sich in die Amtsräume des Militärkommandanten, Stabschef Oberst Stusche und einige andere Offiziere werden zum Gespräch dazugebeten, kurz darauf treffen Dr. Scheiner und František Soukup ein. Die beiden tschechischen Patrioten sind fest entschlossen, auch hier in der Höhle des Löwen nicht lange um den heißen Brei herumzureden. Dr. Scheiner ergreift das Wort, erklärt den verdutzten Militärs, dass nach der „Demission" Österreichs der tschechische Staat nun selbstständig und er bevollmächtigt und offiziell beauftragt sei, den Oberbefehl über die tschechischen Einheiten zu übernehmen.

Der Schock bei den beiden Generälen sitzt tief – jetzt endlich haben auch sie begriffen, dass da etwas vor sich geht, was nicht im Interesse der Monarchie und des Kaisers sein kann. Stusche kann seinen Zorn über die Forderung des Sokolführers kaum bändigen, beginnt erregt auf Kestřanek einzusprechen, der nach außen hin die Form wahrt: Er bittet die Tschechen Platz zu nehmen, um in Ruhe alles zu besprechen. Dann sein Argument: Als Offizier des Kaisers könne er ohne dessen Befehl den ihm zugewiesenen Posten nicht verlassen, außerdem kommandiere er auch ungarische Truppenteile und Soldaten aus den deutschsprachigen Gebieten Österreichs. Dr. Scheiner bleibt gelassen, betont, dass das Kommando über alle nichttschechischen Einheiten natürlich bei Kestřanek verbleibe – eine Antwort, die den Militärkommandanten sofort wieder unsicher werden lässt, ihm bleibt nur der Ausweg sich mit dem Stab zu einer kurzen Beratung zurückzuziehen.

Stabschef Viktor Stusche hat inzwischen bereits eigenmächtig die Initiative ergriffen und alle im Militärkommando anwesenden Offiziere zusammengetrommelt. In einem Nebenzimmer bringt er die Lage auf den Punkt: „Es droht Revolution … Jeder sei eingedenk seines Eides, wer sich mit dem Gegner verbündet, ist ein Lump!" Ohne das Einverständnis des Militärkommandanten

einzuholen, hat Stusche bereits Vorbereitungen zur Verkündung des Standrechts befohlen, er ist mehr denn je entschlossen, den Tschechen Widerstand zu leisten, sucht nun gleich gesinnte Kameraden auf seine Linie einzuschwören, mitzureißen …

19 UHR 30

Budapest, Gizella-Platz in Pest. Vor dem Klublokal der Partei von Graf Mihály Károlyi haben sich über 10.000 Menschen versammelt, unter ihnen viele Soldaten. Redner, unter ihnen der Abgeordnete Fényes, heizen die Stimmung an, erklären, dass nun endlich die Zeit der Taten gekommen sei und der Nationalrat nur Károlyi als Ministerpräsidenten anerkennen werde. Ein Hauptmann Csernyák, noch in der Uniform der königlichen Honvédinfanterie, verkündet, dass nunmehr ein Soldatenrat gegründet worden sei, der alte Eid verpflichte zu nichts mehr. Jetzt sei es dagegen an der Zeit, den Eid auf das neue Ungarn abzulegen. Zahlreiche Offiziere in der Menge ziehen daraufhin tatsächlich ihren Säbel, sprechen den Eid auf den neuen Staat nach, den ihnen der Hauptmann vorspricht.

Ein weiterer Redner ergreift das Wort, schlägt vor, einen Demonstrationszug zu formieren und über die Kettenbrücke hinauf auf den Burgberg vor das Palais des Erzherzogs Josef zu marschieren. Dem *Homo regius* solle so der Wunsch der Bevölkerung eindringlich nahe gebracht werden. Spontan folgt man diesem Appell; eine rot-weiß-grüne Fahne flattert an der Spitze des Zugs, der sich in Richtung Donau bewegt. Am Beginn der Kettenbrücke versperrt jedoch Militär den Weitermarsch: Militärkommandant FML Géza Lukachich Baron von Somorja, seit zwei Tagen im Amt und eine der meistgehassten Personen in der ungarischen Hauptstadt, hat Truppen vom Ständigen

Gefürchtet für sein radikales Programm: Graf Mihály Károlyis „Machtübernahme“ in Ungarn ist trotzdem nicht mehr aufzuhalten …

Assistenzbataillon des Honvédinfanterieregiments Nr. 5 aus Szeged und vom Honvéd-Lehrregiment aus Inota antreten lassen; hinter den Soldaten bilden Polizei und Gendarmerie einen zweiten und dritten Kordon. Die Demonstranten lassen sich jedoch nicht einschüchtern, stürmen heran und durchbrechen die erste Linie der Honvéds, die darauf verzichten zu schießen, obwohl sie den ausdrücklichen Befehl erhalten haben, die Demonstranten auf keinen Fall durchzulassen.
Polizei und Gendarmerie sind jedoch zum Widerstand entschlossen: Dreimal versuchen die Demonstranten vergeblich gegen deren Linien vorzugehen, schließlich verliert *Oberstadthauptmannstellvertreter* Krecsányi die Nerven und befiehlt der Polizei das Feuer zu eröffnen. Dann geht diese mit flacher Klinge zum Gegenangriff über. Die Kämpfe dauern an, bis die von Lukachich zur Brücke beorderten Reserven eintreffen und endgültig alle Zugänge zur Kettenbrücke besetzen. Die Demonstranten erkennen die Hoffnungslosigkeit der Lage, weichen zurück, kehren sich zur Flucht. Drei Tote und über 50 Verwundete bleiben am „Schlachtfeld" zurück …
In den Kasernen reagieren die Soldatenräte schnell auf diesen blutigen Zusammenstoß – aufgebracht fordern sie die Verhaftung von Lukachich und dem Stadtkommandanten Albrecht von Várkonyi, weiters wollen sie auch Landesverteidigungsminister Baron Szurmay, Wekerle, Szterényi, Sándor und Tisza arretieren lassen.
Entsetzen über das „Versagen" der Assistenzeinheiten beim Militärkommandanten – Lukachich lässt sofort eine Untersuchung über die Vorfälle an der Kettenbrücke einleiten; die Mannschaften, so seine Meinung, hätten unter keinen Umständen die Volksmenge so nahe herankommen lassen sollen. In einer neuen Instruktion für die Truppen, die Generalmajor Teus ausarbeitet, werden diese verpflichtet, *zeitgerecht von der Waffe Gebrauch machen zu müssen.* Für den nächsten Tag wird Bereitschaft befoh-

len. Lukachich ist aber noch nicht zufrieden, möchte mehr rechtlich gedeckten Handlungsspielraum. Mit Oberstaatsanwalt Dr. Váry erwägt er deshalb die Verhängung des Standrechts und die Verhaftung von Mitgliedern des Nationalrats, ein Antrag auf Proklamation des Standrechts wird vorbereitet.

Während im Kugelhagel der Budapester Polizei Menschen sterben, sitzen im Hotel Belvoir in Rüschlikon bei Zürich der Schriftsteller Stefan Zweig und seine Lebensgefährtin Friderike von Winternitz beim Abendessen. Zweig hat tagsüber intensiv an der Übersetzung von Romain Rollands Roman *Clerambault* ins Deutsche gearbeitet, nun entspannen er und Friderike in der friedlichen Atmosphäre des Hotels. Beide verfolgen den Gang der Ereignisse in Österreich-Ungarn mit großer Aufmerksamkeit – eigentlich hätte Zweig ja noch seinen Dienst im Kriegspressequartier versehen sollen, 1917 hat er jedoch einen zweimonatigen Urlaub dazu genützt, in Zürich zu bleiben; nach vier Monaten sind er und Friderike ins stille Rüschlikon übersiedelt. Zweig hat die Zeit des Krieges damit verbracht in verklärender Weise von der Todesmaschine zu sprechen, nun will er jedoch nicht mehr, will lieber *Defätist* und *Pazifist* sein, wie er im Juli 1918 erklärt, als weiter im Dienste der schwarz-gelben Armee den Krieg zu glorifizieren.

19 UHR 45

Krakau, in der Wohnung des k. k. Leutnants der Artillerie Karol Haller in der Kremerowskastraße, wenige Gehminuten vom Zentrum mit den Tuchhallen und der Marienkirche entfernt. Haller, der tagsüber unauffällig seinen Dienst in der „Kriegsgetreide-Expositur" in der Radziwillowska verrichtet, begrüßt zusammen mit seinem gleich gesinnten Freund, dem Oberleutnant Stanyslaw Tęcza, vier ernst blickende Herren, polnische Patrioten, die sich in den Dienst der Freiheitsbewegung stellen wollen. Aufgabe von Haller und

Tęcza ist es, Männer zu finden, die bereit sind, für dieses Ziel auch die Waffe in die Hand zu nehmen – als Kommandant dieser Truppe ist Boleslaw Roja vorgesehen, ein 42-jähriger Oberst der Polnischen Legion, dessen Aufgabe es zudem ist, Angehörige der Legion nach Krakau einsickern zu lassen. Roja, der in der Legion ein enger Mitarbeiter Pilsudskis war, agiert mit wohlwollen der Zustimmung der Stadtverwaltung: Jan K. Federowicz, der Präsident der Stadt, hat versprochen, dass die Legionäre in den städtischen Schulgebäuden eine Unterkunft finden werden.

Eingeladen hat die Gäste Stanyslaw Tęcza, von Beruf Apotheker in Krakau, der noch vor kurzem an der Front in Italien gedient, aufgrund des Todes seiner Frau am 29. September aber Heimaturlaub erhalten hat. Er und Haller, aufgewachsen in der Welt der k. u. k. Bürokratie, lieben die Ordnung und so führen sie über ihre Besucher eine exakte Evidenzkartei – zur geheimen Befreiungsorganisation melden sich an diesem 28.: Tomasz Dziama, Leutnant, Tadeusz Szantroch, Leutnant und Professor an einem Krakauer Gymnasium, Wilhelm Stec, Oberleutnant, und Karol Kurek, Oberleutnant und Jurist. Haller notiert die Einheiten, bei denen die Offiziere dienen, und ihre Wohnadresse, dann bespricht man die Lage. Die Neuregistrierten erfahren, dass die Verschwörung gegen die Österreicher bereits weite Kreise ziehe, im Stadtteil Podgórze jenseits der Weichsel sei es der seit Ende August hier stationierte Leutnant Antoni Stawarz, Kommandant einer Maschinengewehrabteilung bei einem Assistenzbataillon, der die Fäden in der Hand halte und bereits eine Reihe von Kameraden aus den Assistenzbataillonen sowie zahlreiche Deserteure für die Sache Polens gewonnen habe. Verstrickt in diese Vorbereitungen zum Umsturz seien auch die Reichsratsabgeordneten Wlodzimierz Tetmajer, der bekannte Maler und Schriftsteller, und Zygmunt Lasocki, beide Angehörige der „Volkspartei" *(Stronnictwo ludowe)*. Sie seien es auch gewesen, die den Kontakt zu Oberst Roja hergestellt hätten.

Haller erzählt auch freimütig, dass er nicht nur Offiziere ins Vertrauen ziehe. So habe er Anfang September Henryk Pachoński, einen glühenden Patrioten und Professor für Geschichte am Krakauer Lehrerseminar, für die Arbeit gegen die k. u. k. Verwaltung interessieren können. Pachoński, ein Schlesier, sei nicht nur durch soziale Hilfsaktionen für hungernde und pflegebedürftige alte Menschen hervorgetreten, sondern würde in seinen Schülern *die Liebe zum Vaterland* entfachen und auch die Bereitschaft, sich ganz diesem zu widmen, falls es einmal notwendig werden würde. Die entscheidende historische Stunde, in der die Ketten der langjährigen Unfreiheit Polens zerbrechen würden, sei in jedem Fall nahe.

Das Gespräch wird intensiver, man beginnt über den möglichen Ablauf des „Umsturzes" zu diskutieren. Oberleutnant Stanyslaw Tęcza zeigt sich als umsichtiger Planer: Er hat von Oberst Roja ein genaues Verzeichnis aller militärischen Objekte in der Region Krakau bekommen und dieses von seiner Schwester Janina dreimal auf der Maschine abtippen lassen; er selbst, so führt er aus, gehe nun von Objekt zu Objekt, frage die Soldaten aus und könne so die Liste mit weiteren Informationen vervollständigen: mit Lageskizzen, der Anzahl der Mannschaft und anderen Details.

Dann bespricht man noch einmal die vorgesehenen Kommandos durch: Den Oberbefehl über alle Aktionen wird Oberst Boleslaw Roja führen, Leutnant Haller befehligt das von ihm neu rekrutierte Krakauer Infanterieregiment, das die Nr. 8 erhalten soll. Das erste Bataillon wird Leutnant Antoni Stawarz kommandieren, das zweite Leutnant Tadeusz Szantroch. In diesem zweiten Bataillon, so der Plan, will man vor allem „Urlauber" versammeln, die sich in Krakau und Umgebung in großer Zahl verborgen halten …

Krakau feiert die Unabhängigkeit: jubelnde Menschenmenge vor dem Rathaus und den Tuchhallen am Hauptplatz, 31. Oktober 1918.

Drei Tage nach diesem Treffen in der Kremerowska, am 31. Oktober, wird die ersehnte „Befreiung" Krakaus Wirklichkeit, auch in zahlreichen anderen Städten Galiziens sinkt der Doppeladler in den Staub, die „Verschwörer" machen Karriere im neuen polnischen Staat. Karol Haller wird es bis zum Major bringen, Boleslaw Roja zum General, der sich im Kampf gegen die Rote Armee auszeichnet. Im Ruhestand wird er sein Buch über die Zeit in der Legion schreiben, vergessen beinahe – nicht aber von den Nazis: Am 27. Mai 1940 wird Boleslaw Roja im Konzentrationslager Sachsenhausen von SS-Leuten ermordet …

Während die Verschwörer in Krakau an ihren Plänen feilen und in Budapest nach dem Grafen Károlyi gerufen wird, packt der 26-jährige Oberleutnant Engelbert Dollfuß vom Kaiserschützenregiment II, Unterabschnittskommandant auf dem strategisch wichtigen Bergrücken der Zugna, seine bescheidenen Siebensachen zusammen. Morgen wird er sich von seiner Kompanie verabschieden und Richtung Rovereto aufbrechen – trotz der alliierten Offensive hat er einen mehrtägigen Urlaub in Innsbruck zugesprochen bekommen. Er ahnt nicht, dass er heute seinen letzten Tag an der Front verbracht hat und aus dem Urlaub in Innsbruck in den studentischen Alltag in Wien zurückkehren wird …

Seine Vorgesetzten hat der angehende junge Jurist, der vom 28. April bis zum 21. Juli 1918 in Wien eifrig seinen Studien nachgegangen ist und abschließend die rechtshistorische Staatsprüfung abgelegt hat, durch die auffallende Umsicht und das Organisationstalent beeindruckt, wodurch er in kurzer Zeit die Maschinengewehrstellungen seiner Einheit ausgebaut hat. Vor allem durch eine neue Form der Alarmdisposition sind die Verluste durch das feindliche Artilleriefeuer zurückgegangen, bei einem schweren Feuerüberfall der Italiener am 20. August ist kein einziger Mann der Einheit getötet oder verletzt worden – als Auszeichnung

dafür gibt's das Militärverdienstkreuz 3. Klasse mit Kriegsdekoration und Schwertern.
Der Soldat Engelbert Dollfuß ist von der Sache, für die er kämpft, überzeugt: In Wien ist er während seines Studienurlaubs Mitglied der deutschnational-katholisch ausgerichteten Burschenschaft „Franco-Bavaria" geworden, stärker denn je weiß er sich seitdem der Ideologie und den Maximen dieser männerbündischen Gemeinschaft verpflichtet: dem Kampf für das „Deutschtum", dem einigenden Band zwischen Deutschen und Österreichern, der Überwindung des Materialismus und der *Rettung der christlichen deutschen Kultur* sowie – der Abschottung gegen die Juden. Im gesamtdeutschen Kartellverband, der Dachorganisation der Burschenschaften, wird er 1920 auf einer Versammlung in Regensburg den Antrag stellen, dass *alle Studenten, deren Blut von jüdischer Beimischung befleckt ist, von der Mitgliedschaft ausgeschlossen werden sollten*; der „Anschluss" an Deutschland ist ihm lange Zeit hindurch eine selbstverständliche Forderung …

Zur gleichen Zeit in Santa Anastasia, einem kleinen Ort an der Livenza. Oberleutnant Julius Raab, der Kommandant der 3./4. Sappeurkompanie, notiert in dem von ihm geführten Tagebuch der Einheit die Ereignisse des Tages: „Kompagnie liegt in Retablierung in San-Anastasia.
Stand 135
Urlaub 23
Wetter schön.
Ad Tel. Dep. Nr. 209 u. 210 v. S. B. Kmdo 58 arbeitet die Kompagnie in Reggia an der Herstellung eines ganz eingedeckten Überschiffungsgliedes."
Es ist der letzte ungestörte und friedliche Tag, den die 3./4. Sappeurkompanie an der Livenza verbracht hat, denn der Befehl des Sappeurbataillonskommandos für den kommenden Tag sieht bereits den Abmarsch Richtung Piave vor: Nach vierzehn Tagen

des Exerzierens und kleinerer Bauarbeiten an der Livenza geht es für die Sappeure wieder los Richtung Front. Den Männern Raabs ist der Fluss gut bekannt, haben sie doch von Mitte September bis Mitte Oktober „Fuchslöcher“ und Schwarmunterstände in den Piavedamm gebaut. Keiner von ihnen zögert, keiner weigert sich dem Befehl des Kommandanten nachzukommen, sie sind Raab, der in jeder Gefahr und jeder Situation zu ihnen gestanden ist, treu ergeben. Der knapp 27-jährige Raab, geboren und aufgewachsen in St. Pölten, geradlinig und willensstark, steht seit August 1914 im Feld, hat die Schlachten in Galizien und am Isonzo erlebt; vielfach ausgezeichnet, führt er nun seine Leute mit vorbildlicher Umsicht. Seit dem 10. Juli 1918, dem Zeitpunkt seiner Rückkehr vom Studienurlaub in Wien, den er für Lehrveranstaltungen an der Technischen Hochschule nützte, ist er der Chef der Truppe und vor allem ihm wird es diese zu verdanken haben, dass sie sicher in die Heimat zurückkehrt: Der Befehl zum Vormarsch wird sich am 29. rasch in eine Aufforderung zum Rückzug wandeln; den Sappeuren fällt nun die Aufgabe zu entlang der Rückzugsstraßen eine Brücke nach der anderen zu sprengen, um den Vormarsch der Alliierten so nachhaltig wie möglich zu erschweren. Julius Raab und seine Soldaten, die ihm freiwillig immer weiter folgen, lassen sich auch vom Chaos und den Missverständnissen um den Waffenstillstandstermin am 4. November nicht beirren; am 16. November sind sie in Graz, am 23. November erreichen sie St. Pölten. Die Bevölkerung steht Spalier, als Raab hoch zu Ross seine Sappeure durch die Straßen führt. Unter den Zuschauern, die diesen Einzug der abgekämpften *Helden* nie vergessen werden, ist auch der 16-jährige Gymnasiast Leopold Figl, Bauernsohn aus Rust im Tullnerfeld, der mit Heinrich Raab, dem Bruder des Oberleutnants, befreundet ist. „Bua, kannst mitkommen!“, meint dann dieser gnädig zu Figl und so kommt es, dass die beiden Schüler in einem der St. Pöltener Gasthäuser den Erinnerungen des Älteren lauschen werden …

20 UHR

Wien, Südbahnhof. Zwei Marineoffiziere empfangen die pünktlich zum Zug nach Pola eintreffenden sozialdemokratischen Abgeordneten Albert Sever und August Forstner, händigen ihnen die Fahrkarten und die Beglaubigungsschreiben aus. Reserviert worden ist für die beiden ein Halbkupee erster Klasse, vom ehemals gewohnten Luxus auf den k. u. k. Staatsbahnen ist allerdings kaum mehr etwas zu spüren: Die Fenster des Abteils sind zerbrochen, die Heizung ist ausgefallen. Für Sever und Forstner beginnt eine höchst ungemütliche Reise durch die kalte Herbstnacht; am 29. Oktober, gegen zwei Uhr nachmittags, werden sie in Pola eintreffen, wo eine schwierige Mission auf sie wartet …

Die Marinesektion des Kriegsministeriums wird in einer Meldung an die Militärkanzlei Seiner Majestät die Verhandlungsergebnisse des Tages mit den Abgeordneten der einzelnen Nationalitäten zusammenfassen:

„1. Die Friauler Abgeordneten haben ein beruhigendes Telegramm an die Heeres- und Marinemannschaften in Pola und Cattaro abgesendet.

2. Der Nationalrat in Prag hat einen beruhigenden Aufruf entworfen, dessen Inhalt durch das Kriegsministerium, Marinesektion, dem Nationalrate in Zagreb übermittelt wird. Wenn sich dieser zu einer ähnlichen Textierung entschließt, so wird die Ausgabe beider Aufrufe gleichzeitig erfolgen. Falls Zagreb nicht zustimmt, so unterbleibt auch die Prager Ausgabe.

3. Deutsche sozialdemokratische Abgeordnete treffen Dienstag, den 29. des Monats, in Pola ein, um Heeres- und Marineangehörige, wenn erforderlich auch Arbeiter, zu Ruhe und Ordnung zu mahnen.

4. Der ungarische Nationalrat hat die Absicht ausgesprochen, vorerst ein beruhigendes Telegramm nach Pola und Cattaro zu senden und will späterhin auch Abgeordnete in die beiden Häfen entsenden …“

Während der Zug mit den beiden sozialdemokratischen Abgeordneten Sever und Forstner nach Süden rast und auf den Straßen Prags die Unabhängigkeit gefeiert wird, während in Agram die Weichen für den neuen Staat der Südslawen gestellt werden und im Salon der Hofrätin Zuckerkandl Hermann Bahr seine zynischen Scherze mit der Angst des Bürgers vor der Anarchie treibt, versuchen die zurückgehenden k. u. k. Truppen am Piave noch einigermaßen erträgliche Positionen für die Nacht zu retten.

Das Infanterieregiment Hoch- und Deutschmeister Nr. 4 hat befehlsgemäß die Höhe 448 besetzt; die eigenen Stellungen erstrecken sich nun von Kote 190 bis auf den Monte Barberie, das Regimentskommando ist in einer Kaverne am südlichen Hang des Mogliana untergebracht. Die Einheit sieht sich mit einer der *schwersten Situationen seit Kriegsbeginn* konfrontiert: Der Höhenrücken 448 ist ununterbrochen heftigem Artilleriefeuer ausgesetzt, da es keine vorbereiteten Stellungen gibt, liegt die Mannschaft ungedeckt im Gelände, nur einige Gruppen können sich unter Gebüsch zumindest gegen Fliegersicht schützen. Ein Volltreffer am rechten Flügel der 5. Kompanie fordert 5 Tote und 7 Schwerverwundete, insgesamt werden 23 Tote und 270 Vermisste gezählt; 4 Offiziere sind vermisst: Hauptmann Duerrigl, Kommandant des Bereitschaftsbataillons, Leutnant Kutzer von der Maschinengewehrkompanie I/4, Leutnant Zerdik von der Technischen Kompanie und auch Major Eisenbock, der Kommandant des III. Bataillons – er verstauchte sich beim Sprung in einen Granattrichter einen Fuß und musste in der Hektik des Rückzugs zurückgelassen werden. Da die feindliche Artillerie auch Gasgranaten verschießt, fürchtet man um das Leben dieser verdienten Truppenführer.

Vorkehrungen für den industriellen Krieg: Instruktionen zur Funktionsweise einer italienischen Gasmaske.

Fig. 1

„Pneumatogen"-
con maschera

Fig. 2

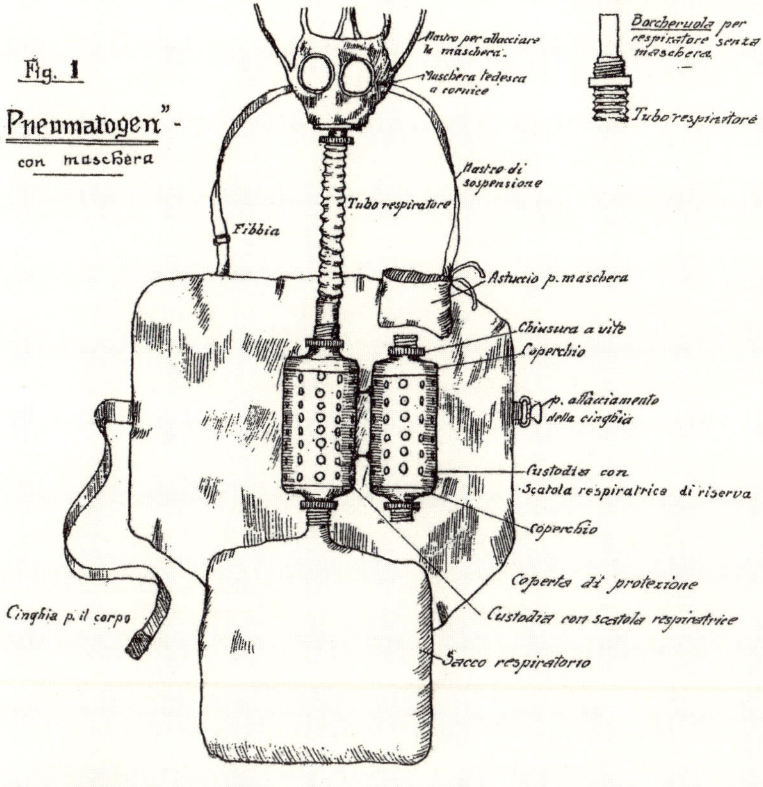

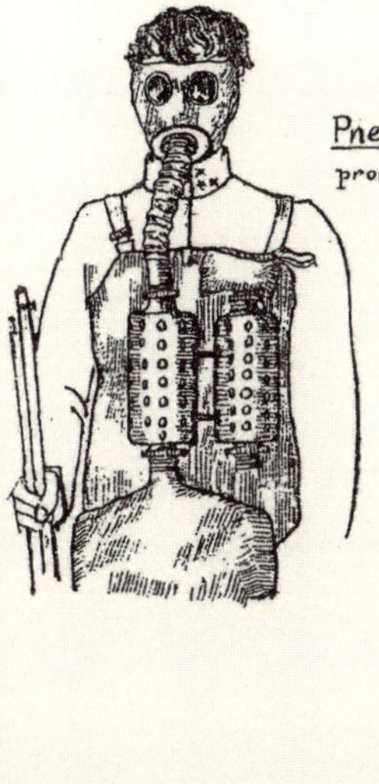

Fig. 3

Pneumatogen
pronto per l'uso

Pneumatogen Fig. 4

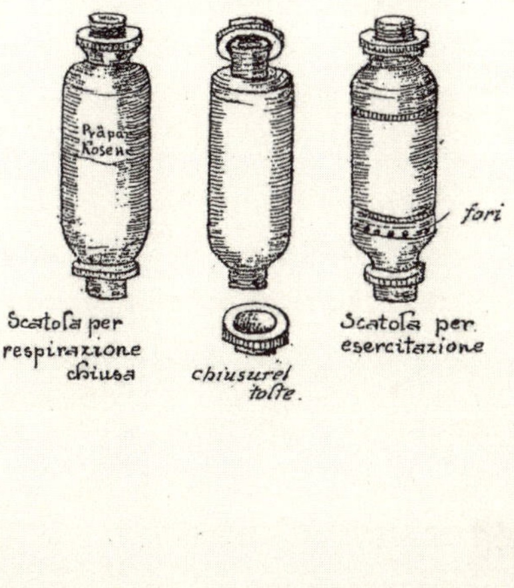

20 UHR 15 Heeresgruppenkommando Udine. Der Bericht über die *Abendlage* im Kampfraum am Monticano-Bach kann das Zurückweichen vor den beiden angreifenden britischen Divisionen nur schwer verschleiern: „Feindlicher Angriff drängte Reste der 7. und 29. Infanteriedivision und der 201. Landsturmbrigade über die Linie Visna–Vazzola–Sofratta zurück. Am Monticano-Bache steht 26. Schützendivision von Brücke nördlich Sofratta bis 1000 x östlich Grison; 201. Landsturmbrigade anschließend an 26. Schützendivision bis Monticanobrücke nordöstlich Fontanellette; weiter 24. Infanteriedivision bis 1000 x südlich Lutrano, wo 8. Kavalleriedivision anschließt. Beim 4. Korps Lage unverändert, bei den 3 südlichen Korps mäßiges Störungsfeuer."

Auf den Straßen Prags werden in diesen Minuten von Josef Fialka und seinen Freunden die ersten Flugzettel des *Národní výbor* verteilt, unterzeichnet von Antonín Švehla und František Soukup: „Bürger! Bewahrt Ruhe und befolgt gewissenhaft alle Anweisungen des Nationalrats!"
Der Wenzelsplatz ist ein Meer von Menschen, der Straßenbahnverkehr längst zum Erliegen gekommen. Hochrufe auf Masaryk und Wilson gellen über den Platz, übertönen für Augenblicke den unaufhörlichen Gesang. Transparente leuchten in der Dunkelheit, Ausrufer schreien die neuesten Nachrichten in die Menge. Überall werden Aufschriften in Deutsch heruntergerissen und abgekratzt, überklebt und überstrichen. Die Doppeladler, ob aus Stein oder Blech, vergoldet oder nur bemalt, fliegen krachend von den Fassaden auf die Gehsteige. Von Röcken, Hüten und Uniformkappen leuchten die Bänder in den Farben der tschechischen Trikolore und der USA.
Am Graben, dem prächtigen Boulevard des Prager Großbürgertums, wo sonst nur Deutsch zu hören ist, erklingt heute allein das Tschechische; rot leuchtet eine Nachbildung der amerikani-

schen Freiheitsstatue von der Galerie der „Bohemia"-Bank. Vom Kasino hat man die deutsche Aufschrift entfernt, der Eingang ist mit Brettern verstellt, davor ein Wachposten der Sokoltruppe Dr. Scheiners. Die Polizisten haben ihre Helme gegen Mützen mit der Trikolore eingetauscht.

20 UHR 30

Folgaria auf der Trentiner Hochebene, 18 km von Rovereto entfernt. Das Heeresfahrzeug mit Oberst Karl Schneller verlässt den Ort in Richtung Trient, wo es um 22 Uhr eintrifft. Beim Armeekommando erhält er Einsicht in die Note Graf Andrássys an Wilson und in das Auftragsschreiben des AOK an die Waffenstillstandskommission. Alle Bedingungen für einen Waffenstillstand sollen angenommen werden, die die Ehre der k. u. k. Armee nicht berühren und nicht einer Kapitulation gleichkommen. Schneller meldet sich bei General Weber, dem Chef der Waffenstillstandskommission, und erkundigt sich sofort nach seiner Stellung. Die kryptische Antwort des Generals: „Sie sind Kommissionsmitglied!" *Befehle kriege ich keine, orientiert werde ich nicht. Echt österreichisch*, beklagt sich Schneller noch in dieser Nacht in seinem Kriegstagebuch. Er weiß nur, dass Hauptmann Ruggiera als Parlamentär vorausfahren wird, um bei den Italienern das Kommen der Kommission anzukündigen. Bei San Marco sollen die österreichischen Unterhändler die Linien des Feindes passieren.
Zwei Tage später, am 30. Oktober, wird Field-Marshal Sir Henry Wilson, Oberbefehlshaber der britischen Streitkräfte, zu den Bemühungen Österreich-Ungarns um einen Waffenstillstand abschätzig bemerken: *Another squeal from Vienna this morning begging for an armistice. The Italian offensive goes well – 16.000 prisoners up to last night. Further screams from Emperor Karl to Diaz to stop fighting in order to save the crops in the Venetians plains. They are in a parlous condition, are the Austrians …*

Während Karl Schneller von seinem Chauffeur durch die Südtiroler Nacht gefahren wird, einem ungewissen und traurigen Unternehmen entgegen, stehen sich in der Prager Militärkommandantur die k. u. k. Generalität und ihre tschechischen Widersacher noch immer unversöhnlich gegenüber. Vor dem Gebäude des Militärkommandos drängen sich die Menschen, feiern enthusiastisch die Freiheit. Da die Wache keine ausdrückliche Anweisung hat gegen ins Haus kommende Demonstranten einzuschreiten, gelangen durch das Haupttor zahlreiche Sokolangehörige in die Durchfahrt und besetzen das Stiegenhaus. Als Kestřanek, der eben mit Dr. Scheiner und Soukup die Gespräche wieder aufnehmen möchte, davon erfährt, verliert der ansonsten nur schwer aus der Ruhe zu bringende Kriegsveteran erstmals die Nerven: „Was heißt das?", fährt er die Tschechen böse an, „noch bin ich hier Herr und Kommandant!" Dr. Scheiner beruhigt den General, verspricht ihm persönlichen Schutz. Kestřanek pocht wiederum auf seine Ehre als Offizier, die es zu wahren gelte, und gibt nun das Ergebnis seiner Beratungen bekannt: Er möchte mit dem Nationalausschuss selbst sprechen – das bedeutet, dass man die Verhandlungen in das Repräsentationshaus am Altstädter Ring verlegt. Dr. Scheiner und František Soukup sind einverstanden, der Sokolführer verbürgt sich für die Sicherheit des Generals und seiner Begleiter, die Autos für den Transfer in die Altstadt würden vom Nationalausschuss zur Verfügung gestellt. So bricht man, vorbei an einem Spalier aus Offizieren und Sokolangehörigen, gemeinsam auf – Kestřanek wird von Feldmarschallleutnant Zanantoni, Stabschef Oberst Stusche, dem 2. Generalstabsoffizier Oberst Carl Feueregger-Franul von Weißenthurn, Stellvertreter des Stabschefs, und einem Intendanten begleitet.

21 UHR In den Straßen von Zagreb. Die Demonstranten sind mit ihrer Rosettenaktion in den Lokalen der

Stadt zu weit gegangen – plötzlich tauchen Militärpatrouillen, geführt von kroatischen Offizieren, und Sokolverbände auf, die im Auftrag des Nationalrats die Schließung aller Lokale veranlassen. Bereits nach einer Stunde ist Zagreb wieder ruhig, auf den Straßen ist nur mehr der Marschtritt der Wachpatrouillen zu hören. Die ganze Nacht über werden sie für Ruhe und Ordnung in der Stadt sorgen.

Von Ruhe ist man in diesen Minuten in Prag noch weit entfernt: Die Autokolonne mit den Militärs, mit Sokolchef Dr. Scheiner und dem Sozialdemokraten Dr. Soukup, kämpft sich langsam durch die singenden und feiernden Menschenmassen auf den Straßen in Richtung Repräsentationshaus. Als der Konvoi vor dem Gebäude mit den markanten Jugendstil-Ornamenten hält, brandet Beifall auf; durch ein Spalier jubelnden Publikums ziehen die Herren, Gladiatoren gleich, über breite Treppen der „Endrunde" des Tages entgegen, die in den Räumlichkeiten des so genannten „Herrenklubs" beginnen wird. Kestřanek und seine Begleiter, das letzte Fähnlein des Doppeladlers, spüren, dass sie einen schweren Weg gehen; die von den Tschechen geforderte Übertragung der Militärgewalt an den Nationalausschuss wird sich nur mehr schwer verhindern lassen; schmerzlich empfinden sie das Fehlen jeglicher Unterstützung aus Wien.
Im Herrenklub warten bereits die Abgeordneten des *Národní výbor*, sind höflich aufgestanden um die eintretenden Offiziere zu begrüßen, dann setzt man sich. Die Türen fallen ins Schloss, Antonín Švehla, der Chef der Agrarier, eröffnet die Verhandlungen.
Im Vorzimmer zum Sitzungssaal haben Hauptmann Jaroslav Rošický und seine Offiziere Aufstellung genommen, um die Gespräche *zu sichern*. Rošický, dessen patriotischer Ehrgeiz noch nicht gestillt ist, wälzt einen kühnen Plan – wie wäre es, wenn man den Militärkommandanten und seine Begleiter verhaften

Muster für die Anlage einer Heimkehrerübernahmsstelle.

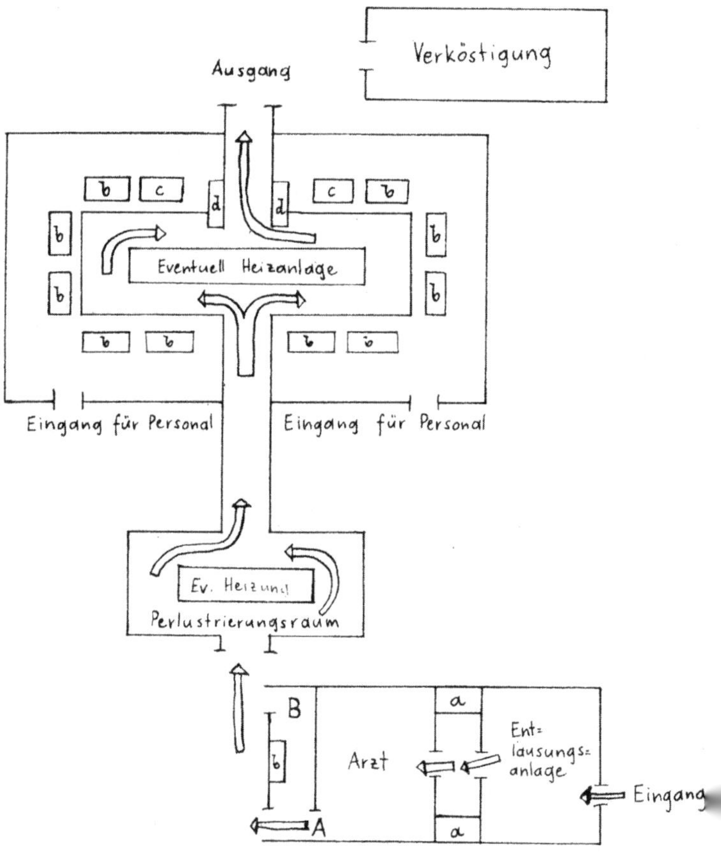

a) Zettel für Namenszug oder Daumenabdruck

Arzt: gesund, schickt Kranke und Infektionskranke nach B

b) Präsentierungstische nach Sprachen getrennt HK Präsentierungsblock)

c) Verpflegungs- und Löhnungsvermerk auf dem Präsentierungsblatt

d) Geldgebühren

würde? Mit einem Schlag hätte man so die Bataillone in den Prager Kasernen ihrer Führung beraubt! Der Hauptmann lässt daher kurzerhand Dr. Scheiner aus dem Sitzungssaal holen und unterbreitet diesem seine Absicht – den Generälen könne man nicht trauen, am besten wäre es, sie sofort zu arretieren und für einige Tage in Haft zu halten. Dr. Scheiner nimmt den Vorschlag Rošickýs zur Kenntnis, behält sich aber eine Entscheidung noch vor, er möchte den Gang der Verhandlungen abwarten.
Rošický ist ungeduldig, lässt den Sokolchef noch einmal aus dem Saal holen, der nun jedoch erklärt, dass eine „Gefangennahme" der Militärs nicht notwendig sei, sie würden sich ohnehin dem „Diktat des Nationalausschusses" unterwerfen.
Nach etwa einer Stunde verlassen die beiden Generäle und ihre Offiziere den Herrenklub, auf Bitte von Kestřanek teilt Švehla Sokolangehörige als Begleitschutz ein – vor dem Repräsentationshaus drängen sich noch immer die Menschen. Man lässt die Militärs, denen die Niederlage ins Gesicht geschrieben steht, jedoch ungestört in die Autos steigen und abfahren. Während Kestřanek in das Militärkommando zurückkehrt, fährt Stationskommandant Feldmarschallleutnant Zanantoni zur Josephs-Kaserne, um hier noch jenen vereinbarten Tagesbefehl zu verfassen, der das Ergebnis der Verhandlungen festschreibt:
„Zur Aufrechterhaltung der Ruhe und Ordnung werden vom morgigen Tag an der Sokolvereinigung des Nationalausschusses Militärpersonen (Offiziere, Fähnriche und Mannschaften) beigegeben, welche durch Kokarden in den Nationalfarben oder durch Armbinden in diesen Farben gekennzeichnet werden. Das Verfügungsrecht über diese Militärpersonen werden die Vertreter der Sokolvereinigung inne haben. Die so gekennzeichneten Militärpersonen sind so zu respektieren wie jedes Organ einer

„Heimkehrer" sind grundsätzlich verdächtig:
Wer aus Kriegsgefangenschaft zurückkehrt, wird überprüft.

Sicherheitsbehörde. Alle übrigen Militärpersonen und Truppen sind nur an die Befehle des Militärstationskommandos gewiesen, welches hinsichtlich der Verwendung der Truppen etc. im Einvernehmen mit dem Nationalausschuss vorgehen wird. Rücken Truppen zur Aufrechterhaltung der Ruhe und Ordnung aus, so werden diesen an Stelle von politischen Beamten Organe des Nationalausschusses beigegeben."

Das Militärkommando Prag hat sich damit von den tschechischen Patrioten im Nationalausschuss endgültig die Macht entwinden lassen; aus den Herren von heute sind Diener von morgen geworden. Zu vollem Bewusstsein wird diese bittere Tatsache Kestřanek und seinem Stab erst beim Lichte des nächsten Tages kommen, noch einmal wird man versuchen das Rad der Geschichte zurückzudrehen – zu spät!

Bei den Rebellen vom 4. bosnisch-herzegowinischen Infanterieregiment in Bes hat man sich inzwischen auf den nächsten Schritt geeinigt: Das gesamte Regiment wird am nächsten Morgen um 10 Uhr zum Abmarsch über Peron-Mas und Agordo nach Toblach bereitstehen – und dies bewaffnet! In Toblach soll es Richtung Heimat einwaggoniert werden. Oberst Leo Kuchynka und Hauptmann Gyebic hatten sich am Abend persönlich nach Belluno zum Heeresgruppenkommando begeben und mit Feldzeugmeister Goglia dieses Szenario vereinbart. Dem Abtransport der Bosniaken mit ihren Waffen hatte Goglia allerdings erst nach einigem Hin und Her zugestimmt, schließlich beugte auch er sich, denn als oberstes Gebot galt: die Meuterer so schnell als möglich aus der Frontnähe zu entfernen, um ihre verheerende „Vorbildwirkung" einzuschränken. Ein entsprechender Befehl wird nun von Leutnant Milosch beim Regimentskommando ausgefertigt und an alle drei Bataillone sowie die Technische Kompanie weitergegeben. Zum Abmarsch werden die tapferen *Momci* vergangener Schlachten zwar gestellt sein, aber bereits über die Marschroute wird man sich mit den Kommandeuren wieder in die Haare kriegen …

21 UHR 30

Prag, Havelskastraße. Der Grünzeughändler František Kopecký kehrt zurück in seine Wohnung. Den ganzen Tag ist er an der Spitze der Patrioten durch Prag marschiert, im Banne der Freiheit, ohne zu essen und zu rasten. Seine junge Frau hat inzwischen die größten Ängste ausgestanden. Bekannte, die den Kaufmann an der Spitze des Demonstrationszuges gesehen hatten, waren zu ihr auf den Gemüsemarkt in der Havelska gekommen und hatten sie – in Erinnerung an die Ereignisse vom 14. Oktober – damit geängstigt, dass ihr Mann als Unruhestifter erschossen oder gehängt werden würde. Am Abend hatte sie es dann nicht mehr ausgehalten und war in die Stadt aufgebrochen, um ihn, allerdings vergeblich, zu suchen. Sprechen kann František Kopecký mit seiner Frau auch jetzt noch nicht – er hat seine Stimme auf den Straßen Prags verloren, ein heiseres Flüstern und Zischen ist alles, was er hervorbringt.

21 UHR 50

An der Piavefront bei Canale. Die zurückweichenden Männer des 84. Infanterieregiments erreichen die vorgesehene Stellung. In kleinen Schluchten, unter Bäumen und Sträuchern versucht man sich, so gut es geht, für die Nacht einzurichten, immer darauf achtend, dass man am Morgen nicht sofort von feindlichen Fliegern entdeckt wird. Noch immer streut die italienische Artillerie ihre Geschosse in den Rückzugsraum der k. u. k. Truppen – mit verhängnisvoller Wirkung: Oberleutnant Robert Hofmann, der Kommandant der 12. Kompanie, und sein Kompanieoffizier, Fähnrich Götz, der eben neue Befehle entgegennehmen will, werden von den Splittern einer neben ihnen einschlagenden Granate schwer verwundet und erliegen diesen Wunden wenig später.

Zu allem Unglück des Tages kommt auch noch, dass es selbst jetzt kein Essen gibt. Die Fahrküchen sind mit dem Train im Chaos vor Canale irgendwo stecken geblieben, das bedeutet für die völlig erschöpften Soldaten weiterhin fasten – tatsächlich wird es das nächste Essen erst am Abend des 29. Oktober geben! An die 1.000 Mann sind es noch, die hier in ihren notdürftigen Verstecken in den Schluchten nördlich von Canale dem Morgen entgegendösen. 1.000 von über 65.000, die im Laufe des Krieges dem Infanterieregiment Nr. 84 angehört haben, das am 6. August 1914 von Krems aus in den Kampf gezogen ist *wie eine Braut zum Altar.* Männer, denen die Uniformen in Fetzen vom Leib hängen, deren Schuhe zerrissen sind, die Gesichter bleich vor Übermüdung und Unterernährung. Aus der scheinbar noch stabilen Front am Morgen ist man nun in den furchtbaren Sog des Zusammenbruchs geraten. Ein letztes Mal nach viereinhalb Jahren Krieg hat man an diesem Tag noch an Angriff und Gegenattacke gedacht, von nun an geht es nur mehr zurück, gnadenlos verfolgt von den Alliierten.

Die 84er wollen jedoch nicht aufgeben, führen verzweifelte Rückzugsgefechte, um nicht so wie viele andere Einheiten in Gefangenschaft zu geraten. Am 10. November um 10 Uhr wird die erste Staffel im Bahnhof Wien-Hütteldorf eintreffen, Feldmarschallleutnant Adolf von Boog, von September 1915 bis Mai 1918 Kommandeur der 25. Infanteriedivision, und der Staatssekretär für Heerwesen Josef Mayer werden das Regiment begrüßen und es auf die Deutschösterreichische Republik angeloben.

Am 11. November, um 13 Uhr, hält das Infanterieregiment Nr. 84 mit klingendem Spiel seinen offiziellen Einzug in Wien. *Wir haben ihn anders erträumt. Wallende Fahnen und Blumen und glückliche und freundliche Gesichter. Und jetzt? Ein grauer Novembertag, Regen. Und Horden, die vor keinem Gesetz Achtung hatten, denen nichts Respekt einflößen konnte als die Gewalt. So war der Traum zerstoben …*

Am 12. November, dem Tag der Ausrufung der Republik Deutschösterreich, wird das k. u. k. Infanterieregiment Nr. 84 für aufgelöst erklärt. Ein Teil der Soldaten meldet sich zur Volkswehr, die anderen, vor allem Bauern und Bauernsöhne aus dem Most- und Waldviertel, aus dem Weinviertel und dem südlichen Niederösterreich, sind entlassen, kehren heim zu ihren Familien, auf ihre Höfe, die so lange ohne sie auskommen mussten …

22 UHR

Prag, Repräsentationshaus. Ein historischer Augenblick: Das erste Gesetz des neuen Staates, von Alois Rašín in der Nacht zuvor entworfen und am Abend in einer Plenarversammlung des Nationalausschusses unter dem Vorsitz Švehlas beschlossen, liegt zur Unterschrift bereit. Dr. Alois Rašín, Dr. František Soukup, Antonín Švehla, Jiří Stříbrný und der Slowake Dr. Vavro Srobár, der eben erst in Prag eingetroffen ist, unterzeichnen das Schriftstück, das in seinem einleitenden Satz die Botschaft des Tages zusammenfasst: „Der selbstständige tschechoslowakische Staat ist ins Leben getreten“. Dann legt man die Spielregeln für das weitere Vorgehen fest: Die endgültige „Staatsform“ bestimme die Nationalversammlung im Einvernehmen mit dem Tschechoslowakischen Nationalrat in Paris. Bis dahin werde die staatliche Oberhoheit im Inneren vom *Národní výbor* ausgeübt. Alle geltenden Landes- und Reichsgesetze würden vorläufig ihre Gültigkeit behalten.

Begleitend zu diesem Gesetz hat man einen Aufruf vorbereitet, der noch einmal die Bedeutung des Geschehens zusammenfasst und an große Gefühle appelliert, gleichzeitig aber auch keinen Zweifel daran lässt, dass nunmehr einzig und allein der Nationalauschuss das Sagen hat. Und keinen Zweifel lässt man auch daran, dass der Umsturz keine „bolschewistische Revolution“ ist:

Weltuntergangsstimmung beherrscht das Reich des Doppeladlers: „Der jüngste Tag“. Radierung von Oskar Laske, 1918.

PAX
VONDEN

„Tschechoslowakisches Volk!
Dein uralter Traum ist Wirklichkeit geworden, der tschechoslowakische Staat ist mit dem heutigen Tag in die Reihe der selbstständigen freien Kulturstaaten der Welt getreten. Der Nationalausschuss übernahm, getragen vom Vertrauen des gesamten tschechoslowakischen Volkes, als einziges berechtigtes und verantwortliches Organ die Verwaltung Deines Staates in seine Hände.
Tschechoslowakisches Volk, alles, was Du unternimmst, unternimmst Du von diesem Augenblick an als neues freies Mitglied der großen Familie unabhängiger freier Nationen ...
Keine einzige störende Tat soll diesen großen Augenblick trüben, kein einziger von Euch soll sich etwas zuschulden lassen kommen, was einen Schatten auf den reinen Namen der Nation werfen könnte! Jeder von Euch muss alles achten, was anderen heilig ist! Die persönliche Freiheit und das Privateigentum dürfen nicht angetastet werden! Unterordnet Euch vorbehaltlos den Anordnungen des Nationalrats!"
Auf den Straßen Prags herrschen indessen weiterhin Jubel und Trubel. Die Musikkapelle des k. u. k. Infanterieregiments 2, bereits stundenlang im Einsatz, marschiert am Nationaltheater vorbei, dann das Ufer der Moldau entlang zur Karlsbrücke. Den Musikern voran wird ein Blumenstrauß getragen, hinter ihnen folgen die Menschen – Ziel des Zuges ist die Wohnung von Charlotte Masaryk, der Gattin des vergötterten Exilpolitikers. Eine Delegation überreicht mit gesetzten Worten die Blumen, Charlotte und ihre Tochter Alice treten auf den Balkon, die Menschenmenge stimmt die neue Staatshymne *Kde domov muj?* an. Die Ehrung für die beiden Frauen ist keine bloße Geste: Beide sind der tschechischen Sache eng verbunden – Charlotte Masaryk, geboren 1850 in Brooklyn, New York, als Charlotte Garrigue, hat ihren späteren Mann 1876 in Leipzig kennen gelernt und 1878 in New York geheiratet; ihr Mädchenname

wird Bestandteil des Namens ihres Gatten – die berühmte Formel „TGM“ ist damit geboren. Bis 1881 lebt man in Wien, dann übersiedelt das Ehepaar Masaryk nach Prag. Charlotte lernt Tschechisch, engagiert sich in der tschechischen Frauenbewegung, übersetzt John Stuart Mills *Subjection of Women* ins Tschechische und fördert das kompositorische Schaffen von Bedrich Smetana. Ihre Leidenszeit beginnt mit dem Krieg: TGM wird wegen Hochverrat angeklagt und kann sich dem Todesurteil nur durch Flucht, begleitet von Tochter Olga, der Jüngsten, entziehen, Sohn Jan, später tschechischer Außenminister, muss als k. u. k. Soldat einrücken, der ältere Sohn Herbert, der sich als Maler einen Namen machen kann, stirbt 1915 an Typhus. Alice, geboren 1879 in Wien, Lehrerin in Prag, wird 1915 wegen Besitzes staatsfeindlicher Literatur angeklagt und verurteilt. Acht Monate verbringt sie in einem Wiener Gefängnis, gestärkt in dieser schweren Zeit durch an die 100 Briefe ihrer Mutter – ein Schicksal, das Alice Masaryk, die in den 20er-Jahren erstmals die Einführung eines „Muttertags“ in der Tschechoslowakei vorschlagen wird, zu einer Galionsfigur im Kampf gegen Habsburg werden lässt, das andererseits kein sehr gutes Licht auf die Arbeit der k. u. k. Abwehr und der Justizbehörden wirft …

Klubräume der deutschnationalen Parteien im Parlament. Die Sitzung unter dem Vorsitz des Salzburger Hof- und Gerichtsadvokaten Dr. Julius Sylvester, eines erklärten Antisemiten und alten Gefolgsmannes Georg von Schönerers, wird mit einer Erklärung abgeschlossen, die den Schritt des k. u. k. Außenministers als Verrat am deutschen Bundesgenossen heftig verurteilt: „Die anwesenden Mitglieder der deutschnationalen Parteien waren über die Art und Weise, wie Graf Andrássy die Note Wilsons beantwortete, tief entrüstet. Graf Andrássy war von Ungarn gekommen und hatte sich weder mit der deutschen Reichsregierung noch mit der Vertretung des deutschen Vollzugsausschusses ins Einvernehmen gesetzt, bevor er die Note verfasste. Obwohl man auf das lebhafteste die Friedensverhandlungen begrüßt und sie als notwendig erachtet, so hatte doch das einseitige Vorgehen des Grafen Andrássy, dass er ohne Einvernehmen mit dem Deutschen Reiche die Note an Wilson abgehen ließ, tiefste Entrüstung unter den deutschen Parteien hervorgerufen. Vor wenigen Tagen noch hat eine Abordnung des deutschen Vollzugsausschusses in Berlin geweilt und hat bei der deutschen Reichsregierung für die Versorgung Österreichs das weitgehendste Entgegenkommen gefunden. Trotzdem und obwohl deutsche Soldaten in den Alpenländern und in den Karpathen an der Seite der unserigen gekämpft und für die Verteidigung Österreich-Ungarns sich eingesetzt haben, wurde jetzt die Form verletzt und ohne Einvernehmen mit dem Deutschen Reiche, wie es ja auch in der Note ausdrücklich heißt, an Wilson herangetreten. Außerdem hat man auch ein vorheriges Einvernehmen mit den Vertretern des deutschen Vollzugsausschusses nicht gesucht, sondern über seinen Kopf hinweg die Antwort an Wilson gerichtet. Die deutschnationalen Parteien erheben gegen ein solches unqualifizierbares Vorgehen entschieden Einspruch und werden in dem deutschen Vollzugsausschusse darauf dringen, dass das Selbstbestimmungsrecht Deutsch-Österreichs unbedingt gewahrt und der Friede im Einvernehmen mit dem Deutschen Reiche durchgesetzt wird.“

22 UHR 15 Wien, Kriegsministerium. In einer Hughesdepesche genehmigt das Kriegsministerium auf Anfrage des Militärkommandos in Agram die Bewaffnung der Nationalgarden mit 5.000 Gewehren und 350.000 Patronen aus alten Vorräten der Honvéd-Truppen. Eine Bedingung wird allerdings gestellt: Die Bewaffnung solle nur erfolgen, wenn das Militärkommando den bestimmten Eindruck habe, dass die zu bewaffnende Truppe nicht Missbrauch mit den Waffen treibe

und dass diese ausschließlich aus sich freiwillig meldenden Kräften bestehe, die verlässlich und militärisch ausgebildet seien.
Im Kampf gegen die Banden auf dem freien Land benötigt der Nationalrat dringend diese zusätzlichen Kräfte, vor allem zum Schutz der Eisenbahnstationen und des Eisenbahnpersonals.

22 UHR 30

Baden, Armeeoberkommando. Generalstabschef Arz von Straußenburg und von Waldstätten sehen keine andere Möglichkeit mehr, als dem Vorschlag von Boroević zuzustimmen. Man telegraphiert nach Udine:
Mit den Anordnungen Op. Nr. 1536 einverstanden. Ein Zertrümmern der Armee muss verhindert werden; nach Bedarf rechtzeitig einer zur Auflösung führenden Niederlage ausweichen.
Während der k. u. k. Generalstab verzweifelt über Mittel und Wege zur Rettung der Armee, seiner großen Todesmaschine, nachsinnt, kommt es im Kriegshafen Pola zu ersten Tumulten. Italienische Demonstranten ziehen vor das Marinekasino und beginnen mit Steinen die Fenster des Speisesaals einzuwerfen; zwei Damen, die das Kasino eben betreten wollen, werden mit Wasser übergossen und tätlich angegriffen. Erst eine Kompanie des Matrosenkorps schafft Ruhe und übernimmt die Bewachung des Kasinos. Nicht verhindern können die Matrosen allerdings, dass alle deutschsprachigen Tafeln heruntergerissen und die italienischen Farben gehisst werden. Und „Hoch Wilson!“ heißt es auf Plakaten, die nun überall angeschlagen werden.

22 UHR 40

Baden, Armeeoberkommando. Nur wenige Minuten nach der Depesche an Boroević telegraphiert man auch dem Heeresgruppenkommando Tirol:
„An Heeresgruppenkommando Boroević erging die Weisung, einer zur Auflösung führenden Niederlage auszuweichen. Die Zertrümmerung der Armee muss verhindert werden. Dieser Befehl gilt auch für die Heeresgruppe Tirol.“

22 UHR 45 Kriegshafen Pola. Der persönliche Einsatz von Vizeadmiral Horthy hat zumindest bewirkt, dass auf den Schiffen der Dienstbetrieb wie immer aufrecht ist. Die ungarischen Mannschaften haben jedoch unmissverständlich deponiert, dass sie die Fahrzeuge am 1. November 1918 verlassen werden.

Seekadett Franz Robert Oedl, der auf SMS HABSBURG seit 4. September den Kurs zur Ablegung der Offiziersprüfung besucht, vorher zwei Jahre auf SMS SAIDA als Navigationsfähnrich gedient hat und immer der Überzeugung gewesen ist, *dass wir siegen werden und unsere Marine einer glänzenden Zukunft entgegengeht*, hat erkannt, dass der Krieg verloren ist und sich Österreich in einem *vollständigen Auflösungsprozess* befindet. In seinem Tagebuch, das er genau vor zehn Tagen begonnen hat, notiert er illusionslos: „Abends wird unser Waffenstillstands-Angebot bekannt. Wir schließen Sonderfrieden und im übrigen kapitulieren wir vollständig. Was werden die nächsten Tage bringen? Heute Nacht heißt es, wollen sie den VIRIBUS UNITIS sprengen.

Es wird uns genau so gehen, wie den russischen Marine-Offizieren in Sevastopol, sie wurden dort alle versenkt, die Anzeichen sind genau dieselben, wie damals. Prost Mahlzeit!“

Vom Kreuzerflottillenkommando im Golf von Cattaro trifft inzwischen beim Flottenkommando folgende Meldung ein:

„Mit Bezug auf Telegramm des Flottenkommandos vom 27. Oktober wird nachfolgende Konfidentenmeldung des Hafenadmiralats im Golfe von Cattaro gemeldet: Unter Bemannung der I. Kreuzerflottille wird nach Angabe des Konfidenten propagiert, am 1. des Monats November Schiffe zu verlassen, um in Heimat zurückzukehren. Aus sonstigen Quellen von dieser Propaganda nichts bekannt geworden, bisher auch noch keine Wirkung in Erscheinung getreten. Auf Bemannung wird ständig durch Stab beruhigend eingewirkt. Schritt getan, um einen der am 29. Oktober in Spalato zu einer politischen Konferenz erscheinenden südslawischen Abgeordneten zu veranlassen, herzukommen. Disziplin und Ordnung vollkommen aufrecht."

Der winzige Schimmer der Hoffnung, der aus dieser Meldung aufleuchtet, täuscht: Tatsächlich sind es nur mehr Stunden, die den österreichisch-ungarischen Schlachtschiffen gegeben sind: Am 30. Oktober verfügt Kaiser Karl die Übergabe der gesamten k. u. k. Kriegsflotte an den neuen südslawischen Staat; am 31. Oktober, um 9 Uhr vormittags, wird Flottenkommandant Nikolaus Horthy diese an den Nationalrat der Slowenen, Kroaten und Serben übergeben; um 16 Uhr 45 wird auf dem Flottenflaggschiff VIRIBUS UNITIS die k. u. k. Kriegsflagge eingeholt und die Trikolore des neuen südslawischen Staates gehisst. Janko Vukovic de Podkapelski wird neuer Flottenkommandant; Offiziere und Matrosen anderer Nationalitäten verlassen die Schiffe – ein ruhmloses Ende, das vor allem so manchen Berufsoffizier, der ohne Vorwarnung, von einem Tag auf den anderen, auf der Straße steht, zutiefst deprimieren muss.

Wenig später schon wird man emsig am Mythos von Österreichs versunkener Herrschaft zur See weben, ihr einen nostalgischen Glanz verleihen, der mit der Düsternis des Zusammenbruchs in jenen späten Oktobertagen nichts mehr gemein haben wird: *Ein jeder aber von denen, die unter der rot-weiß-roten Flagge gedient hatten, nahm sie in seinen Herzen mit. Alle, die auf dem sonnigen Südmeer der völkerreichen Doppelmonarchie im Frieden und im Kriege mit dem Schicksale der k. u. k. Kriegsmarine verwoben waren, werden sie nie vergessen. Über Zeit und Raum hinweg wird diese Erinnerung dankbar und lebendig bleiben, das gewaltigste Denkmal für die große Tote, die so vielen Männern Inhalt und Krönung ihres Lebens war …*

Das Ende: der Marsch in die Gefangenschaft.
Von britischen Wachen eskortiert überqueren k. u. k. Soldaten den Piave.

23 UHR Heeresgruppenkommando Tirol. Neue Fälle von Gehorsamsverweigerung werden gemeldet, betroffen sind auch vermeintliche Elitetruppen:

„Meuterer des Infanterie-Regiments 138 (Rumänen und Magyaren) sind unter Führung eines Offiziers und des Regimentsgeistlichen von Roccolo zum Korpskommando marschiert, haben dort die Munition, Stahlhelme und Gasmasken abgegeben und wurden vom Korpskommando in den Kantonierungsraum des Regiments abgeschoben.

Vom Infanterie-Regiment 67 (Slowaken und Magyaren) ist gestern abends eine Kompagnie unter Kommando eines Zugsführers, während der Kompagniekommandant – ein Leutnant – beim Bataillonskommando war, aus dem Siebenbürgerlager durchgegangen. Eine Maschinengewehrkompagnie hat sich angeschlossen, obwohl dem Bataillon verlautbart wurde, dass sie heute marschieren werden. Die beiden Kompagnien sind heute Nacht in Larici eingetroffen; es wurden ihnen Munition, Stahlhelme und Gasmasken abgenommen; sie wurden gleichfalls in ihren Kantonierungsraum abgeschoben. Die Leute erklärten beim Lagerkommando, dass sie Anhänger der radikalen Friedenspartei seien.

Das Infanterie-Regiment 111 (Tschechen, Deutsche) ist gestern abends mit drei Bataillonen im Grazerlager eingetroffen und sollte nach Larici marschieren. Beim Aufbruch verweigerte das II. Bataillon den Abmarsch. Das Bataillon entstammt dem Infanterie-Regiment 88 (Gros Tschechen) und war nach Meldung des Regimentskommandanten bisher in seinem Verhalten tadellos, ebenso wie die anderen zwei Bataillone. Es besteht aus 80 % Tschechen und 20 % Deutsche. Letztere haben sich mit den Tschechen solidarisch erklärt. Da dem Regimente die gestern vom Armeekommando ausgegebenen aufklärenden Erlässe noch nicht bekannt waren, wurden sie dem Regimentskommandanten eindiktiert und er angewiesen, sie bei der fortzusetzenden

Einflussnahme auf die Mannschaft zu verwerten. Als Ursache der Verweigerung der Durchführung des Marschbefehles gab die Mannschaft die schlechte Verpflegung und insbesondere die schlechte Kleidung an. Das Regiment wurde überdies schon seit Wochen herumgeworfen, von einer Division zur anderen, die Leute seien völlig erschöpft. Dem aufklärenden Einfluss des Regimentskommandanten ist es bis Mittag gelungen, die zwei anderen Bataillone (I und III) zur Fortsetzung des Marsches zu bewegen; sie treffen heute abends in Larici ein. Ihnen schloss sich die Maschinengewehrkompagnie des II. (meuternden) Bataillons an. Dieses Bataillon wird am 30. nach Abnahme der Munition zur 10. Armee abgeschoben.

Die Bataillone I und II des Infanterie-Regiments 59 (Salzburger) sind heute in Grigno eingetroffen und verweigern den Vormarsch über Via portica nach Barricata. Der Kommandant der 6. Infanterie-Brigade und der Regimentskommandant bemühten sich vergebens, die Mannschaft zum Weitermarsch zu veranlassen, wobei sie auf das kräftigste von allen Offizieren, dem Feldkuraten und einem Teil der Unteroffiziere unterstützt wurden. Als der Oberleutnant Schilhawsky (Regimentskommandant) als letzten Appell schließlich sagte, dass er mit den Offizieren und einem großen Teil der Unteroffiziere auf das Plateau gehen werde und an die Mannschaft die Frage richtete, ob sie nach allem, was das Regiment bis jetzt in diesem Kriege geleistet habe, so ehrlos sein wollen, ihre Vorgesetzten treulos im Stich zu lassen, meldete sich kein einziger Mann ohne Chargengrad zum Weitermarsche. Die älteren Unteroffiziere behaupten, dass die Stimmung der Mannschaft derzeit so unverlässlich sei, dass, selbst wenn sie bis in die Stellung gehen würde, auf ihre Haltung nicht vertraut werden kann. Eine Mannschaftsdeputation brachte schließlich dem Regimentskommandanten die Bitte vor, auf einen anderen Kriegsschauplatz verlegt zu werden, wo sich die Rainer ebenso brav schlagen werden wie bisher …

Beim III. Bataillon des Infanterie-Regiments 14 haben 2 Kompagnien das Lager verlassen und sind von Barricata gegen Aviati abmarschiert. Der Oberst – Regimentskommandant – ist ihnen nachgeeilt und wird versuchen, sie zur Raison zu bringen. Wenn es diesem alten, beliebten Offizier, der als Infanterist bei diesem Regimente zu dienen anfing und wie selten einer mit der Mannschaft zu verkehren versteht, nicht gelingt, dann ist auf den Erfolg einer anderen Intervention absolut nicht zu rechnen ... Es ist, als ob plötzlich eine böse Krankheit über die Mannschaft hereingebrochen wäre, da sie gegen alle Vernunftgründe absolut unzugänglich ist ..."
Was nicht im Bericht des Heeresgruppenkommandos steht: Auch in der Etappe kommt es bereits zu Plünderungen und Gehorsamsverweigerungen, so im unteren Inntal bei ungarischen Marschformationen und bei einem Armeesturmkurs der 10. Armee in Schabs im Eisacktal.

23 UHR 10 München, Villa Mann: Erfolgsautor Thomas Mann ist mit dem Tag nicht unzufrieden. Da er am 27. *endlich bei Zeiten ins Bett* kam, war er bestens ausgeschlafen, *prachtvolles Wetter* hob die Stimmung weiter, dann gab es bereits zum Frühstück *Verehrung und Dankbarkeit genug* – Leserbriefe über sein eben erschienenes neues Buch *Betrachtungen eines Unpolitischen*, in dem er den Krieg noch als *Veredelung und Verfeinerung des Menschen angesichts des Todes* preist, den uneingeschränkten U-Boot-Krieg und die Versenkung der „Lusitania" verteidigt und über seinen Bruder Heinrich, den *Zivilisationsliteraten* und Pazifisten, sowie den französischen Schriftstellerkollegen Romain Rolland herzieht. Einem ausgedehnten Spaziergang bei *heiterstem Wetter* und dem Mittagessen

Nichts soll mehr an Habsburgs Herrschaft erinnern: von tschechischen Demonstranten gestürzte Mariensäule in Prag.

folgte nachmittags ausgiebiger Schlaf. Ein *kurzer Abendgang bei Sternenhimmel und Frische* rundete die körperlichen Aktivitäten in angenehmster Weise ab. Und dann war da noch der Brief von seinem Verleger Samuel Fischer, in dem ihm dieser mitteilte, dass die „Betrachtungen" *ganz gut bestellt* werden würden und ein Neudruck des Buches bereits in absehbarer Zeit erfolgen könnte. Besonders erfreulich auch die kleine Aufmerksamkeit, die Fischer dem Schreiben beigelegt hat: 500 Zigaretten – damit sind für die nächste Zeit Genuss und Wohlbehagen im Hause Mann garantiert.

Ganz so unpolitisch, wie der Autor der *Buddenbrooks* sich manchmal zu geben beliebt, ist er natürlich nicht – im Tagebuch notiert er *die Kapitulation Österreichs, ein Verlangen nach Sonderfrieden,* und merkt dazu mit giftiger Polemik an: *Von einem „Verzweiflungskampf", scheint mir, kann keine Rede sein.* Was die Konsequenzen des verlorenen Krieges für Deutschland betrifft, so ist Mann noch optimistisch: *Wirklich glaube auch ich, trotz allen wilden Gebahrens, nicht, dass man es mit Deutschland allzu weit treiben wird. Das Ende der Weltgeschichte ist dieser Friede auf keinen Fall.* Trost bietet ihm in diesen Tagen die Lektüre von Goethes Versepos *Hermann und Dorothe;* die Schlussdistichen der Einleitung zeichnen den Weg vor, den nun auch er gehen möchte:

„Menschen lernten wir kennen und Nationen – so laßt uns,
Unser eigenes Herz kennend, uns dessen erfreuen."

23 UHR 30 Hotel Astoria, Budapest. Noch immer findet die ungarische Metropole nicht zur Ruhe: In einem Saal des Hotels Astoria berät der Nationalrat den Vorschlag von Erzherzog Josef für eine Kabinettsbildung durch Mihály Károlyi. Das „nationale Einigungswerk" des *Homo regius* sieht vor, dass Károlyi doch Ministerpräsident wird, dafür muss er jedoch akzeptieren, dass drei Ministersitze an Angehörige von im National-

rat nicht vertretenen Parteien gehen. Der Nationalrat stimmt dem Vorschlag schließlich zu, stellt aber seinerseits die Bedingung, dass die drei Portefeuilles mit Männern besetzt werden sollen, die sich durch ihre Haltung in der Vergangenheit politisch nicht kompromittiert haben. Am liebsten würde man „unbelastete" Experten heranziehen. Der Nationalrat zeigt sich selbstlos und erklärt für sich selbst auf alle Ministerposten verzichten zu wollen.
Auf die Nachricht hin, dass sich im Hotel Astoria der Nationalrat zu einer Sitzung versammelt habe, strömen zahlreiche Menschen auf den Platz vor dem Hotel. Mit stürmischen Rufchören erreichen sie schließlich, dass Graf Károlyi an einem der Fenster erscheint und eine Ansprache hält. In peinlicher Weise kokettiert der Graf mit der lautstark vorgetragenen Forderung seiner Anhänger, dass er das Amt des Ministerpräsidenten übernehmen solle. So erklärt er unter anderem: „Ich bitte euch, um Gottes Willen, im Interesse der heiligen Sache, die wir alle vertreten, dass die Ordnung nicht gestört werde. Wenn ihr mich nur ein wenig lieb habt – und ich hoffe das –, dürft ihr nicht wünschen, dass ich Ministerpräsident werde. Ihr müsst von meiner Person absehen und nur das heilige Ziel im Auge haben. Ich hoffe, dass schon die allernächste Zeit uns den Frieden bringen und dass alles sich zum Guten wenden wird …"

23 UHR 45

Prag, Repräsentationshaus. Überall ist noch Licht. Vor dem Gebäude Trauben von Menschen. Der Student Josef Fialka und seine Freunde drängen sich durch die Menge, sie wollen zu den Büros des Nationalrats, sich mit Papieren und Armbinden für den Ordnerdienst versorgen. Winzige Zimmer mit Kabinen, ein paar junge Männer, die auf ihren Schreibmaschinen klappern, ein Telefon und der kleine Versammlungsraum – das ist die „Residenz" der ersten Regierung des tschechoslowakischen Staates. Es herrscht Chaos – Fialka kommt zu dem Schluss, dass der Nationalrat nicht allzu gut auf den Umsturz vorbereitet ist, aber die wichtigen Männer sind alle auf ihrem Posten: Da ist die von Menschen umringte Gestalt des Dr. Zahradník, der mit ruhiger Stimme die erregten Gemüter zu zähmen versucht, da ist der markante Kopf des Sozialisten František Soukup und da ist auch Hauptmann Rošický, der Helfershelfer Dr. Scheiners. Aus einem der Zimmerchen hört man eine Stimme, die diktiert: „Das erste Gesetz, erlassen vom Nationalrat am 28. Oktober 1918 …“

In der Weinstube im Kellergewölbe des Hauses feiert man inzwischen ausgelassen die Erfolge des Tages. Während in den Büros des Nationalausschusses drei Stockwerke höher noch immer hektische Telefongespräche geführt sowie Anweisungen und Befehle für den kommenden Tag getippt werden, ist hier im unterirdischen Bauch des Gebäudes die Stimmung auf dem Höhepunkt angelangt, niemand will da nach Hause gehen. Im Rausch des Glücks, überwältigt von patriotischem Empfinden, stimmt man die Hymnen der Nation an, jede neue Nachricht, die von oben eintrifft, wird begeistert aufgenommen, man umarmt und verbrüdert sich. Plötzlich taucht der Tribun vom Wenzelsplatz, Dr. Zahradník, in der Weinstube auf und hat die neueste Erfolgsmeldung parat; auf einem Stuhl stehend, mit ungebrochener Energie ruft er sie in den Saal: An der Grenze zu Österreich habe man zwei Waggons mit Kohle abgefangen, die zur Ausfuhr bestimmt gewesen seien – Jubel braust auf, man ist stolz auf die Nation, die nun bereits erste Taten nach außen setzt … *Es lebe die Republik!*

Alois Rašín, der völlig übermüdet um Mitternacht das Repräsentationshaus verlässt, hat sein Lebensziel verwirklicht – auf ihn wartet nun eine Karriere im neuen Staat. Er wird sich Feinde sowohl im linken als auch im rechten Lager machen, als erster Finanzminister der jungen Republik, der im Frühjahr 1919 die Stabilisierung der neuen Kronenwährung durchsetzt und mit

unnachgiebiger Härte einen Kurs der Deflation verfolgt, wird aus dem umjubelten Helden der Freiheit bald einer der meistgehassten Männer in der Bevölkerung werden. Am 5. Jänner 1923 ereilt ihn das Schicksal. Als er wie jeden Tag seine Wohnung in der Zitna verlässt, um in das wartende Dienstauto zu steigen, das ihn ins Ministerbüro im Clam-Gallas-Palais in der Husovastraße bringen soll, schießt ihm der 19-jährige Bankangestellte und Anarcho-Kommunist Josef Soupal, der ihm nicht zum ersten Mal auflauert, eine Kugel in den Rücken. Das Projektil durchschlägt die Wirbelsäule, Alois Rašín kämpft verzweifelt um sein Leben. Am 18. Februar 1923 erliegt er seiner schweren Verletzung. Josef Soupal, der Attentäter, wird, weil minderjährig, nur zu 20 Jahren Haft verurteilt und später von den Nazis vorzeitig freigelassen; er ändert seinen Namen und kann sich nach dem Zweiten Weltkrieg in der Stadt Havlíčkův Brod eine neue Existenz aufbauen.
In dieser neuen Zeit scheint den Tschechen der Name von Alois Rašín der Erinnerung nicht mehr würdig: 1948 werden ihn die Kommunisten völlig aus den Geschichtsbüchern tilgen …

Auch Jan Hajšman, der Journalist und Patriot, ist inzwischen nach Hause gekommen. In seinem Tagebuch notiert er: „Ich bin nicht fähig, klare Gedanken zu fassen. Dauernd geht mir eines durch den Kopf: Heute früh bin ich als Untertan Österreichs aufgestanden, nun bin ich Bürger eines freien tschechoslowakischen Staates. Wie seltsam ist dies! Ein Märchen, ein Wunder!“

23 UHR 48

Der Express Rom-Paris mit der italienischen Regierungsdelegation an Bord hält in Modane. Eine Nachricht von der Front, der Tagesbericht von General Diaz, wird Ministerpräsident Orlando gereicht: 9.000 österreichische Gefangene und 51 erbeutete Geschütze werden vom Generalissimus gemeldet.

23 UHR 50 Wien, Herrengasse. Im Landhaus tagt noch immer der Vollzugsausschuss der Provisorischen Nationalversammlung. Die Diskussion beschäftigt sich mit dem Text der beabsichtigten Note „Deutschösterreichs" an Präsident Wilson. Karl Renner kann mit dem Verlauf der Sitzung zufrieden sein – sie lässt ihm für die nächsten Tage jenen Spielraum, den er braucht, um sich durchzusetzen.

19 Jahre später wird er glauben, tatsächlich am Ziel zu sein. Am 1. November 1938, wenige Wochen nach dem Münchener Abkommen, das die Tschechoslowakei zur Abtretung der Sudetengebiete an Hitlerdeutschland zwingt, wird er im Vorwort zu dem von ihm herausgegebenen Werk *Die Gründung der Republik Deutschösterreich, der Anschluß und die Sudetendeutschen* die *beispiellose Beharrlichkeit und Tatkraft der deutschen Reichsführung vereint mit der weitblickenden Staatsklugheit der Regierung Großbritanniens* loben, weiters auch die *opferbereite Selbstüberwindung Frankreichs* und die *heroische Verzichtleistung der Tschechoslowakei*, mit der das *sudetendeutsche Problem* seine *volle Lösung* gefunden habe – erst jetzt, so Renner, sei die Donaumonarchie für alle Zeiten *liquidiert* und das *Nationalstaatsprinzip für Mitteleuropa zur Vollendung* geführt worden. Ein *neues Kapitel europäischer Geschichte* stünde nun bevor – damit sollte er tatsächlich, wenn auch in tragischer Verkennung der Lage, Recht behalten. Adolf Hitler, der zeitweilig erblindete Gefreite aus dem Lazarett in Pasewalk, stand kurz davor, seine Vision von der großen Revanche für die Katastrophe des Jahres 1918 Wirklichkeit werden zu lassen …

Für Kaiser Karl, der durch seine Bemühungen um einen Separatfrieden *in der Stunde der Not den deutschen Bundesgenossen verraten* habe, hatte Renner, der sich einst um das Amt des Ministerpräsidenten unter den schwarz-gelben Farben bemüht hatte, im Spätherbst 1938 nur mehr Verachtung übrig.

Wer verriet aber tatsächlich wen?

0 UHR

An der Front am Monticano, der „Königsstellung". Hier, an diesem idyllischen, tief in die Landschaft eingeschnittenen Flüsschen, wollte Feldmarschall Boroević die Front noch einmal zum Halten bringen, noch einmal eine Verteidigungslinie aufbauen. Ein Vorhaben, für das die Zeit zu knapp war und das sich nun rasch als Illusion erweisen wird. Auch bei größter Tapferkeit der Truppen wird diese Position nicht lange zu halten sein, das Drama um die Armeen der Monarchie in Venetien nimmt seinen Lauf …
Die Vorhuten der 23. britischen Division haben inzwischen das rechte Ufer des Monticano erreicht, und Lieutenant Wiley vom 12. Bataillon der Durham Light Infantry ist trotz des langen Kampftages noch immer tatendurstig: Um Mitternacht tastet er sich mit seiner Kompanie, unterstützt von einer Abteilung mobiler Granatwerfer, nordöstlich von Mareno an das rechte Steilufer des Monticano heran, eine schwierige und gefährliche Operation, die ihm vom Divisionskommando entsprechend großes Lob einbringen wird.

Beim Heeresgruppenkommando in Udine sitzt Generalmajor Anton Ritter von Pitreich wie immer um diese Zeit über seinem Tagebuch. Wieder schiebt er die Schuld an der Niederlage der Politik in die Schuhe. „Noch hält die Front", schreibt er den Tag resümierend, „der Zersetzungsprozess der Armee macht aber so rapide Fortschritte, dass man zu der Überzeugung kommt, dass es sich hinsichtlich unserer weiteren Widerstandskraft kaum mehr um Tage, sondern höchstens noch um Stunden drehen kann. Nicht dem äußeren Feinde müssen wir weichen, sondern lediglich dem Diktat der inneren Feinde gehorchen; nicht die Waffen, sondern die leidige Politik soll ihr das Ende bereiten, das nun nicht mehr aufzuhalten ist. Um eine Katastrophe zu vermeiden, drängt es nun zu raschen, weitreichenden Entschlüssen …

In der Reservestellung am Monte Asolone haben Leutnant Otto Gallian und seine Männer einen ruhigen Tag verbracht – das anhaltende Geschützfeuer der Italiener kann die erfahrenen Soldaten des Infanterieregiments 99 nicht wirklich beunruhigen. Sie und ihre Kameraden von den 49ern, die vorne in der ersten Linie liegen, wissen aber: Der Feind baut seine Stellungen aus, sammelt seine Kräfte neu, bereits in wenigen Stunden wird der Kampf von neuem beginnen.

Endlich gibt's wieder Post aus der Heimat – Briefe und Zeitungen sind eingetroffen, ihre Lektüre hebt die Stimmung jedoch kaum, im Gegenteil: *Die Nachrichten aus dem Hinterland kommen uns hier an der Front vor wie eine Symphonie aus dem Irrenhaus. Politiker und Zeitungen bemühen sich, dem Volk einzureden, dass wir den „Krieg verloren haben", während die Front tief im Feindesland wie ein Felsblock feststeht. Den Krieg müssen erst diese Herrschaften „verlieren"! Und da sind sie am besten Wege dazu, denn eine solche politische Zersetzungsarbeit von rückwärts hält auf die Dauer keine Armee der Welt aus!*

Am frühen Abend des 31. Oktober, nach 921 Tagen im Feld und einen Tag vor seiner geplanten Ernennung zum Oberleutnant, wird Otto Gallian mit den letzten verbleibenden Männern des Infanterieregiments 99, mit denen er sich buchstäblich bis zur letzten Minute verteidigt hat, in der Cesillaschlucht gefangen genommen werden, es beginnt der mühselige Marsch nach Süden in die Kriegsgefangenschaft. Am 14. August 1919 wird er nach abenteuerlicher Flucht aus dem Lager Mirabello-Monferrato, zehn Kilometer südlich des Po gelegen, am Wiener Westbahnhof eintreffen.

Jetzt bin ich daheim.

Ja, daheim – wo, wohin …? Vater gefallen, Mutter tot.

Ich setze mich auf eine Bank und starre in das Großstadttreiben hinaus. – Narr, der der Mensch ist, da jagt man monatelang, jahrelang einem Phantom nach, wandert Tage und Nächte durch, mit

zerschundenen und zerrissenen Füßen – und vergisst, dass ja das alles längst vorüber ist, dass es dieses „zu Hause" gar nicht mehr gibt, dass man auch das in diesem Kriege verloren hat ...
Für Leutnant Otto Gallian wird der Krieg nicht mehr zu Ende gehen. *Verbittert und niedergedrückt* verzichtet er auf seinen Urlaub; bereits am 23. August 1919 tritt er den Dienst beim steirischen Grenzschutzkommando „Ost" an, *wo deutscher Heimatboden gegen den serbischen Zugriff zu schützen ist.* Mit *sichtbarer Lust,* wie sein Vorgesetzter in der „Qualifikationsbeschreibung" vermerkt, *fleißig, tüchtig und pflichtgetreu* wird er an den Aktionen des Grenzschutzes mitwirken. Dem Kampf gegen den Feind von außen folgt der Kampf gegen den Feind von innen: In der braunen Uniform der Sturmabteilungen Hitlers wird er gegen Bolschewismus und jüdisches „Ausbeutertum" zu Felde ziehen, um dann noch einmal den großen *Schicksalskampf des deutschen Volkes* aufzunehmen: Als Major der Deutschen Wehrmacht fällt Otto Gallian *an der Spitze seines Bataillons* am 23. Mai 1940 an der Westfront ...
Das Wiener Heldendenkmal am äußeren Burgtor birgt eine letzte Erinnerung an den Monte Asolone, das *Wahrzeichen des letzten siegreichen Ringens der k. u. k. Armee auf Feindesboden und ein Symbol ihrer selbst den Bestand ihres Vaterlandes überdauernden opfervollen Treue.*

Im Blauen Salon von Schloss Schönbrunn halten Kaiser Karl und Generalstabschef Arz von Straußenburg eine *hoffnungslose, erschöpfende Nachtwache.* Karl denkt an seine Kinder in Gödöllö, an die ungewisse Zukunft der Familie ... Ein trostloses Gefühl der Macht- und Aussichtslosigkeit erfüllt den Raum ...

Schlaflos in dieser Nacht auch Kaiser Karls Oberstkämmerer Leopold Graf Berchtold. Der Mann, der 1914 die *Zündung zur Explosion des Weltkrieges* gelegt hatte, will das Ende der

Monarchie nicht mehr selbst erleben – am 2. November wird er mit den habsburgischen Kronjuwelen im Gepäck in die Schweiz abreisen, um diese in der Kantonalbank von Bern zu deponieren. Zuvor nützt er seine guten Kontakte, um private Vermögenswerte in die Schweiz zu transferieren; seine Zukunft – Berchtold stirbt erst 1942 – wird materiell bestens abgesichert sein. Das Tagebuch des Jahres 1919, geschrieben in Oberhofen am Thuner See, wird er mit einem Goethewort beginnen: *Glücklicherweise kann der Mensch nur einen gewissen Grad des Unglücks fassen. Was darüber hinausgeht, vernichtet ihn oder lässt ihn gleichgültig ...*

Paris, im Hauptquartier der Alliierten. Auch Field-Marshal Sir Henry Wilson, der Oberbefehlshaber der britischen Streitkräfte, zieht Bilanz über diesen Tag. Er ist mit sich und seinen Soldaten außerordentlich zufrieden und träumt bereits von einer Friedenskonferenz inmitten der Schweizer Bergwelt: *A wonderfully interesting day, with the note from Germany and the other from Austria. We must walk warily now and we shall get all we want. Lloyd George favours Geneva as place for Peace Conference. I prefer St. Moritz ...*

Und George Macaulay Trevelyan resümiert:
So it was given us to see "proud Austria rammed to wreck".

Für Leutnant Otto Gallian wird der Krieg nicht mehr zu Ende gehen ...

Für die Größe Deutschlands und die Reinheit der nationalsozialistischen Idee kämpfen bis zum letzten Atemzuge, dies soll unser Dank an den Führer sein!

Mit diesem unerschütterlichen Vertrauen fiel am 23. Mai 1940 an der Spitze seines Bataillons mein guter Mann, unser lieber Vater, der langjährige SA.-Führer im Hilfswerk Nord-West

Major Otto Gallian

Bataillonskommandeur
Inhaber höchster österreichischer und reichsdeutscher Kriegsauszeichnungen

Am 22. Mai wurde er mit der Spange zum Eisernen Kreuz ausgezeichnet. Sein Oberst und Regimentskommandeur schreibt: „Er war der tapferste Soldat seines Bataillons."

Seine Kameraden betteten ihn bei Berliere am Fuße des Mont Damion südlich Sedan in ein schlichtes Soldatengrab.

Bad Godesberg a. Rh.
Denglerstr. Anf. Juni 1940

In stolzer Trauer

Frau Elisabeth Gallian
Otto und Liesl

Quellen- und Literaturverzeichnis

1. Archivalische Quellen

Haus-, Hof- und Staatsarchiv
Nachlass Leopold Graf Berchtold

Allgemeines Verwaltungsarchiv
Ministerratsprotokolle 1914-1918
Ministerratspräsidium, Karton Nr. 370 (Krieg: Ernährungsenquete).

Archiv der Republik
Neues Politisches Archiv (NPA), Karton Nr. 214: Innere Lage 1918–1921 (tägliche Lageberichte des Staatsamtes des Inneren)

Kriegsarchiv
Neue Feldakten:
Operationsakten 1918: 5. Armee-Kommando der Isonzoarmee und Heeresgruppenkommando Generaloberst Boroevic
Op. geheim Akten 1901-1918 (Nr. 475) und 1981-220 (Nr. 476), Sonder- und Sammelfaszikel
Einteilungsliste der Armee im Felde von 15. 9. 1918
Kommando Conrad von Hötzendorf (ab 7. 1918 Heeresgruppe Erzherzog Josef, ab Oktober 1918 Heeresgruppe Tirol; Umsturz vom 22. 8.–November 1918)
Heeresgruppe Conrad, 5. Armee, Personalakten 1918, Material-Evidenz von Oktober bis November 1918
Distriktskommando Udine, Zivilkommissär
49. Infanterie-Division, Art. Def. 1917 und Befehle 1917/18
Distriktskommando Udine, Exh. Protokolle Nr. 38001-44412 vom 7. 9.–29. 10. 1918
Distriktskommando Udine Personal-Akten und Protokolle
5. Armee-Kommando/Heeresgruppenkommando Boroević, Karton 1463 und 1759.

Armeeoberkommando
Operationsakten der Operationsabteilung Nr. 49.261 – 49.610 (Karton 144), Karton 145
Tagesberichte – Kaiserberichte von September bis Oktober 1918, Karton Nr. 580
Luft Nr. 18.002-28.297 vom 7. 10.–2. 12. 1918: Karton Nr. 630

Umsturzberichte
AdTk 1882, 1883, 1884

Flok (Flugoberkommando)
LFT (Luftfahrttruppen), Offizierskartothek

Kriegspressequartier
Diverse Befehle, Karton Nr. 22, Auszüge aus Presse von 1918, Karton Nr. 95

Tagebücher des 2./ 3. Sappeurbataillons

Qualifikationslisten
Arz von Straußenburg, Karl Friedrich Nowak, Otto Gallian; Siegfried Weyr, Karl Schneller, Eduard von Zanantoni, Paul Kestřanek, Maximilian Foschum und Anton Ritter von Pitreich

Nachlässe
Nachlass Karl Friedrich Nowak
Nachlass Anton von Pitreich
Nachlass Karl Schneller

Allgemeines Verwaltungsarchiv (AVA):

Allgemeines Verwaltungsarchiv (AVA): Ministerratsprotokolle 1914-1918

AVA: Ministerratspräsidium, Karton Nr. 370 (Krieg: Ernährungsenquete).

Stadt- und Landesarchiv Wien
Totenbeschauprotokolle

Heeresgeschichtliches Museum
Fotosammlung

Archiv der Bundespolizeidirektion

2. Zeitungen

Arbeiter-Zeitung
Česká Svoboda
Grazer Tagblatt
Illustrierte Kronen-Zeitung
Illustriertes Wiener Extrablatt
Linzer Wochenblatt
Neue Freie Presse
Nowy Dziennik (Krakau)
Pester Lloyd
Prager Abendblatt
Prager Tagblatt
Reichspost
Selbstwehr (Prager unabhängige jüdische Wochenschrift)
Wiener Abendpost
Wiener Allgemeine Zeitung
Wiener Montagblatt
Wiener Zeitung

3. Memoiren, Erinnerungen, Augenzeugenberichte, Regiments- und Divisionsgeschichten, literarische Darstellungen

Generaloberst Arthur Baron Arz, Kampf und Sturz der Kaiserreiche. Wien und Leipzig 1935
Arthur Albert Arz, Zur Geschichte des Großen Krieges 1914-1918. Graz 1969
Norbert Assam, Des Kärntner Infanterieregimentes Graf von Khevenhüller Nr. 7 letztes Ringen und Ende. Graz 1935
C. T. Atkinson, The Seventh Division 1914-1918. London 1927
Hermann Bahr, Tagebücher 2. Innsbruck-Wien-München 1919
Carl von Bardolff, Soldat im alten Österreich. Erinnerungen aus meinem Leben. Jena 1938
Václav Beneš-Šumavský, První signaly k revolucní manifestaci dne 28. října r. 1918 dala „Národní politika". In: Naše revoluce X, S. 382-389
Otto Berndt, Letzter Kampf und Ende der 29. Infanteriedivision. Meine Erinnerungen aus der Zeit des Zusammenbruchs. Reichenberg 1928

Franz Brandl, Kaiser, Politiker und Menschen. Erinnerungen eines Wiener Polizeipräsidenten. Leipzig und Wien 1935
Max Brod, Streitbares Leben. Autobiographie. München 1960
Enrico Caviglia, Le tre battaglie del Piave. Mailand 1934
August von Cramon, Unser österreichisch-ungarischer Bundesgenosse im Weltkriege. Erinnerungen aus meiner vierjährigen Tätigkeit als bevollmächtigter deutscher General beim k. u. k. Armeeoberkommando. Berlin 1920
Silvio Crespi, Verlorener Sieg. Italien und die Alliierten 1917-1919. München 1939
Ernest Courtenay Crosse, The defeat of Austria as seen by the 7th Division. London 1919
Ottokar Czernin, Im Weltkriege. Berlin und Wien 1919
Milan Dubrovic, Veruntreute Geschichte. Die Wiener Salons und Literatencafés. Wien-Hamburg 1985
Robert Ehrhart, Im Dienste des alten Österreich. Wien 1958
Josef Fialka, Prvé dva dny republiky. In: Naše revoluce X, S. 186-189
Friedrich Funder, Vom Gestern ins Heute. Aus dem Kaiserreich in die Republik. Wien 1952
Otto Gallian, Monte Asolone. Kampf um einen Berg. Leipzig 2. Auflage 1935
Norman Gladden, Across the Piave. A personal account of the British forces in Italy, 1917-1918. London 1971
Edmund von Glaise-Horstenau, Ein General im Zwielicht. Die Erinnerungen Edmund Glaises von Horstenau. Eingeleitet und herausgegeben von Peter Broucek. Band 1-3, Wien-Köln-Graz 1980-1988 (= Veröffentlichungen der Kommission für Neuere Geschichte Österreichs Bd. 67, 70, 76)
Michael Hainisch, 75 Jahre aus bewegter Zeit. Lebenserinnerungen eines österreichischen Staatsmannes. Bearbeitet von Friedrich Weißensteiner. Wien-Köln-Graz 1978 (= Veröffentlichungen der Kommission für neuere Geschichte Österreichs, Band 64)
Josef Hais Tynecky, Četnicky generál Václav Řezáč a pražsky převrat. In: Naše revoluce X, 64-65
Jan Hajšman, Mafie w rozmachu. Vzpomínky na odboj doma. Praha 1934
Der Heldenweg des Zweier-Landsturms 1914-1918. Geschichte des oberösterreichisch-salzburgischen k.k. Landsturm-Infanterieregiments Nr. 2 und der selbständigen Landsturm-Feldbataillone. O. O. o. J.

Ernst Horsetzky, Die vier letzten Kriegswochen (24. Oktober bis 21. November 1918). Wien und Leipzig 1920
Gina Kaus, Von Wien nach Hollywood. Erinnerungen von Gina Kaus. Neu herausgegeben und mit einem Nachwort versehen von *Sibylle Mulot*, Frankfurt am Main 1990
Mihály Károlyi, Memoirs of Michael Károlyi. Faith Without Illusion. London 1956
W. A. Fitzgerald Kerrich, Der Übergang der Engländer über die Piave im Oktober 1918. Übersetzt von Ing. Oskar Kubitzka. In: Militärwissenschaftliche und technische Mitteilungen. Herausgegeben vom Österreichischen Bundesministerium für Heerwesen, Jg. 1929, Heft 1, S. 488-501
František Kopecký, František Kopecký o svém 28. říjnu. In: Naše revoluce X, S. 372-374
Alfred Krauß, Die Ursachen unserer Niederlage. Erinnerungen und Urteile aus dem Weltkriege. München 2. Aufl. 1921
Bruno Kreisky, Zwischen den Zeiten. Erinnerungen aus fünf Jahrzehnten. Wien 1986
Anton Kuh, Großösterreich stirbt. In: Derselbe, Von Goethe abwärts. Aphorismen, Essays, kleine Prosa. Wien-Hannover-Bern 1963
Hans Loewenfeld-Russ, Im Kampf gegen den Hunger. Aus den Erinnerungen des Staatssekretärs für Volksernährung 1918-1920. Herausgegeben und bearbeitet von Isabella Ackerl. Wien 1986 (= Studien und Quellen zur österreichischen Zeitgeschichte Bd. 6)
Thomas Mann, Tagebücher 1918-1921. Herausgegeben von Peter de Mendelssohn. Frankfurt am Main 1979
Luigi Aldrovandi Marescotti, Der Krieg der Diplomaten. Erinnerungen und Tagebuchauszüge 1914-1919. München 1940
Naše revoluce, Čtvrtletní historický sborník. Hlavní redaktor: Jaroslav Werstadt. Vydává: Svaz Národního Osvobození v Praze, Ročník IX und X, Prag 1933/34
Karel Novy, Rekonstrukce vzpomínky na lidovou revoluci. In Nase revoluce X, S. 363-365
Alois Rašín, Převrat z 28. října. In Naše revoluce II, S. 332-342
Karla Rašínová, Moje vzpomínka na 28. říjen 1918. In: Naše revoluce X, 58-60
Jaroslav Rošický, Rakousky orel padá. Prag 1933
Harold Richard Sandilands, The 23rd Division 1914-1919. Edinburgh 1925

Arthur Schnitzler, Tagebuch 1917-1919. Unter Mitwirkung von Peter Michael Braunwarth herausgegeben von der Kommission für Literarische Gebrauchsformen der Österr. Akademie der Wissenschaften. Wien 1985
Aureliusz Serda-Teodorski, Der letzte Kampf der k. k. Reitenden Schützendivision. In: Militärwissenschaftliche und technische Mitteilungen. Herausgegeben vom Österreichischen Bundesministerium für Heerwesen, Jg. 1928, Heft 1, S. 785-793
Albert Sever, Ein Mann aus dem Volk. Selbstbiographie. Vorwort von Dr. Adolf Schärf. Wien 1957
Alexander Spitzmüller, „... und hat auch Ursach' es zu lieben." Wien-München-Stuttgart 1955
George Macaulay Trevelyan, Scenes from Italy's War. London 1919
Vlastimil Tusar, 28. říjen ve Vídni. In: Naše revoluce II, S. 368-371
Das Vierundachtzigerbuch. Im Auftrage des Regimentskommandos verfasst von Major Robert Michel und Oberleutnant i. d. R. *Viktor Wohl*. Herausgegeben vom Kameradschaftsverband ehemaliger 84er. Wien 1919
Franz Werfel, Barbara oder Die Frömmigkeit. Berlin-Wien-Leipzig 1929
Field-Marshal Sir Henry Wilson, His Life and Diaries. By Major-General Sir C. E. Callwell. 2 Bde. London-Toronto-Melbourne-Sidney 1927
Lev Winter, Moje jednání s polním podmáršálkem Zanantonim ve dnech převratu. In: Naše revoluce IX, S. 254-260
Ernst Wisshaupt, Die 52. Landwehr-Infanteriebrigade (Landwehrinfanterieregimenter 9 und 10) im Weltkriege 1914-1918. Nach den Feldakten des Wiener Kriegsarchivs bearbeitet (in 9 Lfgn.). Reichenberg 1928-30
Emmerich Zeno von Schonta, Aus den Erinnerungen eines Flügeladjutanten an Weiland Seine Majestät den Kaiser und König Karl. Wien 2. Aufl. 1928

4. Literatur (in Auswahl)

Alberto Baldini, Diaz. Florenz 1929
Gordon Brook-Shepherd, Karl I. Des Reiches letzter Kaiser. Glanz und Elend des letzten österreichischen Herrscherpaares. Wien-München-Zürich 1968

Helmut Bührer, Feldmarschall Hermann Kövess von Kövesshaza – letzter Oberkommandant der k. u. k. Armee. (Dipl.-Arb.) Wien 2000
Adam Chmiel, Oswobodzenie Krakowa 31 października 1918 roku. Kraków 1929
Mark Cornwall (Hg.), Die letzten Jahre der Donaumonarchie. Der erste Vielvölkerstaat im Europa des frühen 20. Jahrhunderts. Essen 2004
Heinrich Drimmel, Gott erhalte. Biographie einer Epoche. Wien-München 1976
James E. Edmonds and *H. R. Davies*, The Official British History: Military Operations Italy 1915-1919. London 1949
John Ellis, Eye-Deep in Hell. Life in the Trenches 1914-1918. London 1976
Erich Feigl (Hg.), Kaiserin Zita. Legende und Wahrheit. Nach Gesprächen und Dokumenten herausgegeben von Erich Feigl. Wien-München 1977
Peter Feldl, Das verspielte Reich. Die letzten Tage Österreich-Ungarns. Wien-Hamburg 1968
Errnst Fischer und *Wilhelm Haefs* (Hg.), Hirnwelten funkeln. Literatur des Expressionismus in Wien. Salzburg 1988
David Fromkin, Europas letzter Sommer. Die scheinbar friedlichen Wochen vor dem Ersten Weltkrieg. München 2005
Erich Gabriel, Fliegen 90/71. Katalog des Heeresgeschichtl. Museums, bearbeitet von Erich Gabriel u. Liselotte Popelka. Wien 1971
Edmund von Glaise-Horstenau, Die Katastrophe. Die Zertrümmerung Österreich-Ungarns und das Werden der Nachfolgestaaten. Wien 1929
Imre Gonda, Verfall der Kaiserreiche in Mitteleuropa. Der Zweibund in den letzten Kriegsjahren (1916-1918). Budapest 1977
Hugo Hantsch, Leopold Graf Berchtold. Grandseigneur und Staatsmann. 2 Bde. Graz-Wien-Köln 1963
Theophil Hornykiewicz, Ereignisse in der Ukraine 1914-1922, deren Bedeutung und historische Hintergründe. 4 Bde. Philadelphia 1966-1969
Gerhard Jagschitz, Die Jugend des Bundeskanzlers Dr. Engelbert Dollfuß. Ein Beitrag zur geistig-politischen Situation der sogenannten „Kriegsgeneration" des 1. Weltkriegs. (Phil. Diss.) Wien 1967
Peter Stefan Jungk, Franz Werfel. Eine Lebensgeschichte. Frankfurt am Main 1987

Hugo Kerchnawe, Der Zusammenbruch der Österreichisch-Ungarischen Wehrmacht im Herbst 1918. Dargestellt nach Akten des Armee-Ober-Kommandos und anderen amtlichen Quellen. München 1921

Klemens von Klemperer, Ignaz Seipel, Staatsmann einer Krisenzeit. Graz-Wien-Köln 1976

Gina Kolata, Influenza. Die Jagd nach dem Virus. Frankfurt am Main 2001

Elisabeth Kovács, Rettung oder Untergang der Donaumonarchie? 2 Bde. Bd. 1: Die österreichische Frage. Kaiser und König Karl I. (IV.) und die Neuordnung Mitteleuropas (1916-1922). Wien 2004 (= Veröffentlichungen der Kommission für neuere Geschichte Österreichs, 100)

Richard Kralik, Kaiser Karl von Österreich. Historische Skizze. Wien 1926

Bogdan Krizman, Raspad Austro-Ugarske i stvaranje jugoslavenske drzave. Zagreb 1977

Heinrich Lammasch, Woodrow Wilsons Friedensplan. Mit ausgewählten Briefen, Schriften und Reden des Präsidenten Wilson aus der Zeit vom 12. März 1913 bis zum 14. Februar 1919. Leipzig-Wien 1919

Oskar Laske (Katalog): Nicht größer als eine Ameise. Oskar Laske und der Erste Weltkrieg. Katalog des Heeresgeschichtlichen Museums, Wien 2002

Hans Loewenfeld-Russ, Die Regelung der Volksernährung im Kriege. Wien und New Haven 1926

Norman Macmillan, Offensive Patrol. The Story of the RNAS, RFC and RAF in Italy 1917-18. London 1973

Carlo Meregalli, Grande guerra. 15-18 dal crollo alla gloria. Bassano del Grappa 1994

Jan Mikrut (Hg.), Kaiser Karl I. (IV.) als Christ, Staatsmann, Ehemann und Familienvater. Wien 2004

Paul Molisch, Vom Kampf der Tschechen um ihren Staat. Wien und Leipzig 1929

Siegfried Nasko und *Johannes Reichl*, Karl Renner. Zwischen Anschluss und Europa. Wien 2000

Karl Friedrich Nowak, Chaos. München 1923

Karl Friedrich Nowak, Der Sturz der Mittelmächte. München 1921

Karl Friedrich Nowak, Der Weg zur Katastrophe mit Briefen, Gesprächen und Karten. Berlin 1926

Österreich-Ungarns letzter Krieg 1914-1918. 7. Band: Das Kriegsjahr 1918. Herausgegeben vom Österreichischen Bundesministerium für Landesverteidigung und vom Kriegsarchiv. Wien 1938
Ernst Panzenböck, Ein deutscher Traum. Die Anschlussidee und Anschlusspolitik bei Karl Renner und Otto Bauer. Wien 1985
Karl Pichlik, Das Ende der österreichisch-ungarischen Armee. In: Österreichische Osthefte 5 (September 1963, S. 351-369)
Richard Georg Plaschka, Avantgarde des Widerstandes. Modellfälle militärischer Auflehnung im 19. und 20. Jahrhunderts. Wien-Köln-Graz 2000 (= Studien zur Politik und Verwaltung, Bd. 60/II)
Richard Georg Plaschka, Cattaro – Prag. Revolte und Revolution. Kriegsmarine und Heer Österreich-Ungarns im Feuer der Aufstandsbewegungen vom 1. Februar und 28. Oktober 1918. Graz-Köln 1963
Richard Georg Plaschka, Horst Haselsteiner und Arnold Suppan, Innere Front. Militärassistenz, Widerstand und Umsturz in der Donaumonarchie 1918. 2 Bde. Wien 1974 (= Veröffentlichungen des Österr. Ost- und Südosteuropa-Instituts 8, 9)
Walter Pollak, Dokumentation einer Ratlosigkeit. Österreich im Oktober/November 1918. Wien 1968
Arthur Graf Polzer-Hoditz, Kaiser Karl. Aus der Geheimmappe seines Kabinettchefs. Zürich-Wien 1929
Inge Przybilovszki, Die Rückführung der österreichisch-ungarischen Kriegsgefangenen aus dem Osten in den letzten Monaten der k. u. k. Monarchie. (Phil. Diss.) Wien 1965
Manfried Rauchensteiner, Der Tod des Doppeladlers. Österreich-Ungarn und der Erste Weltkrieg. Graz-Wien-Köln 1993
Oskar Regele, Gericht über Habsburgs Wehrmacht. Letzte Siege und Untergang unter dem Armee-Oberkommando Kaiser Karls I. – Generaloberst Arz von Straußenburg. Wien-München 1968
Helmut Rumpler, Max Hussarek. Nationalitäten und Nationalitätenpolitik in Österreich im Sommer des Jahres 1918. Graz 1965
Helmut Rumpler, Das Völkermanifest Kaiser Karls vom 16. Oktober 1918. Letzter Versuch der Rettung des Habsburger-Reiches. Wien 1966
Werner Schachinger, Die Bosniaken kommen! Elitetruppe in der k. u. k. Armee 1879-1918. Graz-Stuttgart 2. Aufl. 1994
Peter Sloterdijk, Kritik der zynischen Vernunft. 2 Bde. Frankfurt am Main 1983

Hans Hugo Sokol, Österreich-Ungarns Seekrieg 1914-1918. 2 Bde. Wien 1933
Zoltan Szende, Die Ungarn im Zusammenbruch 1918. Feldheer, Hinterland. Ein Beitrag zu Österreich-Ungarns letzter Geschichtsepoche. Auf Grund unveröffentlichter Archivakten und Personalquellen dargestellt. Oldenburg 1931
Herbert Vivian, Kreuzweg eines Kaisers. Karl I. von Österreich. Leipzig-Wien 1935
Klaus Vondung, Die Apokalypse in Deutschland. München 1988
Benedikt Wagner (Redaktion), Julius Raab. Aussaat und Ernte. Katalog der Ausstellung im Benediktinerstift Seitenstetten 1992. Seitenstetten 1992
Bruno Wagner, Der Waffenstillstand von Villa Giusti, 3. November 1918 (Phil. Diss.). Wien 1970
Alena Wagnerová, Milena Jesenská. Biographie. Frankfurt am Main 1997
Erika Weinzierl und *Kurt Skalnik*, Österreich 1918-1938. Geschichte der 1. Republik. 2 Bände. Graz-Wien-Köln 1983
Karl Freiherr von Werkmann, Deutschland als Verbündeter. Kaiser Karls Kampf um den Frieden. Berlin 1931
John und Eileen Wilks, The British Army in Italy 1917-1918. Barnsley 1998
Zbynek A. B. Zeman, Der Zusammenbruch des Habsburgerrreiches. Wien 1963

Bildnachweis

IMAGNO/Austrian Archives/Gerhard Trumler: Umschlagbild
© VBK Wien, 2005: 2
Wien Museum: 256/57
Heeresgeschichtliches Museum, Wien: Vor- und Nachsatz, 115, 156/157, 191
Kriegsarchiv, Österreichisches Staatsarchiv, Wien: 120, 204, 221
Vojenský historický ústav, Prag: 172/173
Muzeum Historyczne Miasta Krakowa: 238/239
Hermann-Broch-Museum, Teesdorf: 196/197
Bildarchiv der Österreichischen Nationalbibliothek: 70/71
Österreichische Nationalbibliothek: 214/15
Archiv Hänsel: 4/5, 45, 57, 140/141, 232, 269
Sammlung Peter Pleyel: 92
Otto Gallian, Monte Asolone. Kampf um einen Berg (Leipzig 1935): 10 (Foto: Karl Nather), 16 (Foto: Karl Nather),
Enrico Caviglia, Le tre battaglie del Piave (Mailand 1934): 32/33
Jan Opočenský, Der Untergang Österreichs und die Entstehung des tschechoslowakischen Staates (Prag 1928): 39
Ernest Courtenay Crosse, The Defeat of Austria as seen by the 7th Division (London 1919): 50/51, 264/265
Naše revoluce X. Jg.: 96/97, 167
Gunnar Frostell, Kriegsmechanotherapie (Berlin-Wien 1917): 178/79
Alberto Baldini, Diaz (Florenz 1929): 208
Filippo Cappellano, L'imperial regio esercito Austro-Ungarico sul fronte Italiano (1915–1918). Rovereto 2002: 245
Inge Przybilovszki, Die Rückführung der österreichisch-ungarischen Kriegsgefangenen aus dem Osten in den letzten Monaten der k. u. k. Monarchie (Wien 1965): 250
Sammlung Hannes und Heidi Steiner, Wien: 279
Sammlung Johannes Sachslehner: 23

Ein herzliches Danke an

Hofrat Dr. Leopold Auer, Haus-, Hof- und Staatsarchiv, für Informationen über Leopold Graf Berchtold

Dr. Reinhard Böhm, Zentralanstalt für Meteorologie und Geodynamik, für die exakten Wetterwerte vom 28. Oktober 1918

Barbora Drobikova, Bibliothek der Karlsuniversität Prag, für die tatkräftige Hilfe bei der Klärung von Bildrechten

Gabriele Donner, Fernleihe der Österreichischen Nationalbibliothek, für die prompte Beschaffung entlegener Literatur

Stefan Gruber für das Aufspüren hilfreicher Informationen und spannender Bildquellen

Dr. Ingrid Hänsel für zahlreiche weiterführende Hinweise

Dr. Georg Loidolt für unermüdliche Recherchen und viele Korrekturen

Dr. Janina Pilzne-Lasoń für aufwändige Übersetzungsarbeiten aus dem Ungarischen

Peter Pleyel für den tiefen Griff in seine private Fotosammlung zu den Themen „Habsburg“ und Prag

Daniel Psotas für tapferes Durchforsten von Literatur

Dr. Alois Sachslehner für die energische Suche nach Literatur über die Spanische Grippe

Hannes und Heidi Steiner, Wien, für die großzügige Erlaubnis das Bildmaterial zu Otto Gallian abzudrucken

Dr. Johann Weißensteiner, Diözesanarchiv Wien, für Hinweise zu Richard Seyß-Inquart

Dr. Thomas Weyr, New York, für die freundliche Erlaubnis aus dem Tagebuch seines Vaters Siegfried Weyr zu zitieren

Impressum

ISBN 3-85431-372-1

Pichler Verlag im Internet: www.styriapichler.at

Umschlaggestaltung: Bruno Wegscheider
Layout und Produktion: Alfred Hoffmann
Reproduktion: Pixelstorm, Wien
Druck und Bindung: Theiss GmbH, St. Stefan im Lavanttal